Grundlagen des Ausdauersports – Walking

Eine Anmerkung zum Sprachgebrauch: Aus Gründen der besseren Lesbarkeit haben wir uns entschlossen, durchgehend die männliche (neutrale) Anredeform zu benutzen, die selbstverständlich die weibliche mit einschließt.

Carl-Jürgen Diem

Grundlagen des Ausdauersports Walking

Meyer & Meyer Verlag

Die Deutsche Bibliothek – CIP-Einheitsaufnahme

Diem, Carl-Jürgen:
Grundlagen des Ausdauersports: Walking / Carl-Jürgen Diem.
– Aachen : Meyer und Meyer, 2002
ISBN 3-89124-640-4

Adelaide, Auckland, Budapest, Graz, Johannesburg, Miami,
Olten (CH), Oxford, Singapore, Toronto
Member of the World
Sport Publishers' Association (WSPA)
Druck: Druckerei Vimperk AG
ISBN 3-89124-640-4
E-Mail: verlag@meyer-meyer-sports.com

VORWORT

Die Medizin befindet sich heute in der größten Umbruchsituation ihrer Geschichte. Es handelt sich um die Verlagerung der Schwerpunkte in der Forschung, Lehre und Praxis von der Therapie zur Prävention. Es wird in zukünftigen Jahren und Jahrzehnten weniger darauf ankommen, eine Krankheit zu heilen, – das wird gewissermaßen eine Selbstverständlichkeit sein – als vielmehr das Auftreten einer Krankheit zu verhüten. Der Fortschritt des Wissens, kombiniert mit dem der technischen Entwicklung, wird mit Sicherheit eines Tages die Medizin in den gewünschten Stand versetzen.

Im Vordergrund sowohl des individuellen als auch des allgemeinen gesellschaftlichen Interesses stehen heute Herz-Kreislauf-Erkrankungen, Stoffwechselkrankheiten, Leiden am Halte- und Bewegungsapparat sowie altersbedingte, körperliche und geistige Leistungseinbußen. In allen Bereichen kommt bereits heute körperlicher Aktivität, insbesondere aeroben Ausdauerbeanspruchungen, eine herausragende Bedeutung zu. Das gilt sowohl für die Vorbeugung als auch für die Behandlung und die Rehabilitation.

Das Buch von Herrn DIEM bemüht sich auf der Grundlage dieses Sachverhalts um die Vermittlung praktischer Kenntnisse zur Durchführung eines Geh- und Lauftrainings. In den Text fließen seine persönlichen praktischen Erfahrungen auf dem Gebiet des Ausdauertrainings ein. Das Werk kann in Verbindung mit seinen vielen verständlichen Illustrationen jedem dienlich sein, der Gesundheitserhaltung und Leistungsförderung anstrebt.

Univ.-Prof. mult. Dr. med. Dr. h. c. Wildor Hollmann
Ehrenpräsident des Weltverbandes für Sportmedizin
und der Deutschen Gesellschaft für Sportmedizin und Prävention

24

105
180

1 WALKING – ENTSTEHUNG UND DEFINITION

Der Begriff *Walking* bedeutet in der englischen bzw. amerikanischen Sprache *Gehen*, *Wandern*. Gehen gehört zu den Grundfertigkeiten des Menschen. Wandern hat, auch unter sportlichen Gesichtspunkten, in Mitteleuropa und speziell in Deutschland seit Anfang des 19. Jahrhunderts eine große Tradition. Die Vielzahl der Wandervereine, die auch heute noch Woche für Woche in kleinen und großen Gruppen auf unseren z.T. hervorragend markierten Wanderwegen anzutreffen sind, zeugen davon. Vielen Lesern werden auch schon die IVV-Schilder aufgefallen sein, die auf 10- und 20-km-Wanderungen hinweisen, bei denen sich die Teilnehmer die erwanderten Kilometer für Wanderabzeichen bestätigen lassen können.

Doch wie beim Waldlauf, der bei uns erst mit dem Begriff *Jogging* richtig populär wurde, fand auch die Bewegungsform *Gehen* erst mit der amerikanischen Bezeichnung *Walking* bei uns große Akzeptanz.

Beachtenswert ist die zeitliche Verzögerung des Aufkommens der Walking-Idee gegenüber dem Beginn der Jogging-Welle. Die Jogging-Bewegung begann in den 60er Jahren und entwickelte sich für die Sportschuh- und Sportbekleidungsindustrie zu einem unerwarteten Verkaufsboom. Als Ende der 80er Jahre in den USA die Jogging-Welle abzuflauen schien, suchten die Hersteller nach Alternativen, um sich diesen lukrativen Markt erhalten zu können. Mehrere positive Faktoren begünstigten die Entstehung der neuen Bewegungsform *Walking*:

- Die allgemeine Erkenntnis, dass Ausdauertraining dem Bewegungsmangel entgegenwirkt und – wie das Joggen zeigte – zu einer verbesserten Fitness führt.
- Die damals gerade boomende Aerobic-Welle, – bei uns bis dahin *Gymnastik mit Musik* genannt – bei der das Outfit zu einem wesentlichen und für die Hersteller lukrativen Bestandteil geworden war.
- Dass Walken (Gehen) weniger anstrengend ist als Laufen. Dadurch konnten neue, an eigener sportlicher Betätigung Interessierte angesprochen und mit dem nötigen Outfit ausgerüstet werden.
- Als *Trainingsgelände* für die neue Bewegungsform boten sich in den USA die großen Parkplätze der Supermärkte an, die in den Morgen- und Abendstunden

leer sind und von Frau und Mann als Einzelne oder in Gruppen genutzt werden konnten. Im Winter oder bei Regen wird heute auch durch die breiten und klimatisierten Gänge der Malls, der amerikanischen Einkaufszentren, gewalkt.

In Deutschland wurde die Walking-Idee Anfang der 90er Jahre von der CHRISTIAN-NEUREUTHER-GESELLSCHAFT in Zusammenarbeit mit der DEUTSCHEN HERZ-STIFTUNG propagiert und Mitte der 90er Jahre schwerpunktmäßig von den meisten der 2.600 LAUF-TREFFs aufgegriffen. Sie nutzten das Walking-Angebot als Erweiterung ihres Ausdauertrainingsangebots und erreichten damit viele neue Teilnehmer, denen ein Lauftraining nicht zusagte. Gleichzeitig konnten sie auch den eigenen Läufern, die mit dem Laufen Probleme hatten, eine Alternative bieten, weiterhin im Rahmen ihres LAUF-TREFFs ein Ausdauertraining zu absolvieren.

Was ist Walking?

Walking heißt *Gehen, Wandern*. Eine allgemein verbindliche Definition gibt es bisher nicht. Als Walking wird ein bewusstes Herz-Kreislauf-Training bezeichnet, das zwischen den beiden Eckpunkten

- eines sonntäglichen Spaziergangs und
- eines leichtathletischen Gehwettkampfs

liegt. Es unterscheidet sich auch von einer mehrstündigen Bergwanderung.

Der Autor definiert Walking wie folgt:

Walking: ***Flottes Gehen mit bewusst aufgebauter Körperspannung und ausgeprägter Armarbeit, um durch erhöhte Herzfrequenzen Trainingsreize auf das Herz-Kreislauf-System zu setzen.***

Das Gehtempo und die Herzfrequenzen können individuell sehr verschieden sein, da diese vom Alter und Trainingszustand abhängen. Unter **Körperspannung** ist das Anspannen der Bauch-, Gesäß- und Oberkörperhaltemuskulatur zu verstehen (Abbildung 1). Eine korrekte Armführung ist zur Erreichung des maximal möglichen Gehtempos unerlässlich. Auf die Details und die Walking-Variationen: *Power-*, *Stick-/Stock-*, *Nordic-* und *Hill-Walking*, *Venen-Walking* sowie *Wogging* wird in den einzelnen Kapiteln ausführlich eingegangen.

Abb. 1: Walken mit Körperspannung

Abb. 2: Fortgeschrittene Walking-Gruppe beim LAUF-TREFF – Körperspannung ist ansatzweise zu erkennen.

Abb. 3: Fröhliche Walking-Einstiegsgruppe beim LAUF-TREFF – solange Körperspannung und bewusste Armführung fehlen, doch eher ein flotter Spaziergang.

1.1 Zielsetzung dieses Buchs

Seitdem die Walking-Idee Anfang der 90er Jahre von den USA ausgehend auch in Westeuropa Fuß fasste, sind eine Reihe von Walking-Anleitungen [11, 12, 14, 39, 61, 89] entstanden, die sich inhaltlich nur wenig unterscheiden.

Dieses Buch ist sehr viel tiefer und weit gehender konzipiert. Es schlägt die Brücke zwischen dem Bewegungstraining Walking und den dadurch im Körper ausgelösten physiologischen und biomechanischen Vorgängen. Dabei wird auf die unterschiedlichen Belastungsmöglichkeiten der untrainierten und übergewichtigen Einsteiger genauso eingegangen, wie auf die Reaktionen im Körper des Marathon-Walkers. Es soll Trainern, Übungsleitern, Ausbildern, Lehrern, vor allem aber Sportlern und Sportlerinnen, sowohl Trainierten als auch Einsteigern helfen, Schlüsse für ein individuelles und damit effizientes Ausdauertraining abzuleiten.

Aber auch derjenige, der nur neugierig ist, was in seinem Körper beim Walken passiert und wie dieser auf Belastungswechsel reagiert, erhält viele Antworten. Wie groß dieser Informationsbedarf ist, zeigt die tägliche Praxis. Durch das Verständnis der biologischen Vorgänge im Körper und die Berücksichtigung optimierter Bewegungsabläufe lässt sich die Effizienz des Walking-Trainings steigern, insbesondere dann, wenn auch die Ausgleichsgymnastik in den Trainingsplan einbezogen wird. Die positiven Auswirkungen des Ausdauertrainings auf die Gesundheit und das Immunsystem werden nicht durch ein einseitiges, sondern nur durch ein ausgewogenes Training erzielt, auf das in diesem Buch großes Gewicht gelegt wird.

Die einzelnen Kapitel sind in sich abgeschlossen und müssen nicht in der vorgegebenen Reihenfolge gelesen werden. Auch wenn an einigen Stellen chemische Formeln für tiefer gehende physiologische Vorgänge dargestellt sind, werden weder chemische noch medizinische Kenntnisse vorausgesetzt. Die chemischen Formeln dienen als bildliche Ergänzung und zur Veranschaulichung des Textes. Medizinische Fachausdrücke lassen sich nicht völlig umgehen, werden aber erklärt.

Sehr ausführlich wird auf die Grundlagen des Herz-Kreislauf-Systems, der Energiebereitstellung und der biomechanischen Aspekte des Walkens eingegangen, da diese die Basis für eine optimale Trainingssteuerung darstellen.

Zu den weiteren Schwerpunkten gehören:

- Die Möglichkeiten und Anwendungsbereiche der Herzfrequenzmessung.
- Die biomechanischen Aspekte zur Optimierung der Kraftumsetzung und zur Vermeidung von Überlastungen und Verletzungen.
- Die Zusammenhänge und Wechselwirkungen zwischen dem Ausdauertraining einerseits und dem Koordinations-, Beweglichkeits-, Schnelligkeits- und Krafttraining andererseits.
- Hinweise zum Kauf geeigneter Walking-Schuhe und zu den individuellen Auswahlkriterien zur Vermeidung von Fehlkäufen.
- Die Bedeutung der Ausgleichsgymnastik für den Ausdauersportler.

Auf weiterführende Literatur, in der die Prozesse der Energiebereitstellung, Muskelfunktionen usw. detaillierter dargestellt werden, wird an den entsprechenden Stellen hingewiesen.

1.2 Gesundheitliche Aspekte des Walkings

Der Mensch benötigt Bewegung zum Gesundbleiben. Bewegungsmangel stellt heute die Hauptursache vieler Erkrankungen dar. Wie viel Bewegung ist dazu notwendig? Der Sportmediziner ROST [77] spricht in Übereinstimmung mit vielen anderen Experten von zwei Stunden trainingswirksamer Belastung pro Woche, in denen mindestens 1.000 Kalorien verbraucht werden müssen. Durch Spazierengehen oder Rad fahren zur Arbeitsstelle ist dies nicht zu erreichen.

Walking ist die einfachste und gleichzeitig eine hervorragende Bewegungsform, um positive Auswirkungen auf die Gesundheit zu erreichen. Beim Walken werden, wie in Kapitel 9 „Ernährung" ausführlich dargestellt wird, je nach Körpergewicht und Walking-Tempo, ca. 300 Kcal/h verbraucht. Um durch Walken die im Folgenden aufgezeigten positiven Effekte zu erreichen, müssen mindestens drei Trainingseinheiten à 60 min pro Woche durchgeführt werden. Ein Normalgewichtiger erreicht diesen Energieverbrauch durch ein erhöhtes Tempo. Ein Übergewichtiger mit 150 kg Körpergewicht kann dies bereits mit einem angemessenen langsamen Tempo erreichen (s. Kapitel 3.2.5 „Konsequenzen für den Anfänger"). Für beide aber gilt, dass die Walking-Einheit – wie beim Joggen – auch aus einer Aufwärmphase und der eigentlichen Trainingsphase besteht. Die Aufwärmphase beträgt ebenfalls ca. 20-30 min. Deshalb hat sich die Zeit von einer Stunde für eine normale Trainingseinheit als ein Optimum zwischen Gesamtzeitaufwand, zu dem auch die Zeiten für Hin- und Rückweg, Umziehen und Duschen gehören, und dem erzielten Trainingsreiz herauskristallisiert. Eine Stunde können auch übergewichtige Einsteiger problemlos schaffen, wenn das Tempo und die Belastungsdosierung angepasst sind (s. Kapitel 3.2.5 „Konsequenzen für den Anfänger"). – Walker mit Leistungsambitionen müssen selbstverständlich längere, auf das Leistungsziel abgestimmte Trainingseinheiten absolvieren (s. Kapitel 3.2.6 „Konsequenzen für den Trainierten").

Folgende positive Auswirkungen lassen sich bei ausreichendem Trainingsumfang erreichen:

- **Kräftigung des Herz-Kreislauf-Systems:**
  Das Herz wird leistungsfähiger. Ein leistungsfähigeres Herz kann pro Herzschlag mehr Blut in den Körper pumpen, dadurch vermindert sich die Herzfre-

quenz. – Bildlich gesprochen wird aus einem Kleinwagenmotor ein Sechszylinder mit großer Leistung. – Anerkannte Herz-Kreislauf-Spezialisten stellen heute sogar die These auf, dass durch regelmäßiges Ausdauertraining sieben von acht Herzinfarkten zu vermeiden wären.

- **Senkung der Ruheherzfrequenz (Ruhepuls):**
  Die Ruheherzfrequenz erniedrigt sich. Dadurch vergrößert sich die Herzfrequenzbandbreite zwischen dem Ruhewert und der maximalen Herzfrequenz bei höchster Belastung. Das Herz gewinnt an Elastizität.

- **Öffnung bzw. Bildung zusätzlicher Herzkoronaren:**
  Durch die Kräftigung und verstärkte Durchblutung des Herzmuskels werden auch die Koronarien, d.h. die feinen Verästelungen der Arterien, in den Randzonen des Herzens geöffnet. Bei einer Vergrößerung des Herzmuskels entstehen zusätzliche Koronarien. – Eine Vergrößerung des Herzmuskels ist erst nach mehrjährigem intensiven Training zu erwarten.

- **Tiefes Durchatmen bis in die Lungenspitzen:**
  Der Einsteiger lernt wieder tiefes Durchatmen bis in die Lungenspitzen. Dadurch wird der Sauerstoffaustausch als Voraussetzung für die Sauerstoffversorgung des Körpers bei Belastung verbessert.

- **Training der Sauerstoffabgabe in die Muskelzellen:**
  Die Sauerstoffbindungsfähigkeit des Blutes (Hämoglobins) sowie die Sauerstoffabgabe in die Muskelzellen wird trainiert. Dies führt zu einer verbesserten, d.h. schnelleren Sauerstoffversorgung der Muskulatur.

- **Senkung des Blutdrucks:**
  Der Blutdruck, sowohl der zu hohe als auch der zu niedrige, wird positiv beeinflusst. Dadurch verringern sich auch die Neigungen zu Kopfschmerzen und Schwindelgefühlen.

- **Kräftigung der Knochen:**
  Den mechanischen Belastungen der Beine beim Walken passen sich die Knochen an. So wird z.B. bei regelmäßigem Training die tragende Außenschicht der Röhrenknochen nach einem Jahr messbar dicker [81].

- **Kräftigung der Bein- und Rückenmuskeln:**
  Parallel zur Kräftigung der Bein- und Rückenmuskulatur festigt sich bei regelmäßigem Walken (mindestens zweimal wöchentlich) auch das Bindegewebe, wodurch sich insbesondere am Gesäß und den Oberschenkeln die gefürchtete Zellulitis (Orangenhaut) verringert oder sogar verschwindet.

- **Verbesserung der Venenaktivität (Venenpumpe):**
  Durch die Kräftigung der Wadenmuskulatur verbessert sich die Venenaktivität, da die Wadenmuskeln als Venenpumpen wirken (s. Abbildung 50, .S. 105). – Einige Autoren sprechen deshalb vom Venen-Walking. – Die Verbesserung der Venenaktivität wirkt der Entstehung von Krampfadern entgegen.

- **Abbau von Kopfschmerzen:**
  Durch die vermehrte Durchblutung beim Walken können Kopfschmerzen abgebaut werden.

- **Reduzierung von Schlafstörungen:**
  Intensiv ausgeführtes Walken gilt als körperliche Anstrengung und dient dem Stressabbau. Beides zusammen führt zur wohligen Ermüdung und fördert den Schlaf.

- **Förderung der Verdauung:**
  Durch die Bewegung beim Walken wird die Darmtätigkeit angeregt. Bei regelmäßigem Walken (mindestens zwei- bis dreimal wöchentlich) kann diese in vielen Fällen so weit aktiviert werden, dass auf eine Einnahme von Abführmitteln verzichtet werden kann.

- **Ausscheidung von Giftstoffen durch Schwitzen:**
  Kommt es beim Walken zur Schweißbildung, so kann der Körper bestimmte Giftstoffe, vor allem Schwermetalle, z.B. Blei, durch Schwitzen ausscheiden.

- **Reduzierung von Erkältungen:**
  Wer sich daran gewöhnt hat, bei jedem Wetter zu walken und ein paar Regeln beachtet, die in Kapitel 10 „Kleidung" aufgezeigt werden, für den gehören Frühjahrs- und Herbsterkältungen der Vergangenheit an.

- Neben der medizinischen gibt es eine mindestens genauso wichtige psychologische Seite, das ist der Abbau von Stress, Ärger, schlechter Laune usw. [5, 23, 28, 90, 94, 95]. Durch die körperliche Bewegung, das Warmwerden der Muskulatur und die gute Sauerstoffversorgung aller Körperzellen, insbesondere der Gehirnzellen, tritt durch die vom Körper mit ihrer euphorischen Wirkung produzierten ß-Endorphine ein Entspannungsprozess ein. Stress, Ärger, schlechte Laune usw. werden abgebaut. – „Ich kann noch so verärgert sein, nach einer Stunde Walking bin ich entspannt, friedlich und lasse meine schlechte Laune nicht mehr an meinen Kindern oder meiner Frau aus."

- **Spaß und Freude an eigener Leistungsfähigkeit:**
  Das Wichtigste ist der Spaß, die Freude an der eigenen Leistungsfähigkeit. Sehr viele Walker beginnen erst mit etwa 40 Jahren mit dem Ausdauertraining. Manche haben in der Jugend kaum und in den letzten 20 Jahren keinen Sport getrieben. Nun entdecken sie plötzlich, dass Sport Spaß machen kann, und viele erleben eine bisher nicht gekannte Leistungsfähigkeit.

Zusätzliche Effekte beim Nordic-Walking:

- **Aufbau von Körperspannung:**
  Durch den aktiven Stockeinsatz in der Höhe des aufsetzenden Fußes (s. Abbildung 61, S. 133) kommt es automatisch zu einer Aufrichtung des Körpers und zu einer aktiven Mitarbeit der Arme.

- **Verbesserte Aktivität der Oberkörpermuskulatur:**
  Durch die mit dem Stockeinsatz verbundene Armarbeit wird auch die Brust- und Schultermuskulatur aktiviert.

- **Entlastung der Wirbelsäule durch den Stockeinsatz:**
  Durch die aufrechte Haltung kann die Wirbelsäule wesentlich freier schwingen. Gleichzeitig wird die Wirbelsäule entlastet, da ein Teil der Belastung von den Armen beim Stockeinsatz übernommen wird.

- **Unterstützung an starken Steigungen:**
  An starken Steigungen stellt der Stockeinsatz eine deutliche Steighilfe, insbesondere für Übergewichtige und Kurzatmige, dar.

- **Unterstützung bei feuchtem Untergrund:**
  Auf feuchten oder auch vereisten Untergründen besteht immer die Gefahr des Wegrutschens und Stürzens. Der Stock mit Spitze stellt ein stützendes drittes Bein dar.

- **Lastverteilung bei starkem Gefälle:**
  Bei starkem Gefälle erhöht sich der Druck, insbesondere auf die Knie- und Hüftgelenke sowie auf die Wirbelsäule. Die Abstützung auf den Stock führt zu einer Entlastung dieser Gelenke.

- **Verbesserung des Rhythmusgefühls:**
  Da die Arme mit den Stöcken und die Beine sich im gleichen Rhythmus bewegen müssen, kann das Walken mit dem bewussten Stockeinsatz und gleichzeitigem (lauten) Zählen helfen, ein fehlendes Rhythmusgefühl zu erlernen.

1.2.1 Immunsystem

Das Immunsystem des menschlichen Körpers wird durch regelmäßiges Ausdauertraining gestärkt [33, 41, 55, 70, 72]. Dies zeigt u.a. der deutliche Rückgang von Erkältungskrankheiten [23]. Sogar bei Krebserkrankungen ist es möglich, das Immunsystem so weit zu stärken, dass eine weitere Ausbreitung des Krebsgeschwürs gestoppt werden kann. Die Voraussetzung dafür ist, dass das Training im aeroben Stoffwechsel, vor allem im aeroben Fettstoffwechsel durchgeführt wird (s. Kapitel 3.1.3 „Aerober Fettstoffwechsel").

Auch beim Immunsystem scheint der individuelle Grenzwert von ca. 80% der maximalen Leistungsfähigkeit diejenige Schwelle zu sein, bei der aus einer Stärkung eine Belastung des Immunsystems wird. Vom Joggen her ist bekannt, dass z.B. nach einem Marathonlauf sich die starke Belastung in der reduzierten Abwehrfähigkeit gegenüber Erkältungskrankheiten äußert. Beim Walken sind ähnliche Effekte zu erwarten.

Deshalb soll nach Erkrankungen, insbesondere nach Virusinfektionen, nur ein leichtes Ausdauertraining im regenerativen Bereich (s. Abbildung 28, S. 70) durchgeführt werden, um das Immunsystem, das im Körper die Krankheitserreger bekämpfen muss, zu stärken, anstatt zu belasten. – Bei Krebserkrankungen, auch wenn diese durch das Ausdauertraining über viele Jahre im Gleichgewicht gehalten werden, besteht bei Überschreitung der 80%-Grenze (s. Kapitel 3.2.2 „Herzfrequenzmessung") die Gefahr des endgültigen Kippens des Immunsystems. Dabei ist es unerheblich, ob dies durch Walken, Laufen, Rad fahren usw. erfolgt.

1.3 Definition des Begriffs Ausdauer

In der Lehre der Motorik, d.h. der Lehre der Bewegung, gibt es fünf Trainingsgrundformen, die nach HOLLMANN [47] auch „motorische Hauptbeanspruchungsformen" genannt werden, die der Autor noch um eine sechste ergänzt hat (s.a. Kapitel 5: „Koordinations-, Beweglichkeits-, Schnelligkeits- und Krafttraining"):

1. **Koordination**
2. **Flexibilität**
3. **Schnelligkeit**
4. **Kraft**
5. **Ausdauer**
6. ***Konzentration***.

Jede dieser Grundformen erfordert ein eigenständiges, gezieltes Training. Keine ist durch eine der anderen zu ersetzen, aber jede beeinflusst alle anderen. Zum Beispiel: Durch Krafttraining erwirbt ein Walker weder Schnelligkeit noch Ausdauer, dennoch benötigt er Kraft, z.B. in den Oberschenkeln, wenn er bergauf gehen oder Treppen steigen will.

Die Begriffe *Koordination*, *Flexibilität*, *Kraft* und *Schnelligkeit* lassen sich klar und eindeutig definieren. Auf deren Zusammenhänge und Wechselwirkungen mit dem Ausdauertraining wird in den entsprechenden Kapiteln ausführlich eingegangen.

Unter dem Begriff *Ausdauer* werden sehr unterschiedliche Fähigkeiten verstanden: Ausdauer beim Fernsehen, beim Sitzen in der Kneipe, als Politiker beim Aussitzen von unangenehmen Fragen usw. Ausdauervermögen braucht der Eiskunstläufer, um seine Fünf-Minuten-Kür zu vollenden ebenso wie der alpine Abfahrtsläufer, um nach seinem zweiminütigen Rennen das Ziel zu erreichen.

Dieses Buch befasst sich mit dem Walken, deshalb soll hier der Begriff ***Ausdauer beim Walken*** näher definiert werden. Bei den Einteilungen ist zu beachten, dass für ein optimales Ausdauertraining immer eine Aufwärmphase notwendig ist, die auch beim Walken mindestens 20-30 min beträgt (s. Kapitel 3.2.3: „Aufwärmphase").

In der Sportfachliteratur wird die Ausdauer in verschiedene Zeitbereiche unterteilt:

- **Kurzzeitausdauer**: Ausdauerleistungen von 0,35-2 min,
- **Mittelzeitausdauer**: Ausdauerleistungen von 2-10 min,
- **Langzeitausdauer**: Ausdauerleistungen > 10 min.
  In der Fachliteratur wird die Langzeitausdauer häufig noch einmal in die Zeitbereiche >10 min, >35 min und >90 min unterteilt.

Da sich eine Walking-Trainingseinheit immer aus einer Aufwärm- und einer Trainingsphase zusammensetzt, sollte sie nach Ansicht des Verfassers mindestens 60 min betragen. Damit handelt es sich um ein Training im Langzeitausdauerbereich mit den für diesen Bereich geltenden Gesetzmäßigkeiten der Energiebereitstellung und der orthopädischen Belastungen.

1.4 Walking-Tempo im Breitensport-/ Freizeitsportbereich

Das Walking-Tempo richtet sich nach den individuellen Gegebenheiten (Trainingszustand, Köpergewicht, Schrittlänge usw.) und dem Gelände. Der Autor differenziert beim Walking-Tempo die Bereiche bewusst etwas stärker als allgemein in der Literatur üblich [15, 84].

- Der Einsteigerbereich lässt sich in drei Untergruppen gliedern:

1. *Einsteiger*, die von Anfang an Körperspannung aufbauen können und mit bewusster Armarbeit gezielt ein Walking-Training machen wollen, beginnen mit einer Geschwindigkeit von ca. v = 5-6 km/h.
2. *Normalgewichtige, ungeübte Einsteiger*, die mit einem Bewegungstraining beginnen und erst den Aufbau der eigenen Körperspannung und die bewusste Armarbeit unter Anleitung erlernen sollten, schaffen, z.B. bei den LAUF-TREFFs,

ca. v = 5 km/h. Solange Körperspannung und Armarbeit fehlen, reduzieren sich die Trainingseffekte auf diejenigen des flotten Wanderns oder Spaziergangs.

3. *Stark übergewichtige, ungeübte Einsteiger* müssen sehr behutsam an diese Form des Bewegungstrainings herangeführt werden, da bei ihnen die Grenze zur Überforderung sehr niedrig liegt. Das Tempo kann nach den Erfahrungen des Autors ebenfalls bei ca. v = 5 km/h liegen, sollte aber als so genanntes *intervallisierendes Ausdauertraining* mit Belastungsphasen von 2:30 min und einer kurzen, maximal 30 Sekunden dauernden Belastungsreduktion durchgeführt werden (s. Kapitel 3.2.5 „Konsequenzen für den Anfänger") [22].

- Das Mittelfeld walkt mit v = 6-7 km/h.
- Die schnellsten Walker schaffen v = 8-9 km/h und halten dieses Tempo auch über die halbe und volle Marathondistanz durch (Abbildung 60, S. 131).

Ein schnelleres Tempo ist nur durch eine Änderung des Gehstils hin zum leichtathletischen Gehen mit dem zum Hüftschwung verdrehten Becken möglich, bei dem eine maximale Geschwindigkeit von ca. v = 15 km/h erreicht werden kann. In diesem Fall wird nicht mehr von *Walking*, sondern von *Gehen* gesprochen.

1.5 Abgrenzung Walking – Jogging

Die Abgrenzung zwischen Walken (Gehen) und Joggen (Laufen) ist vom Bewegungsablauf her eindeutig definiert. Beim Walken befindet sich immer ein Fuß auf dem Boden, während es beim Joggen eine Flugphase gibt, in der beide Füße gleichzeitig vom Boden abgehoben haben. – Beim leichtathletischen Gehen führt diese Flugphase der Beine zur Disqualifikation im Wettkampf. Dadurch, dass sich beim Walken immer ein Fuß auf dem Boden befindet, wird das Körpergewicht von einem auf den anderen Fuß verlagert. Die Flugphase beim Laufen/Joggen erfordert einen vermehrten Muskeleinsatz, da das gesamte Körpergewicht vom Boden abgehoben werden muss. Dazu muss das Herz-Kreislauf-System bei gleichem Tempo beim Joggen/Laufen ca. 10% mehr Leistung erbringen als beim Walken, wie ein umfangreicher Praxistest des Autors zeigte (Abbildung 4). Mit einer Laufbandanalyse mit den gleichen Probanden konnte abgesichert werden, dass der erhöhte Leistungsbedarf nicht nur für ebene Strecken, sondern auch für Steigungen (10%) und Gefällstrecken (10%) gilt (Abbildung 5).

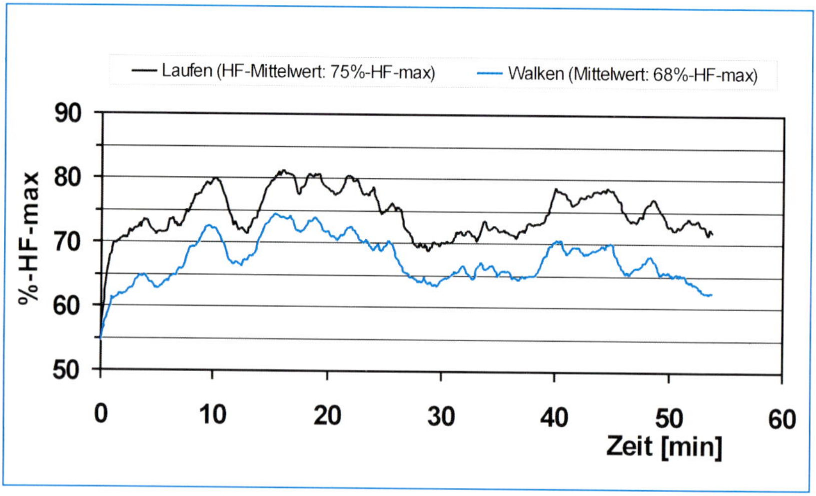

Abb. 4: Durchschnittliche Herzfrequenzen, bezogen auf die maximale Herzfrequenz von zehn ausdauertrainierten Sportlern beim Laufen und Walken mit v = 7,0 km/h im Gelände.

Auch die Unterschiede beim Energieverbrauch (s. Abbildung 67, S.147) bestätigen die höhere Herz-Kreislauf-Leistung bzw. Aktivierung des Läufers. Dennoch sei noch einmal betont, dass bewusstes Walken zur Erreichung der positiven Gesundheitseffekte ausreichend ist.

Hinsichtlich der Gelenkbelastungen steht in allen Walking-Broschüren: „Walken ist gelenkschonender als Joggen." Diese **pauschale** Aussage stimmt in dieser Form nicht, da die Belastung der Gelenke von der Elastizität der Muskeln abhängt. Dies soll an einem Beispiel erläutert werden. Wenn jemand z.B. beim Walken ein Maximaltempo von v = 8 km/h erreicht, weil seine Beinmuskulatur keine höhere Geschwindigkeit zulässt, ist auch deren Elastizität bei diesem Tempo ausgereizt. Wenn dieselbe Person gleichzeitig im Tempo v = 10-11 km/h laufen kann, dann ist seine Gelenkbelastung bei einem Lauftempo von v = 8 km/h, dem mit dem Walken vergleichbaren Tempo, geringer als beim Walken, da seine Muskulatur im optimalen Elastizitätsbereich den Stoß abfängt.

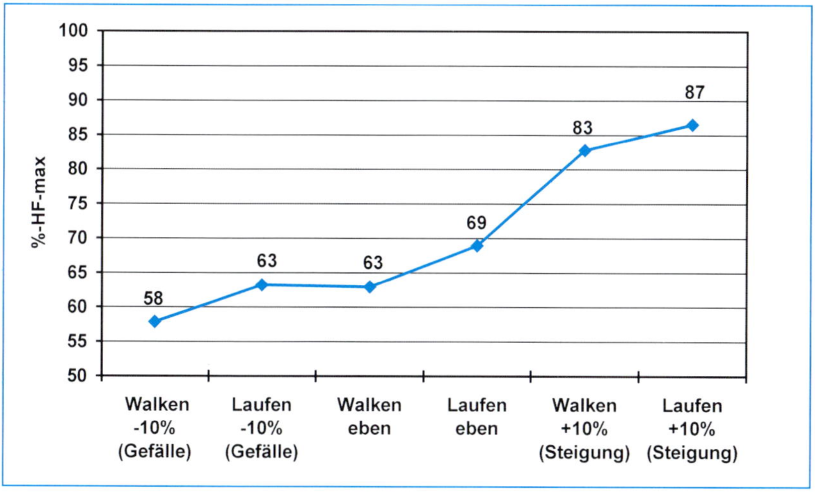

Abb. 5: Durchschnittliche Herzfrequenzen, bezogen auf die maximale Herzfrequenz von zehn ausdauertrainierten Sportlern beim Laufen und Walken auf einem Laufband mit v = 7,0 km/h mit 10% Gefälle, eben und mit 10% Steigung

Diese Beobachtung machen auch viele Walker auf leichten Gefällstrecken. Im Gegensatz zu den Läufern, die bei leichtem Gefälle nahezu schweben, kommt es bei den Walkern häufig zu Stauchungen, wenn sie versuchen, das Tempo dort zu erhöhen. – Einige Walker weichen diesen unangenehmen Stößen aus – sie joggen dann.

Diese Frage, ob Walken oder Joggen gelenkschonender ist, kann nur im Einzellfall und nicht pauschal beantwortet werden. Das zeigt ebenfalls die Beobachtung, dass es Sportler gibt, die heute auf Grund von Gelenkverschleiß nur noch walken können, andere dagegen haben beim Walken Gelenkbeschwerden bekommen und laufen deshalb weiterhin.

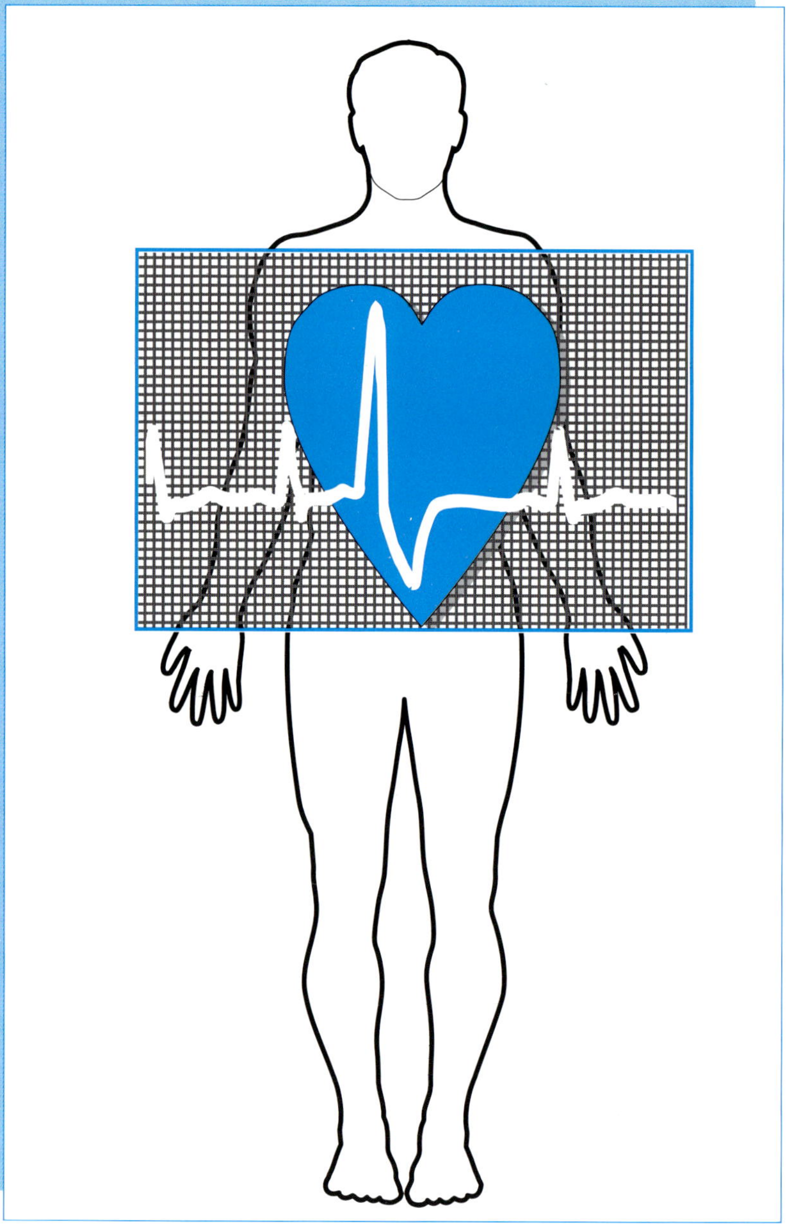

2 ANATOMIE DES HERZ-KREISLAUF-SYSTEMS

Das Herz-Kreislauf-System ist das zentrale Ver- und Entsorgungssystem des Körpers. Es ist ein Gefäßsystem, bestehend aus einem sehr differenzierten, ca. 110.000 km langen Röhrensystem für das Blut (s. Abbildung 6). Der Anteil des Bluts im Körper beträgt ca. 7-8% des Körpergewichts. Dies entspricht ca. 5-6 l Blut. Das Blut hat zwei Aufgaben:

1. Transport von:

- Nährstoffen (Kohlenhydraten, Eiweiß, Fetten),
- Gasen (Sauerstoff, Kohlendioxid),
- Wirkstoffen (z.B. Vitamine, Hormone),
- Abwehrstoffen (z.B. so genannte Killerzellen),
- Stoffwechselprodukten (z.B. Milchsäure, Harnstoff),
- Salzen (z.B. Kalzium, Kalium, Kochsalz, Magnesium).

2. Wasser- und Temperaturgleichgewicht im Körper aufrechtzuerhalten

Das Blut besteht aus einer Flüssigkeit, **Blutplasma** genannt, in dem Blutzellen schwimmen. Der Plasmaanteil beträgt 55% und besteht überwiegend aus Wasser. Sein Anteil darf sich nur geringfügig, z.B. bei intensivem Schwitzen beim Walken bei hohen Temperaturen, verringern, da es schon bei einem Abfall von 2-3% zu einer herzbelastenden Bluteindickung und gleichzeitig zu einer Verschlechterung der Sauerstoffversorgung der Muskulatur kommt. – Der Ausdauersportler, d.h. auch der Walker, sollte dem durch Flüssigkeitsaufnahme, insbesondere während einer langen Trainings- oder Wettkampfeinheit vorbeugen.

Dies ist deshalb so wichtig, weil der Körper unter solchen Temperaturbelastungen von einem bestimmten Wasserverlust an wegen der zu großen Bluteindickung aufhört, seinen überhitzten Körper durch Schweißbildung zu kühlen (Verdunstungskälte). Dies hat zur Folge, dass die Körpertemperatur bis zum Hitzschlag ansteigen kann, wenn nicht durch Trinken entgegengewirkt wird.

Der Anteil der Blutzellen beträgt 45%. Bei ihnen wird unterschieden zwischen

- den roten Blutzellen, den **Erythrozyten**, auch rote Blutkörperchen genannt, mit der Hauptaufgabe des Sauerstofftransports und
- den weißen Blutzellen, den **Leukozyten**, die überwiegend die Abwehrfunktion gegen Krankheitserreger aller Art wahrnehmen sowie
- den Blutplättchen, den **Thrombozyten**, die für die Blutgerinnung zuständig sind.

Die rote Farbe der Blutzellen ergibt sich aus dem in ihnen enthaltenen roten Farbstoff, dem **Hämoglobin**. An diesen wird der Sauerstoff für den Transport von der Lunge zu den Gefäßen und Muskeln gebunden. Die normalerweise vorhandene Anzahl der roten Blutzellen beträgt bei Männern ca. 5,5 Billionen pro Liter Blut und bei Frauen ca. 5 Billionen pro Liter Blut. Die Lebensdauer einer Blutzelle beträgt nur ca. vier Monate, deshalb müssen pro Minute ca. 150 Millionen neue rote Blutzellen gebildet werden – eine unvorstellbare Aktivität des Körpers, die wir an vielen Stellen nur staunend zur Kenntnis nehmen können.

Die Anzahl der roten Blutzellen ist für den Ausdauersportler von großer Bedeutung, denn diese stellt die *Transportkapazität* für den Sauerstoff dar und richtet sich nach dem Sauerstoffangebot in der Atemluft. Sinkt dieses, z.B. bei Höhen oberhalb 2.000 m, so bilden sich zusätzliche rote Blutzellen, um das Sauerstoffangebot im Blut mithilfe einer größeren Transportkapazität aufrechtzuerhalten. Dieses Phänomen wird z.B. beim Höhentraining genutzt, um anschließend in der Ebene mithilfe der nunmehr vermehrten Sauerstofftransportkapazität bessere Ausdauerleistungen zu erbringen. Die Wirkung ist wegen der kurzen Lebensdauer der roten Blutzellen zeitlich sehr begrenzt und kann gezielt nur von Hochleistungssportlern genutzt werden. Eine weitere Möglichkeit, die Zahl der roten Blutzellen zu erhöhen, besteht in der Reinfusion von vorher entnommenem Eigenblut zur Erhöhung der Blutmenge und damit der Anzahl der roten Blutzellen, dem so genannten **Blutdoping**. Die Effizienz dieser Methode ist nicht nur sehr umstritten, durch Bluteindickung sind gesundheitliche Nebenwirkungen nicht auszuschließen.

Bei dem Gefäßsystem (Abbildung 6) wird zwischen zwei Bereichen, dem mit Sauerstoff angereicherten (arteriellen) Blut und dem nach der Abgabe des Sauerstoffs an die Muskeln, Organe und Gewebe sauerstoffarmen (venösen) Blut, unterschieden.

In dem an der Körperoberfläche befindlichen, venösen Bereich befinden sich 85%, im tiefer liegenden arteriellen Bereich 15% der Blutmenge. Das sauerstoffreiche (arterielle) Blut wird von der linken Herzkammer in die Körperschlagader, die Aorta, dem Beginn des arteriellen Bereichs, gepumpt. Es fließt in den großen Arterien zum Gehirn, zu den Armen, Beinen und einzelnen Organen. Dort verzweigen sich die Arterien in feine, sehr elastische Röhren (**Arteriolen**), die, je nach dem Versorgungsbedarf der einzelnen Muskeln, Organe oder Gewebe, eng oder weit gestellt werden können (Abbildung 7). Durch das Eng- und Weitstellen werden die Blutströme im Körper gelenkt und der Blutdruck beeinflusst.

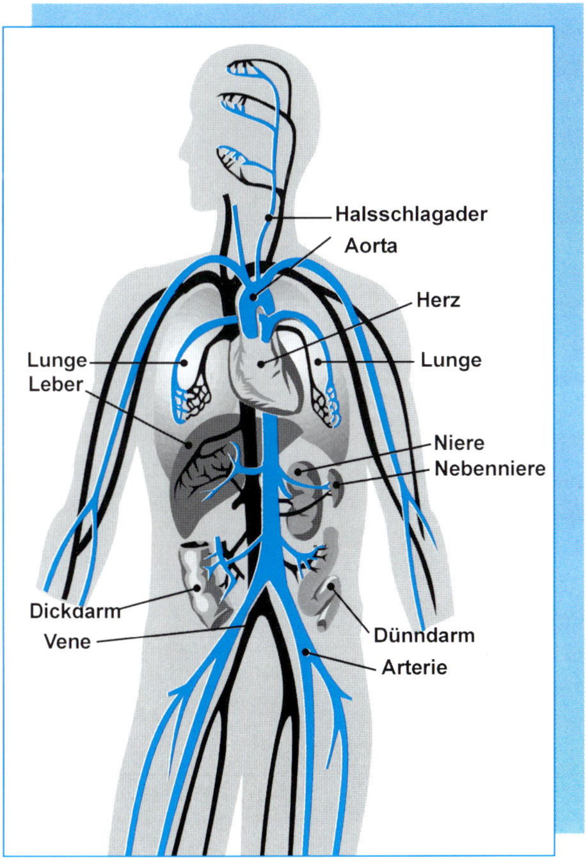

Abb. 6: Herz-Kreislauf-System, blau: arterieller Teil, schwarz: venöser Teil

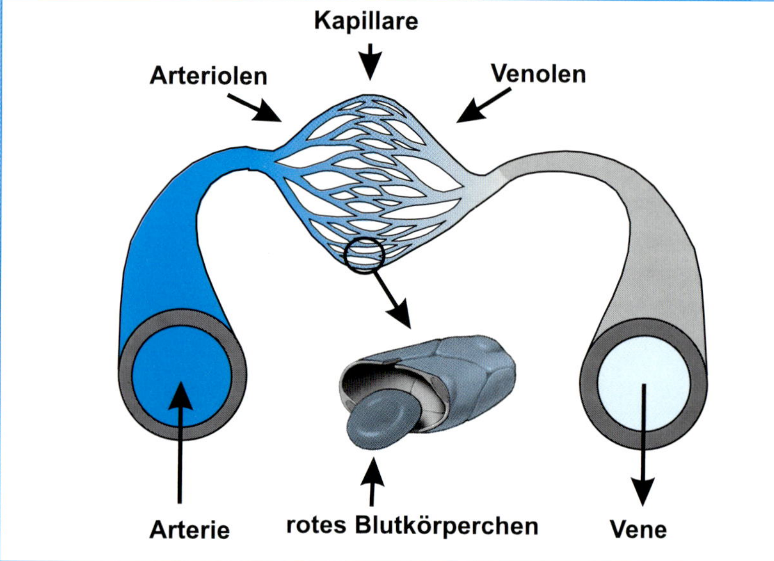

Abb. 7: Kapillarsystem

Auf der sauerstoffarmen (venösen) Seite werden die feinen, elastischen Röhren **Venolen** genannt, die in große Venen einmünden. Die Verbindungen von den Arteriolen zu den Venolen heißen **Kapillare**. Die Wände der Kapillaren sind durchlässig, da in diesem Bereich die Versorgung der Organe und Muskelzellen mit Sauerstoff und Energie bzw. die Entsorgung der Stoffwechselprodukte, z.B. Kohlendioxid, Milchsäure stattfindet. Durch Training der Muskeln erhöht sich in ihnen die Anzahl der Kapillaren und damit verbessert sich die Möglichkeit der Sauerstoff- und Energieversorgung. Bei regelmäßigem Ausdauertraining wird zusätzlich der Herzmuskel trainiert, d.h. nicht nur gekräftigt, sondern auch das Kapillarsystem verbessert sich, wodurch die Folgen eines Herzinfarkts stark vermindert werden können (s. Abbildung 12, S. 38). – Dies zählt zu den besonders positiven Auswirkungen des Ausdauertrainings, denn die Überlebens- bzw. Rehabilitationschancen steigen bis zum 20fachen.

Während auf der arteriellen Seite das Blut durch den Auswurfdruck des Herzmuskels bis in die Kapillaren gedrückt wird, muss es auf der venösen Seite vom Herzen angesaugt werden. Die Saugleistung des Herzens ist nicht ausreichend, deshalb unterstützen in den Bein- und Armbereichen so genannte **Muskel-Venen-Pumpen** den Blutrückfluss und **Venenklappen** verhindern, dass das Blaut nicht wieder absacken kann (s. Abbildung 50, S. 105). Hat das Blut die rechte Herzkammer erreicht, wird es im so genannten *kleinen Kreislauf* zur Lunge zum Austausch Kohlendioxid (CO_2) gegen Sauerstoff (O_2) weitergeleitet. Von dort fließt es zum Herzen zurück, um erneut in den Körperkreislauf abgegeben zu werden. (*Anmerkung*: In diesem so genannten kleinen Kreislauf heißen die vom Herzen ausgehenden Verbindungen zur Lunge ebenfalls Arterien, obwohl sie hier das sauerstoffarme Blut beinhalten. Entsprechend werden die Verbindungen wegen ihres Rückflusscharakters von der Lunge zum Herzen als Venen bezeichnet.)

Der Durchmesser der Aorta beträgt D_A = ca. 20 mm und die Fließgeschwindigkeit des Blutes v_A = 40-70 cm/s. Die Arterien verjüngen sich bis zu den Kapillaren auf einen Durchmesser $D_K < 0{,}025$ mm. Die Fließgeschwindigkeit des Blutes muss bis dorthin um drei zehnerpotenzen auf v_K = 0,05-0,1 cm/s absinken. Nur bei dieser geringen Fließgeschwindigkeit wird die für einen maximalen Austausch des Sauerstoffs, der Nährstoffe und Stoffwechselprodukte benötigte Kontaktzeit t = 0,3-0,4 s erreicht [59, 92]. Bleibt die Fließgeschwindigkeit oberhalb dieser Werte, sinkt die Sauerstoffausschöpfung des Blutes in den Kapillaren wegen der zu kurzen Kontaktzeiten auf 60-40% ab. – Ausdauerleistungen sind jedoch nur bei optimaler Sauerstoffausschöpfung möglich.

2.1 Herz und Blutdruck

Das Herz funktioniert wie eine *Hochleistungszweikreispumpe*. Beide Kreisläufe haben eine Vor- und eine Haupt- bzw. Druckkammer, die auf der linken, d.h. arteriellen Seite, als Hochdruckkammern sehr kräftig ausgebildet sind (s. Abbildung 8).

Das Herz hat in Ruhe ein eigenes, autonom gesteuertes Reiz- bzw. Reizleitungssystem, das, vom Sinusknoten (Schrittmacher des Herzens) ausgehend, kontinuierlich erst die Vorkammern elektrisch aktiviert, wodurch das Blut in die Hauptkammern gedrückt wird. Sind diese gefüllt, werden die Muskeln der Hauptkammern aktiviert. Sie ziehen sich zusammen und pressen das Blut aus der rechten Kammer mit einem Druck von ca. P_L = 20 mmHg in die Lunge und aus der linken Kammer mit ca. P_S =130-180 mmHg, dem oberen (**systolischen**) Blutdruckwert, in die Aorta.

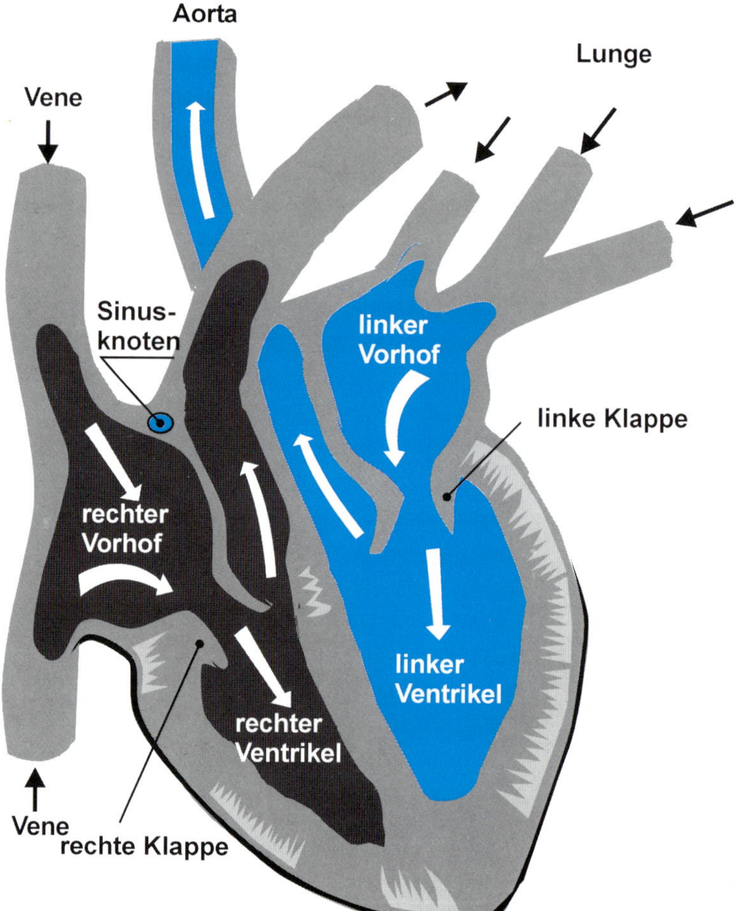

Abb. 8: Das Herz, blau: arterieller Teil, schwarz: venöser Teil

Die Höhe des Blutdruckwerts ergibt sich aus der Zahl der geöffneten bzw. geschlossenen Arteriolen. Er wird als so genannter **peripherer Widerstand** bezeichnet. – Die Aorta und die sich anschließenden großen Arterien beeinflussen den Blutdruck in der ersten Lebenshälfte praktisch nicht. Mit zunehmendem Alter erhöht er sich durch Kalkablagerungen sowie bei krankhaften Veränderungen.

Nach dem Auspressen kann sich der erschlaffende Herzmuskel wieder dehnen und saugt gleichzeitig Blut aus den Venen und der Lunge in die Kammern. Dafür, dass in dieser Phase der Blutdruck nicht auf null abfällt, sondern einen Druck von ca. P_D = 70-90 mmHg behält, sorgt die Elastizität der Aorta. Sie wird in der Pressphase gedehnt und erhöht damit ihr Blutfassungsvermögen. In der Füllphase des Herzens fällt der vom Herzen ausgehende Druck auf die Aorta ab und das durch die Dehnung aufgebaute elastische Potenzial wird frei und drückt einen Teil des in der Aorta befindlichen Blutes in den Körper weiter. Dadurch sinkt der Blutdruck nicht, wie zu erwarten wäre, auf *null* ab. Dieser Druck wird *unterer Wert* (**diastolischer** Blutdruck) genannt (in der Literatur wird dies oft als *Windkesselfunktion* der Aorta bezeichnet).

Bei körperlicher Belastung steigt der systolische Blutdruck auf Werte bis P_S = 220 mmHg an, während der diastolische Blutdruck P_D praktisch unverändert bleibt bzw. bleiben soll. Im Bereich der Arteriolen entsteht in den vergrößerten Querschnitten ein gleichmäßiger Blutfluss mit einem Blutdruck von ca. P = 40 mmHg. In den Kapillaren sinkt er weiter auf ca. P = 20 mmHg. Beim Rückfluss zum Herzen beträgt er in der oberen Hohlvene nur noch P = 2-4 mmHg.

Im Gehirn gibt es ein spezielles Herz-Kreislauf- und Blutdruckregulationszentrum, das Messfühler (Nervenenden) in den Wänden der Hals- und Gehirnschlagadern hat, die den Blutdruck überwachen. Ein Abfall des Blutdrucks in diesen Bereichen bedeutet eine Sauerstoffminderversorgung des Gehirns, die im Extremfall zum Absterben von Gehirnzellen bzw. zum Tod führt. Ursachen für einen Blutdruckabfall können u.a. Schock, Versacken des Blutes im Bauch- oder Oberschenkelbereich durch psychologisch initiierte Verkrampfungen bzw. Ängste oder mit starkem Blutverlust verbundene Verletzungen sein. Das Regulationszentrum wartet aber nicht ab, bis es zu einer Katastrophe kommt, sondern ergreift sofort Maßnahmen, um die Blut- bzw. Sauerstoffversorgung des Gehirns zu verbessern bzw. wiederherzustellen. Die bekannteste Form ist die Ohnmacht, d.h. den Körper in die Waagerechte bringen, damit das Blut nicht mehr nach oben gepumpt werden muss, sondern mit geringerer Druckleistung in einer Ebene vom Herz zum Gehirn fließen kann. Dazu schaltet das Gehirn die gesamte Halte-(Skelett-)muskulatur ab, damit der Körper in sich zusammensackt und nimmt bei diesem Fall auch äußere, mechanische Verletzungen in Kauf. – Dies ist auch während des Walkens nicht auszuschließen, z.B. durch die Angst: *„Das Gruppentempo nicht halten zu können."* – Einen solchen Fall hat der Autor beim Joggen direkt neben sich erlebt; zwei weitere sind ihm bekannt.

Von einem Herz-Kreislauf-Versagen unterscheidet sich diese Art der Ohnmacht dadurch, dass der Betroffene am Boden im Ohnmachtsfall zwar etwas benommen ist, aber normalerweise sofort die Augen aufschlägt, tief zu atmen beginnt und aufstehen bzw. weiterwalken kann. – Auf beide Fälle sollte sich jeder vorbereiten, denn im Notfall müssen alle erste-Hilfe-Maßnahmen (Herzmassage, Mund-zu-Mund-Beatmung, Notarztalarmierung usw.) auch unter Stressbedingungen automatisch ausgeführt werden können.

2.2 Systole, Diastole, maximale Herzfrequenz

Die Versorgung des Herzmuskels mit Blut- bzw. Sauerstoff ist nur von außen über die beiden Herzkranzarterien (Abbildung 9) möglich. In der Blutausstoßphase (**Systole**) werden sie durch die Presswirkung des Herzmuskels im unteren Herzbeutelbereich so stark abgedrückt, dass keine Durchblutung und damit keine Sauerstoffversorgung in diesem Zeitraum möglich ist. Eine Durchblutung findet nur während der Dauer der Füllphase (**Diastole**) statt. Die Dauer der beiden Phasen wird von der Herzfrequenz unterschiedlich beeinflusst. Bei einem Anstieg der Herzfrequenz, z.B. von 60 auf 180 Schläge pro Minute, verkürzt sich die

- Systolendauer geringfügig von $t_{S60} = 0{,}33$ s auf $t_{S180} = 0{,}22$ s,
- die Diastolendauer extrem von $t_{D60} = 0{,}67$ s auf $t_{D180} = 0{,}12$ s [92], d.h. auf fast ein Sechstel der Versorgungszeit (s. Abbildung 10).

Bei jungen, normalgewichtigen Menschen stellt dies normalerweise kein Problem dar. Bei stark übergewichtigen Menschen und vor allem im Alter, wenn die Arterien verkalken und sich dadurch die Versorgung der Organe und Muskeln wegen der Abnahme der Fließ- und Diffusionsgeschwindigkeiten verschlechtert, müssen bei sportlichen Belastungen zu hohe Herzfrequenzen unbedingt vermieden werden. Eine zeitliche Unterversorgung mit Sauerstoff führt schon nach wenigen Minuten zu Schäden in den betroffenen Zellbereichen, im Herzmuskel z.B. zum Herzinfakt.

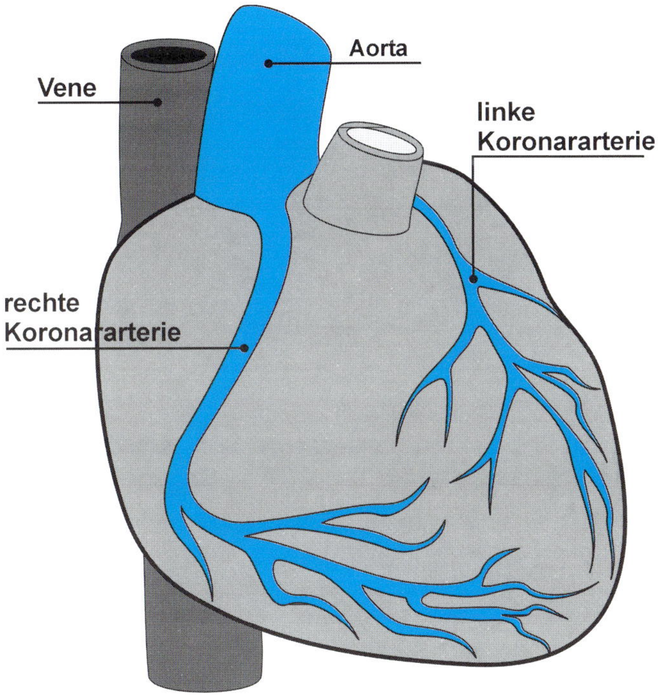

Abb. 9: Das Herz mit linker (Vorderwand-) und rechter (Hinterwand-)Arterie

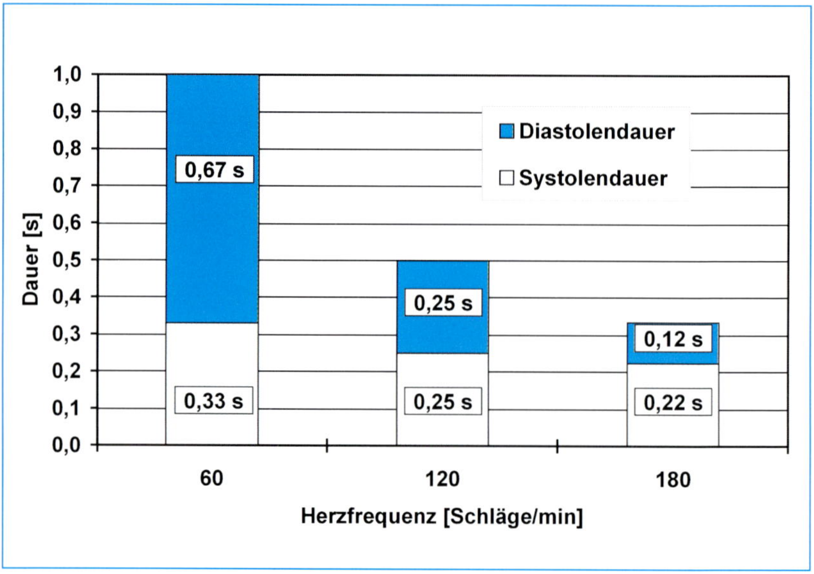

Abb. 10: Zusammenhang zwischen Dauer der Systole/Diastole und der Herzfrequenz

Die von HOLLMANN [47] gefundene Abhängigkeit zwischen Lebensalter und maximaler Herzfrequenz:

$$HF_{max} = 220 - \text{Lebensalter}$$

bekommt damit einen zusätzlichen Sicherheitsaspekt: dem Herzinfarkt vorzubeugen. Ältere Sportler, nicht nur Walker oder Läufer, sondern vor allem Radfahrer und Skilangläufer, die diese Grenzen nicht beachten, sondern sich darüber hinausgehenden Belastungen aussetzen, gehen ein hohes Herzinfarktrisiko ein.

Abbildung 11 zeigt die theoretische HF_{max}-Kurve sowie den davon abgeleiteten optimalen Ausdauertrainingsbereich $HF_{60\text{-}80\%}$. Die HOLLMANN-Formel ist sehr allgemein, die Möglichkeiten, den individuellen Maximalpuls exakter zu ermitteln, werden in Kapitel 3.2.2 „Herzfrequenzmessung" gezeigt. – Bereits an dieser Stelle wird darauf hingewiesen, dass sowohl die positiven gesundheitlichen als auch die optimalen Ausdauertrainingseffekte nur im Bereich von 60-80% der maximalen (Walking-)Leistungsfähigkeit erzielt werden.

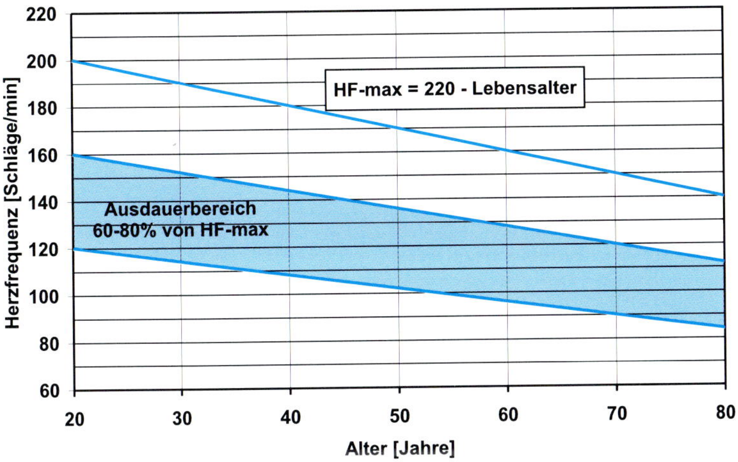

Abb. 11: Maximale Herzfrequenz (HF_{max}) nach HOLLMANN [47] und der 60-80%-Bereich als optimaler Herzfrequenzbereich für ein Ausdauertraining

Der gut Ausdauertrainierte ist dennoch nicht gegen einen Herzinfarkt, z.B. durch ein Blutgerinnsel (Abbildung 12), geschützt, aber seine Chancen zum Überleben steigen u.a. durch die vermehrt ausgebildeten Kapillaren und Kollateralien (Querverbindungen) bis zum 20fachen gegenüber einem Untrainierten an.

2.3 Herzgewicht, Herzgröße

Das durchschnittliche Gewicht eines untrainierten Herzens beträgt M = 300 g. Durch mehrjähriges, intensives Ausdauertraining steigt die Herzmuskelmasse bis M = 500 g. Dies bedeutet gleichzeitig eine Kräftigung des Herzmuskels. Beim Herzvolumen ergeben sich ähnliche Relationen. Dort vergrößert sich das Volumen (V) bei Männern (M) von V_M = 750 ml bis auf ca. V_M = 1.200 ml und bei Frauen (W) von V_W = 550 ml bis auf ca. V_W = 1.000 ml. Wird die Volumenverbesserung auf das durchschnittliche Körpergewicht bezogen, so ergeben sich für Frauen und Männer die gleichen Verbesserungswerte. Das größere Volumen verbunden mit

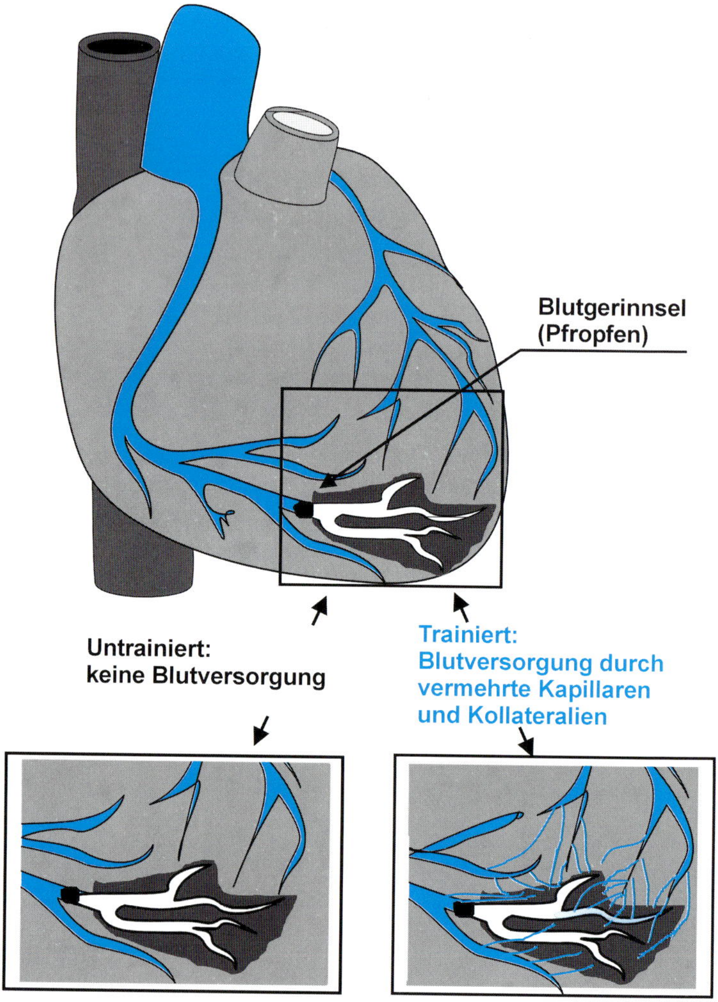

Abb. 12: Durch Ausdauertraining werden zur besseren Versorgung des Herzmuskels zusätzliche Kapillaren und Kollateralien gebildet, die im Infarktfall die Überlebenswahrscheinlichkeit und -qualität verbessern.

der größeren Muskelkraft führt zu dem erwünschten höheren Blutausstoß pro Herzschlag. In Ruhe sinkt dadurch die Herzfrequenz und unter Belastung führt die erhöhte Blutauswurfmenge zu größeren Ausdauerleistungen [76].

Doch wie jeder Muskel bildet sich auch der Herzmuskel wieder zurück, wenn das Training reduziert oder eingestellt wird.

2.4 Herzfrequenz und Blutumlauf

Die Herzfrequenz und die Blutauswurfmenge aus dem Herz werden sowohl vom Sauerstoffbedarf der arbeitenden Muskeln und Organe als auch durch emotionale und visuelle Fremdreize (Angst, Freude, Erregung usw.) beeinflusst. In Ruhe erfolgt die Steuerung durch das herzeigene, autonome System. Bei äußeren, emotionalen oder visuellen Reizen greift das alle Funktionen der inneren Organe steuernde und koordinierende vegetative Nervensystem mit dem **Sympatikusanteil** als Aktivierer (bzw. mit dem **Parasympatikusanteil** als Dämpfer) zusätzlich in die Steuerung der Herzfrequenz und der Blutauswurfmenge ein. Zu den emotionalen Reizen des Sportlers gehört vor allem die mentale Einstimmung auf eine bevorstehende Leistung (s.a. Kapitel 3.2.3 „Aufwärmphase"). Die Herzfrequenz steigt an und stellt sich damit bereits auf einen erhöhten Sauerstoff- und Energiebedarf ein. Die Feinabstimmung für den Belastungsbedarf wird z.B. durch die pH-Wertänderung im Blut als Folge der anfallenden Stoffwechselprodukte gesteuert (s. Kapitel 3.1 „Energiegewinnung aus Kohlenhydraten und Fetten"). Der Sauerstoffbedarf des menschlichen Körpers beträgt in Ruhe – definiert als Ruhepuls morgens noch im Bett liegend – unabhängig vom Trainingszustand im Durchschnitt V_{O2} = 1 l O_2/min. Das Blut hat einen Sauerstoffgehalt VO_2 = ca. 0,2 l pro Liter Blut: Um den Sauerstoffbedarf in Ruhe zu decken, werden V_{Ruhe} = 5 l Blut/min benötigt. Das kleinere Herz des Untrainierten benötigt dazu ca. 70 Schläge/min (Ruheherzfrequenz HF_{Ruhe}), da sein Blutausstoßvolumen V_{AU} = ca. 70 ml pro Herzschlag beträgt. Das größere und kräftigere Herz des Ausdauertrainierten kann den Blutbedarf von V_{Ruhe} = 5 l/min mit nur HF_{Ruhe} = 40-50 Schläge/min decken, da sich sein Blutausstoßvolumen in Ruhe auf V_{AT} = 100-125 ml/Herzschlag erhöht hat. Dies stellt eine enorme Ökonomisierung der Herzarbeit dar, auf die im Folgenden ausführlich eingegangen wird. Die im Körper vorhandene Blutmenge beträgt V = 5-6 l und kann sich durch Ausdauertraining auf V = 6-7 l erhöhen. Je mehr Blut im Körper vorhanden ist, umso größer ist die

Zahl der roten Blutzellen, d.h. die Möglichkeit, Sauerstoff zu transportieren. Kommen durch Bewegungen mehr Muskelgruppen zum Einsatz, steigt der Sauerstoffbedarf sowohl mit der Menge als auch mit der Arbeitsfrequenz der hinzukommenden Muskelgruppen. Die Herz-Kreislauf-Systeme der Untrainierten und Trainierten reagieren darauf sehr unterschiedlich.

Untrainiert:

- Der Sauerstoffmehrbedarf wird beim Untrainierten überwiegend durch Erhöhung der Herzfrequenz und nur zu einem kleinen Teil durch ein größeres Blutausstoßvolumen, das in der Regel auf maximal V_{Umax} = 120 ml/Herzschlag bzw. auf ca. V_{Umax} = 24 l/min (bei HF_{max} = 200 Schläge/min) geschätzt wird, realisiert. Sehr schnell werden Herzfrequenzbereiche erreicht, in denen die Blutausstoßmenge wegen der zu kurzen Systolendauer sinkt (Frequenz frisst Volumen!). Gleichzeitig nimmt auch die Sauerstoffausschöpfung wegen der zu hohen Fließgeschwindigkeit des Bluts in den Kapillaren (verkürzte Kontaktzeit) auf 60-40% ab. In seiner Lunge wird aus dem gleichen Grund bei einer zu hohen Atemfrequenz die Sauerstoffaufnahme und die Kohlendioxidabgabe beeinträchtigt (s.a. Kapitel 3.1 „Energiegewinnung aus Kohlenhydraten und Fetten").

Trainiert:

- Der Trainierte deckt seinen Sauerstoffmehrbedarf als Erstes mit einer Erhöhung des Blutausstoßvolumens und erst im zweiten Schritt mit der Erhöhung der Herzfrequenz. Durch Ausdauertraining können Blutausstoßmengen bis zu V_{Tmax} = 200 ml/Herzschlag bzw. bis zu V_{Tmax} = 40 l/min (bei HF_{max} = 200 Schläge/min) erreicht werden.

  Die vermehrten Kapillaren in seiner Muskulatur erniedrigen die Fließgeschwindigkeit des Bluts im Abgabebereich des Sauerstoffs, wodurch im Optimalfall ein Ausschöpfungsgrad des Sauerstoffs von über 90% erreicht werden kann. Dieses große Sauerstoffangebot im arbeitenden Muskel ermöglicht dem Trainierten gegenüber dem Untrainierten, auch bei wesentlich höheren Leistungen im Sauerstoffgleichgewicht zu bleiben (s.a. Kapitel 3.1 „Energiegewinnung aus Kohlenhydraten und Fetten").

Der hohe Sauerstoffausschöpfungsgrad führt zu einem sehr geringen Sauerstoffrest im venösen Blut. Dadurch erhöht sich in den Lungenbläschen (Alveolen) der Lunge das Sauerstoffkonzentrationsgefälle zwischen dem venösen Blut und dem dort angebotenen Sauerstoff (Sauerstoffpartialdruck). Gleichzeitig erhöht der Trainierte mit seiner tieferen, bis in die Lungenspitzen reichenden Atmung die Anzahl der aktivierten Alveolen (s. Kapitel 2.5 „Atmung") und verbessert damit zusätzlich die Austauschmöglichkeiten für Sauerstoff und Kohlendioxid.

Die Verringerung der Herzfrequenz führt als Zusatzeffekt zu einer Verbesserung der Sauerstoffversorgung des Herzmuskels durch die Verlängerung der Diastolendauer (s. a. Abbildung 10).

Der Sauerstoff- bzw. Blutbedarf der Organe und Muskeln beträgt in Ruhe V_{Ruhe} = 1 l O_2/min = 5 l Blut/min. Den Bedarf der einzelnen Organe und Muskeln zeigt Abbildung 13. Bei intensiver Muskelarbeit, z.B. hohem Walking-Tempo, kann der Blutbedarf auf $V \geq 25$ l Blut/min ansteigen.

Aus Abbildung 13 geht hervor, dass der Bedarf des Gehirns dadurch nicht beeinflusst wird. Der Blutbedarf des Gehirns ist mit V_{Gehirn} = 0,8 l Blut/min unabhängig von Gehirn- bzw. körperlichen Aktivitäten. D.h., auch der Sauerstoffbedarf bzw. die Sauerstoffversorgung ist von den Aktivitäten unabhängig und wird durch die Ausdaueraktivitäten weder verbessert noch verschlechtert. Die oft geäußerte Behauptung, dass das Gehirn durch die Ausdaueraktivität mit mehr Sauerstoff versorgt wird, ist falsch. Was sich ändert, ist die Durchblutung und damit die Sauerstoffversorgung der einzelnen Gehirnbereiche, die für die Muskelsteuerung bzw. für die Denkprozesse zuständig sind. – Die mit einem Ausdauertraining verbundenen Entspannungseffekte gehen auf eine Vielzahl positiver Sekundäreffekte bei der Arbeitsleistung des Gehirns, zu denen auch die Endorphinbildung gehört, zurück.

Die Durchblutung der Niere ist ebenfalls fast konstant. Diejenige der Verdauungsorgane und die der Haut dagegen wird deutlich bei großen Muskelaktivitäten reduziert. – Das vorhandene Blut wird entweder zum Verdauen benötigt oder kann der Muskelversorgung zur Verfügung gestellt werden. Beides gleichzeitig geht nicht! Die Blutverteilung im Körper wird vom vegetativen Nervensystem über den Sympathikusnerv durch Rezeptoren gesteuert. So genannte α-**Rezeptoren** schließen die Blutversorgung für nicht benötigte Haut-, Fettgewebe- und Organbereiche; β_2-**Rezeptoren** öffnen die Koronarbereiche der zusätzlich arbeitenden Muskulatur zur Energie- und Sauerstoffversorgung.

Im Herzmuskel steuern β_1-**Rezeptoren** die Öffnung der für höhere Pumpleistungen benötigten Kapillargebiete. Mit der höheren Pumpleistung ist automatisch ein Blutdruckanstieg verbunden. Muss dieser aus Gesundheitsgründen (Bluthochdruck) begrenzt werden, ist seine Regulierung durch die Einnahme von β-Blockern möglich. Eine Leistungsbegrenzung des Herzens (des *Motors*) bedeutet gleichzeitig auch eine Begrenzung der körperlichen Gesamtaktivität. Die Einnahme von β-Blockern beinhaltet somit eine Abwägung zwischen Gesundheit und Reduzierung der maximalen Leistungsfähigkeit.

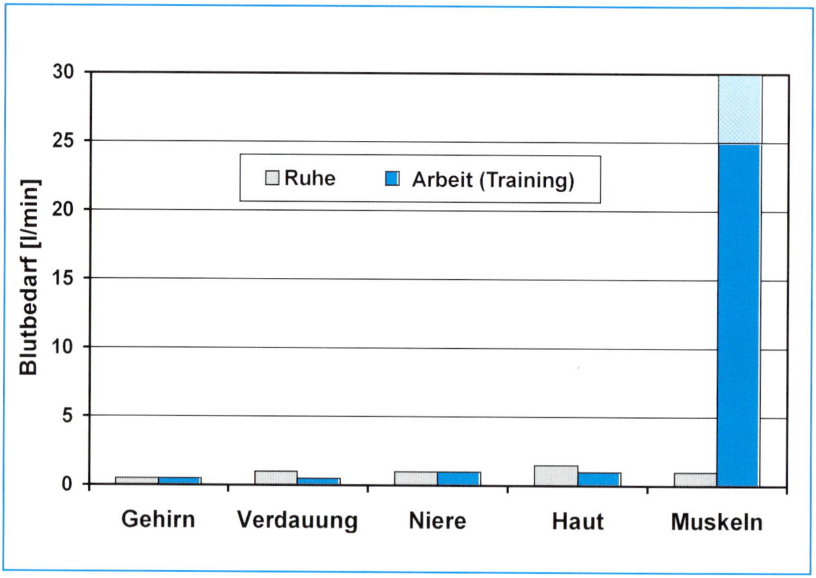

Abb. 13: Blutbedarf im Körper bei Ruhe und maximaler körperlicher Belastung (Training)

2.5 Atmung

Der Körper verfügt über zwei unterschiedliche Versorgungssysteme. Zum einen über den Magen-Darm-Bereich zur Aufnahme von flüssiger und fester Nahrung und zum anderen über die Lunge zur Aufnahme von Sauerstoff. Während der Mensch drei Wochen ohne etwas zu essen und bis zu drei Tage ohne etwas zu trinken auskommen kann, muss seine Sauerstoffversorgung zu jedem Zeitpunkt sichergestellt sein, da seine Zellen nur ca. drei Minuten ohne Sauerstoff überleben können. Die eingeatmete Luft aus der Atmosphäre besteht aus ca. 21% Sauerstoff, ca. 78% Stickstoff und ca. 1% sonstiger Gase. Die ausgeatmete Luft enthält unter Ruhebedingungen noch 16-17% Sauerstoff und einen auf ca. 4% angestiegenen Kohlendioxidgehalt. Der hohe Sauerstoffrestgehalt dient zur Aufrechterhaltung eines ausreichend hohen Sauerstoffgehalts im gesamten Atembereich - und als positive Nebenwirkung wird die Mund-zu-Mund-Beatmung ermöglicht. Die Atmung erfolgt über den oberen und unteren Atemweg (Abbildung 14). Zum oberen Atemweg gehört der Nasen- und Rachenraum, in dem die einströmende Luft erwärmt, angefeuchtet und von großen Schmutzpartikeln gereinigt wird. Die Erwärmung auf 37° C erfolgt auch bei Temperaturen unter 0° C so schnell, dass Schutzmaßnahmen beim Training nur in Extremfällen notwendig sind. Zum unteren Atemweg gehören der Kehlkopf mit den Stimmbändern, die Luftröhre und die Bronchien (Luftröhren in der Lunge), die sich in immer feiner werdende Bronchiolen (feine Luftröhren) verzweigen bis in die Alveolen (Lungenbläschen bzw. Gasaustauschbereiche). Die innere Oberfläche der Luftröhre und der Bronchien ist mit Schleimdrüsen und feinen Flimmerhaaren besetzt, die mit rhythmischen Bewegungen alle in der Schleimschicht haftenden Partikel kontinuierlich zum Kehlkopfeingang transportieren. Dieser Selbstreinigungseffekt wird z.B. durch Rauchen in zunehmendem Maße eingeschränkt, da die Flimmerhaare geschädigt werden.

2.6 Luftdruck, Partialdruck

Die den Menschen umgebende Luft übt einen Druck, den so genannten **Luftdruck**, auf ihn aus. In Meereshöhe beträgt der Luftdruck bei trockener Luft $P_{Luft} = 760$ mmHg. Der **Partialdruck** ist entsprechend seinem Anteil der Teildruck bzw. Druckanteil eines der in der Umgebungsluft enthaltenen Einzelgases am Gesamtdruck. Der Partialdruck des Sauerstoffs (O_2) beträgt entsprechend seinem Anteil von ca. 21% $PO_2 = 760 * 21\% = 160$ mmHg.

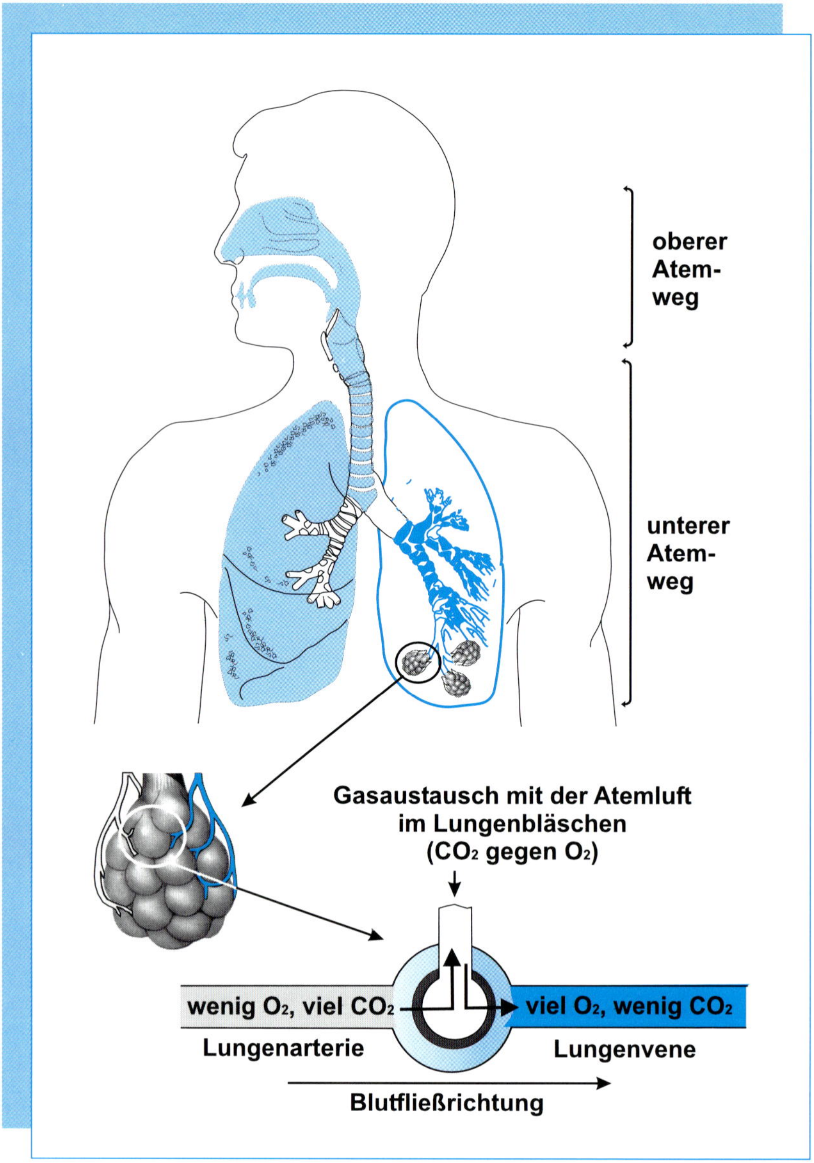

Abb. 14: Atemwege: oberer Bereich: Nasen- und Rachenraum; unterer Bereich: Kehlkopf, Luftröhre, Bronchien, Lungenbläschen bzw. Gasaustauschbereiche [7]

Auf dem Atemweg von der Nase bzw. dem Mund über die Bronchiolen bis zu den Alveolen sinkt dieser Sauerstoffpartialdruck u.a. durch die Anfeuchtung der Atemluft und die Vermischung mit der mit Kohlendioxid (CO_2) angereicherten Ausatemluft auf $PO_2 = 100$ mmHg.

Alle Gase, so auch die Luft bzw. der Sauerstoff oder das Kohlendioxid, haben die Eigenschaft, sich immer von höheren zu niedrigeren Konzentrations- bzw. Druckbereichen zu bewegen, um einen Konzentrations- bzw. Druckausgleich zu erreichen. Die für den Körper wichtigsten Gase sind der Sauerstoff und das Kohlendioxid. Der Sauerstoff wird in den Zellinnenräumen der Organe und Muskeln zur Energieumsetzung benötigt. In den Zellen wird ein Sauerstoffpartialdruck $PO_2 \approx 1$ mmHg vermutet, d.h. zwischen dem in der Lunge angebotenen Sauerstoff (PO_2Lunge = 100 mmHg) und den Zellen besteht ein sehr großer Druckunterschied, der den Transport und die Abgabe des Sauerstoffs an die Zelle begünstigt.

Die Alveolen und die sie umgebenden Kapillaren sind nur durch sehr dünne Wände getrennt, durch die der Sauerstoff leicht hindurchdiffundieren kann. Da Sauerstoff schlecht wasserlöslich ist, wird er an das Hämoglobin (rote Blutzellen) im Blut zum Weitertransport gebunden. Die Bindung des Sauerstoffs an das Hämoglobin ist sehr leicht zu lösen, das fördert die Abgabe an die Sauerstoff benötigenden Organe und Muskelbereiche. Der Übergang in die Organe bzw. zwischen den Kapillaren und den Muskelzellen (s. Abb. 7, S. 30) erfolgt wiederum durch Diffusion.

In Ruhe ist der Sauerstoffbedarf insgesamt niedrig, es wird nur ein Teil des angebotenen Sauerstoffs aus dem arteriellen Blut benötigt (keine vollständige Sauerstoffausschöpfung), sodass das venöse Blut beim Rückfluss im Lungenbereich noch einen Sauerstoffrestgehalt mit einem Partialdruck bis zu $PO_2 = 40$ mmHg haben kann. Dementsprechend klein ist die Druckdifferenz bei der erneuten Sauerstoffaufnahme zwischen den Alveolen und den Lungenkapillaren.

Wie viel Sauerstoff maximal an die Zellen abgegeben werden kann, hängt von der Fließgeschwindigkeit des Bluts in den Kapillaren ab. Die Kontaktzeit (t) muss $t \geq 0{,}3$ ms betragen. Erhöht sich die Fließgeschwindigkeit des Bluts durch Extrembelastungen, z.B. bei einem 400-m-Lauf oder auf Grund der geringen Kapillarkapazität eines Untrainierten, so kann die Sauerstoffausschöpfung bis auf 60-40% abfallen. Hochausdauertrainierte Sportler dagegen erreichen auch bei maximalen Ausdauerbelastungen noch eine Sauerstoffausschöpfung bis zu 95% ($PO_2 < 10$ mmHg). Dadurch entstehen in der Lunge hohe Druckgefälle, die die

Diffusionsgeschwindigkeit des Sauerstoffs erhöhen und zusammen mit den vermehrt aktivierten Alveolenbereichen bewirken, dass es immer zu einer maximalen Sauerstoffaufnahme im arteriellen Blut kommt. Entgegen früherer Meinung gilt die Atmung heute nicht mehr als leistungslimitierender Faktor für aerobe Ausdauerleistungen [47]. Limitierend auswirken kann sich eine zu flache Atmung oder das Rauchen, wenn nur ein Teil der vorhandenen Alveolen zum Gasaustausch (O_2, CO_2) aktiviert wird oder wenn Alveolen durch die mit dem Rauchen verbundene Teerablagerung deaktiviert sind. Entscheidend für die Ausdauerleistung ist die Sauerstoffausschöpfung in den Kapillaren im Bereich der Muskelzellen.

Das Gas Kohlendioxid (CO_2), das als Stoffwechselprodukt bei der Energieumsetzung in den Muskeln entsteht, ist im Gegensatz zum Sauerstoff leicht wasserlöslich und kann im venösen Blut gelöst und problemlos zur Lunge transportiert werden. Dort diffundiert es über die Alveolen in die Bronchiolen und wird abgeatmet.

2.7 Atemvolumen, Atemkapazität

Das während eines Atemzyklus ein- oder ausgeatmete Gasvolumen wird als **Atemzugvolumen** (AZV) bezeichnet. In Ruhe beträgt es ca. 0,5 l und kann bei intensiver körperlicher Arbeit bis auf ca. 3 l, ca. 50% der Vitalkapazität, ansteigen.

Die **Vitalkapazität** (VK) ist das Volumen, das nach maximaler Einatmung maximal ausgeatmet werden kann. Trotz maximaler Ausatmung bleibt in der Lunge ein Restvolumen, das **Residualvolumen** (RV), zurück. Die Vitalkapazität und das Residualvolumen zusammen ergeben die **Totalkapazität** (TK). Die Totalkapazität der Lunge ist bei jedem Einzelnen vorgegeben und kann weder durch Atem- noch durch Ausdauertraining erhöht werden.

Die Vitalkapazität dagegen kann durch die tiefe und bewusst verstärkte Ausatmung, d.h. durch Brust- und Bauchatmung anstelle der flacheren Brustatmung, maximiert werden (Abbildung 16). Je tiefer ausgeatmet wird, umso tiefer wird automatisch auch wieder eingeatmet, d.h., tiefes Ausatmen ist die Voraussetzung für tiefes Einatmen. Deshalb ist es empfehlenswert, sich bei Belastung oder auch Stress immer auf eine tiefe Ausatmung zu konzentrieren. Tiefes (Aus-)Atmen führt automatisch sowohl zu einer Reduzierung der Atemfrequenz als auch zu einer Reduzierung der Herzfrequenz und damit zu Stressabbau!

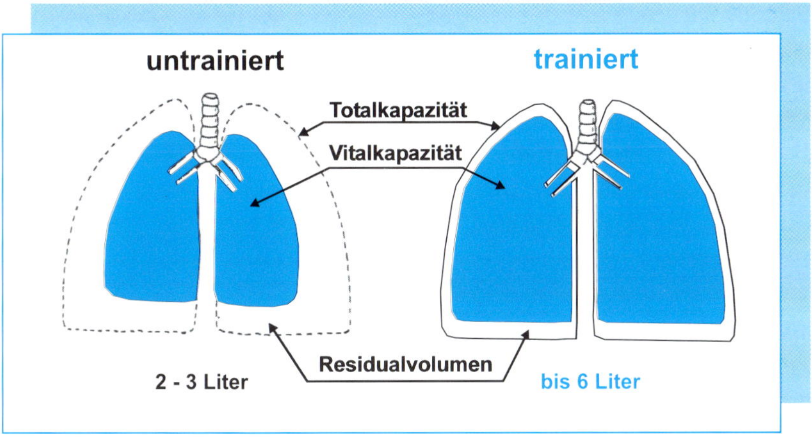

Abb. 15: Schematische Darstellung der Total- und Vitalkapazität sowie des Residualvolumens von Untrainierten und Trainierten

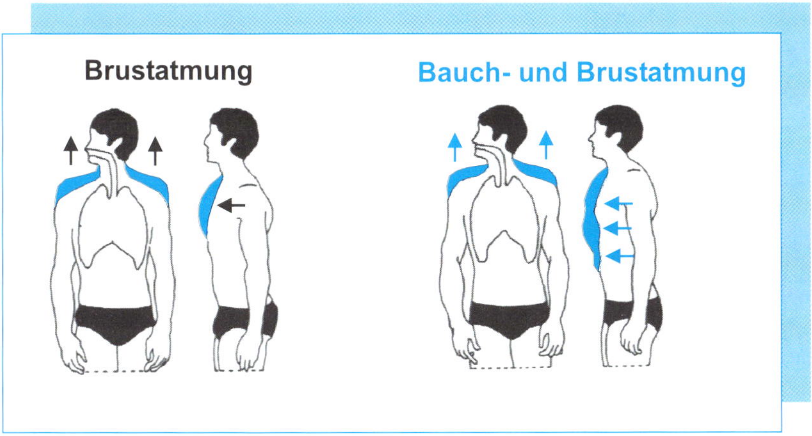

Abb. 16: Vergleich: Brustatmung zu Brust- und Bauchatmung

Auf bestimmte Atem-Schritt-Verhältnisse (z.B. sechs Schritte ausatmen, vier Schritte einatmen) zu achten, macht nach den heutigen Erkenntnissen wenig Sinn. Der Einsteiger verbessert und ändert seine Atemtechnik mit zunehmender Ausdauerleistungsfähigkeit, im wechselnden Gelände muss die Atmung der jeweiligen

Belastung angepasst werden und beim gut ausdauertrainierten Walker stellt sich in der Ebene ein Atem-Schritt-Verhältnis automatisch ein.

Bei der Einatmung gelangt nur ein Teil des eingeatmeten Gasvolumens in den Alveolarenraum, in dem der Gasaustausch stattfindet. Ca. 150 ml verbleiben bei jedem Atemzug im Mund-, Rachen-, Kehlkopf-, Luftröhren- und Bronchialraum. Da hier kein Gasaustausch stattfindet, wird er als **Totraum** bezeichnet. Dieser Wert ist nahezu konstant, d.h., je größer das Atemzugvolumen wird, desto kleiner wird der uneffektive Totraumanteil an der Vitalkapazität.

Das **Atemminutenvolumen** (AMV) bezeichnet das Volumen, das in einer Minute eingeatmet wird. Es ist das Produkt aus **Atemfrequenz** (Af) – Atemzüge pro Minute – mal **Atemzugvolumen**. In Ruhe atmet ein Erwachsener ca. 15 mal in der Minute und kann die Frequenz bei Bedarf auf 40-50 Atemzüge steigern. Beim Atemminutenvolumen gibt es ein Optimum zwischen Atemfrequenz und Atemzugvolumen. Wird die Atemfrequenz zu hoch, sinkt das Atemzugvolumen. Je kleiner es wird, umso geringer wird der Gasaustausch in der Lunge, d.h. der Sauerstoffgehalt sinkt. Gleichzeitig werden die Alveolenbereiche in den Lungenspitzen wegen der flacher werdenden Atmung nicht mehr in den Gasaustausch einbezogen. Beides führt zu einer Verringerung des Sauerstoffangebots im Blut.

Der Bestimmung des Atemzugvolumens, der Vitalkapazität, des Atemminutenvolumens und der Totalkapazität als Bestandteil der Leistungsdiagnostik wurde jahrelang große Bedeutung beigemessen. Heute ist bekannt, dass die Atmung normalerweise keinen leistungslimitierenden Faktor darstellt und durch viele, unkontrollierbare äußere Bedingungen beeinflusst wird. Deshalb erfolgen solche Diagnosen heute fast ausschließlich im Hochleistungssport.

Nasenpflaster sollen die Atmung durch die Nase verbessern. Die in der Werbung genannten Verbesserungen müssen angezweifelt werden, da es dazu bis heute keine signifikanten wissenschaftlichen Ergebnisse gibt. Hinzu kommt, dass bei intensiver körperlicher Belastung die Atemfrequenz ansteigt und die meisten Menschen in diesem Zustand zusätzlich zur Nasenatmung auf eine Mundatmung umschalten. – Wenn Spitzensportler solche Produkte tragen, bedeutet dies häufig nur, dass ihre Vorbildfunktion zu Werbezwecken genutzt wird.

3 GRUNDLAGEN DER ENERGIEBEREITSTELLUNG

Eine ausführliche Darstellung der unterschiedlichen Möglichkeiten zur Energiebereitstellung erscheint u.a. notwendig, da nicht nur beim Walken an Steigungen, sondern vor allem beim Power-Walken bis hin zur Teilnahme an Marathonveranstaltungen, beim Stick-/Stock-, Nordic- und Hill-Walking sowie beim Wogging das Sauerstoffangebot nicht ausreicht, um eine aerobe Energiebereitstellung zu gewährleisten. Ziel dieses Abschnitts ist es, die komplexen Vorgänge der Energiebereitstellung so anschaulich zu machen, dass sie auch ohne chemische oder medizinische Vorkenntnisse verstanden und für die individuellen Trainingsbedingungen umgesetzt werden können. Um dies zu erreichen, sind z.T. starke Vereinfachungen notwendig. Für Leser, die sich tiefer in die Thematik einarbeiten wollen, sei auf die weiterführende Literatur verwiesen.

Die verwendete Formel- und Schemadarstellung soll den Text bildhaft ergänzen, um das Verständnis für die Vorgänge im Körper zu erleichtern. Die dargestellten chemischen Strukturformeln zeigen auf, wo das Energiepotenzial in einem Molekül sitzt und in welche Atome das Molekül zerlegt werden kann bzw. was es bedeutet, wenn wegen falscher Trainingsbelastung Energiepotenziale ungenutzt gelassen werden. Für kurzzeitige Belastungen reichen die in den Muskelzellen vorhandenen Energiereserven normalerweise völlig aus, denn dabei sind die Kraft- und Schnelligkeitspotenziale des Sportlers entscheidend sowie seine Möglichkeiten, mit den bei diesen meist sehr intensiven Belastungen anfallenden Stoffwechselprodukten fertig zu werden. Im Ausdauerbereich dagegen hängt der Erfolg von einem optimalen Einsatz der vorhandenen Energiereserven ab.

Bei der Energiebereitstellung drängt sich der Vergleich mit einem Atomkraftwerk auf. Dort wird durch die Atomspaltung Energie freigesetzt. Im Körper werden Moleküle in ihre Atombestandteile gespalten, wobei ebenfalls Energie frei wird, die der Körper nutzen kann. Hierbei handelt es sich um eine Bindungsenergie, mit der die Atome in den Molekülen zusammengehalten werden. D.h., jede Bindungsstelle zwischen zwei Atomen eines Moleküls stellt ein Energiepotenzial dar. Je mehr Bindungsstellen vorhanden sind, umso größer ist das Energiepotenzial des Moleküls.

Der Muskulatur dienen als Energielieferanten die mit der Nahrung aufgenommenen Kohlenhydrate und Fette (Fette in Form von Fettsäuren). Eiweiß als dritter Hauptnahrungsbestandteil wird zu 99% als Baustoff der Zellen und nur zu ca. 1% für die Energiegewinnung verwendet. Letzteres geschieht nur, um diese Möglichkeit permanent als *Notfallprozess* bei Kohlenhydrat- und Fettmangel (Unterernährung) zu trainieren. Da die Voraussetzungen dazu bei uns z.Z. nicht gegeben sind, wird auf diesen Zusammenhang nicht weiter eingegangen. Neben den Kohlenhydraten und Fetten benötigt der Körper zur Steuerung der Prozesse Hilfsstoffe, z.B. Enzyme, Mineralstoffe, Vitamine.

Wie viel Energie ein Kohlenhydrat- bzw. ein Fettsäurenmolekül enthält, zeigen die Strukturformeln in Abbildung 17. Die Bindungsstellen, in denen die Bindungsenergie gespeichert ist, sind *blau* gekennzeichnet. Die aus nur drei Atomen bestehenden Kohlenhydrat- und Fettsäurenmoleküle zerfallen bei der Spaltung zur Energiefreisetzung in ihre Bestandteile:

- Kohlenstoff (C)
- Wasserstoff (H)
- Sauerstoff (O).

Die anfallenden Kohlenstoff- und Wasserstoffatome müssen aus der Muskelzelle entsorgt werden. Die Entsorgung bzw. die Bindung der Wasserstoffatome ist dabei die zentrale Aufgabe. Die Entsorgung erfolgt durch die Bindung an den Sauerstoff. Da in den Kohlenhydrat- und Fettsäurenmolekülen nur wenige Sauerstoffatome vorhanden sind, muss Sauerstoff von außen zugeführt werden. Dies geschieht nach seiner Einatmung in die Lungen über die Blutbahn. Die benötigte Sauerstoffmenge richtet sich nach der Arbeitsintensität des Muskels, d.h. der Zahl der bei den Spaltungen anfallenden Kohlenstoff- und Wasserstoffatome.

Bei sehr hohen Belastungen, z.B. Spurtphasen, Bergaufstrecken oder plötzlichen Belastungswechseln, können auch unter Optimalbedingungen nicht alle anfallenden Wasserstoffatome von der vorhandenen Sauerstoffmenge gebunden werden. Die Muskelzelle muss ein Sauerstoffdefizit eingehen und auf ein unwirtschaftliches Alternativverfahren zur Energiebereitstellung ausweichen. Bei diesen Verfahren sind Höchstleistungen möglich, diese können aber nur kurzzeitig erbracht werden, da die auf diesem Weg anfallenden Abfallprodukte (Stoffwechselprodukte) nur in einer begrenzten Menge verkraftet werden. Insgesamt stehen dem Körper drei

Kohlenhydrat
(Glukose $C_6H_{12}O_6$)

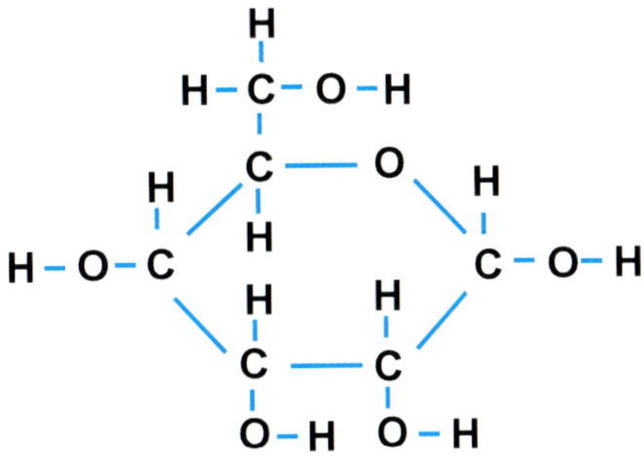

Fettsäure
(Palmitinsäure $C_{15}H_{31}COOH$)

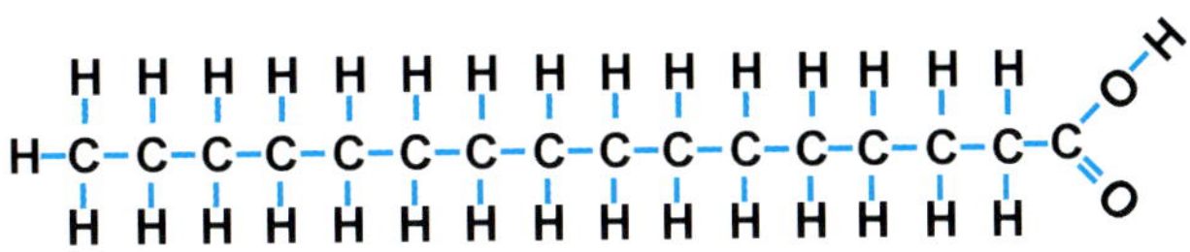

Abb. 17: Strukturformeln der Glukose und der Palmitinsäure (blaue Verbindungsstriche = potenzielle Bindungsenergie)

Verfahrenswege zur Energieversorgung zur Verfügung, deren Kenntnis für den Ausdauersportler von entscheidender Bedeutung ist. Welches Verfahren genutzt werden kann, richtet sich nach dem jeweiligen Sauerstoffangebot in der Muskelzelle:

- zu wenig Sauerstoff
- ausreichend Sauerstoff
- Sauerstoffüberschuss.

Die einzelnen Verfahrenswege und die jeweilige Bedeutung für den Walker werden in den folgenden Abschnitten dargestellt.

ATP – die Energiewährung des Körpers

Energie wird im Körper für sämtliche Arbeitsprozesse benötigt. Die durch die Spaltung von Kohlenhydrat- und Fettsäurenmolekülen gewonnene elektrische Energie kann nicht direkt verwendet, sondern muss mithilfe eines Zwischenträgers, dem so genannten Adenosin-**tri**-phosphat (ATP), zur Verfügung gestellt werden. Diese sehr komplexe Substanz hat den Vorteil, dass sie als universeller bzw. alleiniger Energielieferant, unabhängig davon, wo sie im Körper, ob im Gehirn, in Muskeln, Organen usw. benötigt wird, zum Einsatz kommt. Die Energiegewinnung findet auch hier, wie in Kapitel 3 „Grundlagen der Energiebereitstellung" schon dargestellt wurde, durch Gewinnung frei werdender elektrischer Bindungsenergie statt. Beim Adenosin-**tri**-phosphat (ATP) wird die dritte Phosphatgruppe abgespalten. Es entsteht ein freies Energiepotenzial, Adinosin-**di**-phosphat und ein Phosphatrest (Abbildung 18).

Nach dem Gesetz der Energieerhaltung kann Energie nicht verloren gehen. Für den Körper bedeutet dies, dass ein Teil dieser elektrischen Energie erhalten bleibt und in dieser Form weiter verwendet werden. Ein anderer Teil wird in Wärme umgewandelt, die der Aufrechterhaltung bzw. zur Erhöhung der Körpertemperatur in der Aufwärmphase dient. Trotz dieser zentralen Aufgabe des ATP verfügt die einzelne Muskelzelle nur über so minimale ATP-Vorräte, dass damit nur 2-3 Kontraktionen möglich sind. Um weitere Kontraktionen (Bewegungen bzw. für den Walker Schritte) zu ermöglichen, ist eine sofortige Resynthese (Erneuerung) des ATPs aus ADP notwendig, d.h., es muss der abgespaltene Phosphatrest wieder elektrisch an das ADP gekoppelt werden. Die dazu notwendige Energie kann in einer ersten Stufe – quasi als blitzschnelle Sofortsubstanz für den Umfang von ca. sechs weiteren Kontraktionen – aus Kreatinphosphat (KP) gewonnen werden.

Für alle weiteren, d.h. über diese 8-9 Schritte hinausgehenden Kontraktionen, muss der Körper Kohlenhydrate und Fette bzw. Fettsäuren spalten. Mithilfe der bei diesen Spaltungen frei werdenden elektrischen Bindungsenergie (E) erfolgt nunmehr die Resynthese des ATPs aus ADP. Die Strukturformeln (Abbildung 17) eines Kohlenhydratmoleküls (Glukose) und einer Fettsäure (Palmitinsäure) sollen zeigen, wie viel potenzielle Bindungsenergie (=blaue Verbindungsstriche) in jedem Molekül vorhanden ist.

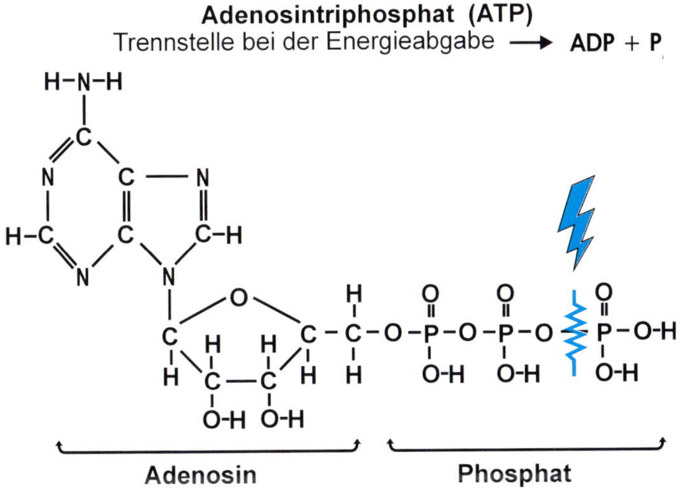

*Abb. 18: Adenosin-**tri**-phosphat (ATP) ist der zentrale Energielieferant für energieverbrauchende Prozesse im menschlichen Körper. Die Energie entsteht durch Abspaltung der letzten Phosphatgruppe (Pi) des ATPs. Es entsteht ein Energiepotenzial, Adinosin-**di**-phosphat (ADP) und ein Phosphatrest. - Das Energiepotenzial wird in den Muskelzellen zum Spannen der Myosinmoleküle (s.a. Kapitel 4.2.1 „Muskelaufbau und -funktion") genutzt, damit diese nach dem Ankoppeln ihrer Köpfchen an die Aktinfäden die für die Kontraktion notwendige Kippbewegung ausführen können [60].*

3.1 Energiegewinnung aus Kohlenhydraten und Fetten

In Abbildung 19 ist eine Muskelzelle skizziert, die die wichtigsten Bestandteile für die Energiegewinnung zur Muskelkontraktion zeigt. Die Versorgung der Muskelzellen mit den für diese Prozesse notwendigen Stoffen, z.B. Kohlenhydrate, Fettsäuren, Eiweiß, Enzyme, Sauerstoff, Elektrolyte, erfolgt über das arterielle Blut in den Arterien; der Abtransport der entstehenden *Abfallstoffe* CO_2, H_2O, Milchsäure usw. über das venöse Blut in den Venen.

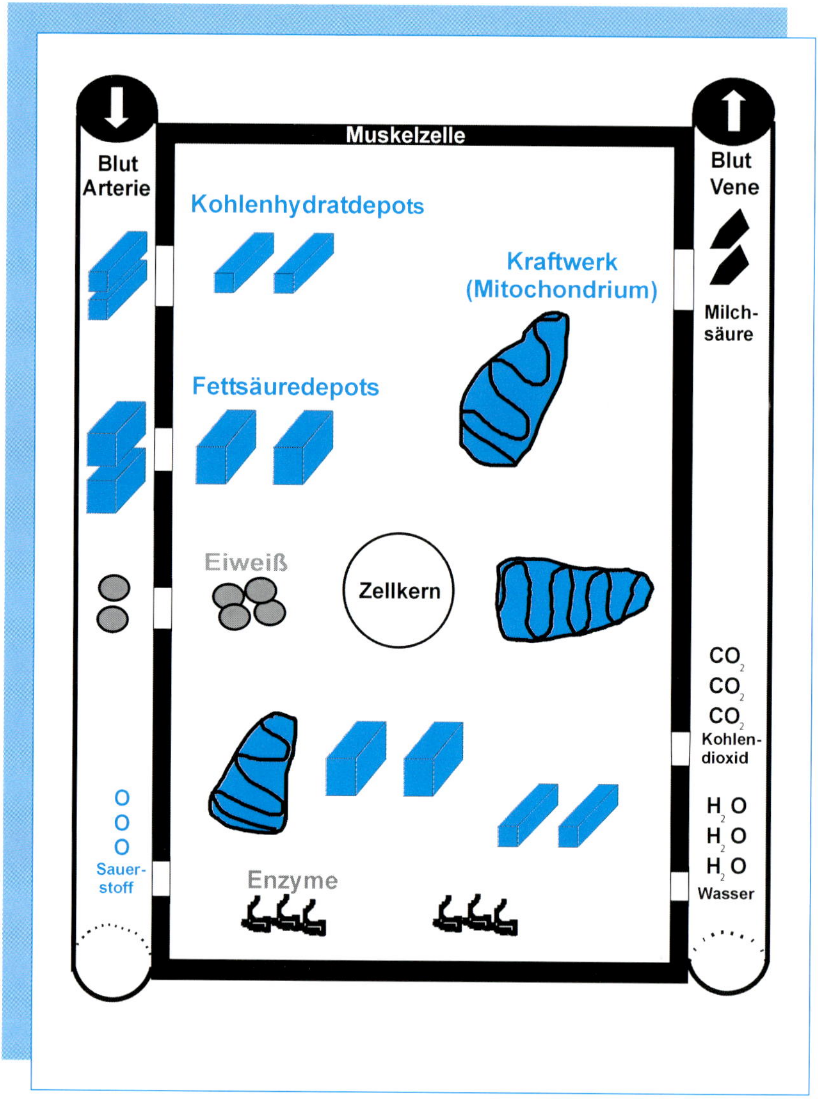

Abb. 19: Skizze der Muskelzelle mit den Muskelkraftwerken (Mitochondrien), in denen die Energiegewinnung auf aerobem Wege stattfindet. In der Muskelzelle sind Kohlenhydrate- (Glykogen-) und Fettsäurendepots angelegt. Die Zahl der Mitochondrien und die Größe der Depots richtet sich nach dem Trainingszustand des Walkers.

Die so genannten Muskelkraftwerke (**Mitochondrien**) haben für die Walker eine besondere Bedeutung, da nur in diesen die auf einer ausreichenden Sauerstoffversorgung basierenden Prozesse für die längerfristige Energiegewinnung ablaufen können. Durch Ausdauertraining kann sich deren Zahl um 15-20% erhöhen, wodurch sich auch die vom Sauerstoff abhängige Leistungsfähigkeit entsprechend verbessert [49].

Aus Kohlenhydraten kann wegen deren erhöhtem eigenen Sauerstoffgehalt (Abbildung 17) sowohl ohne als auch mit ausreichender Sauerstoffversorgung Energie gewonnen werden. Für die Energiegewinnung aus Fettsäuren ist ein erhöhtes Sauerstoffangebot notwendig. Dementsprechend werden die drei Stoffwechselwege wie folgt bezeichnet:

- Ohne ausreichende Sauerstoffversorgung: nur eine einmalige Spaltung eines Kohlenhydratmoleküls = **anaerober Kohlenhydratstoffwechsel**.
- Mit ausreichender Sauerstoffversorgung: eine vollständige Spaltung eines Kohlenhydratmoleküls = **aerober Kohlenhydratstoffwechsel**.
- Bei erhöhtem Sauerstoffangebot: vollständige Spaltung von Fettsäuren = **aerober Fettstoffwechsel**.
  (aerob = mit Sauerstoff; anaerob = ohne Sauerstoff)

3.1.1 Anaerober Kohlenhydratstoffwechsel

Die Kohlenhydrate in Form von Glukose bzw. Glykogen (aus Glukoseeinheiten bestehendes Makromolekül) erhält die Muskelzelle über die Arterien. Sie stehen aber auch abrufbar in Depots zwischen den Muskelzellen oder zum sofortigen Einsatz in Depots in den Muskelzellen zur Verfügung [47]. Die Kohlenhydratdepots lassen sich durch Ausdauertraining zwar bis zu ca. 20% vergrößern, bleiben aber dennoch begrenzt.

Die erste Spaltung des Glukosemoleküls erfolgt in der Muskelzelle, aber noch außerhalb der Muskelkraftwerke (Mitochondrien). – Hierbei handelt es sich um einen vielstufigen Prozess, der überwiegend enzymatisch gesteuert wird [8, 31, 44, 58, 92]. Auf die komplexen Details soll hier verzichtet werden, da ihre Kenntnis zum Verständnis der Energiebereitstellung nicht notwendig ist.

Zur Spaltung des ringförmigen Glukosemoleküls ist ebenfalls Energie notwendig (ein ATP – in Abbildung 20 symbolisiert durch den blauen Blitz). Bei der Spaltung werden jedoch zwei neue ATP gebildet, sodass eines für die nächste Muskelkontraktion übrig bleibt.

Neben den beiden Spaltprodukten, der Brenztraubensäure, fallen vier Wasserstoffatome (2 x H_2) an. Dieser Wasserstoff muss an so genannte **Wasserstoffträger** (NAD+ – in den Abbildungen 20 und 22 mit ••• symbolisiert) gebunden und in die Mitochondrien transportiert werden. Dort wird der Wasserstoff – sofern in der Atmungskette freier Sauerstoff zur Verfügung steht – mit diesem zu Wasser gebunden und in den venösen Kreislauf abgegeben.

Das aktuelle Sauerstoffangebot steuert somit die Zahl der freien Wasserstoffträger. Erhöht sich in einem Muskel das Arbeitsniveau, so fällt auf Grund der vermehrten Spaltung entsprechend mehr Wasserstoff an, der durch freie Wasserstoffträger aufgenommen werden müsste. Das dazu notwendige, erhöhte Sauerstoffangebot muss aber erst durch verschiedene Prozesse angepasst werden – sofern dies auf Grund der Arbeitsintensität überhaupt möglich ist. Fazit: Auf Grund des Sauerstoffdefizits stehen schon nach wenigen Spaltungen keine freien Wasserstoffträger mehr zur Wasserstoffbindung zur Verfügung.

Dennoch sind weitere Kontraktionen (Schritte) möglich. Die Muskelzelle muss den angefallenen Wasserstoff loswerden und nutzt jetzt die Möglichkeit, den Wasserstoff an die beiden Spaltprodukte (Brenztraubensäure) anzulagern (Abbildung 21). Es entsteht Milchsäure (Laktat). – Dieser Prozess wird als **anaerober Kohlenhydratstoffwechsel** bezeichnet, da er ohne Sauerstoff stattfindet.

Diesen Weg muss der Körper immer dann gehen, wenn ein Muskel zu arbeiten beginnt bzw. die Arbeitsintensität erhöht wird und der dazu benötigte Sauerstoffnachschub (noch) nicht ausreicht. Die Milchsäure wird aus der Muskelzelle in den venösen Blutkreislauf abgegeben und säuert dort das Blut. Diese Säuerung des Bluts löst dann über unser Zentralnervensystem u.a. eine verstärkte Atmung (CO_2 – Sauerstoffaustausch) und Herztätigkeit aus, um durch die vermehrte Blutzufuhr das Sauerstoffangebot in der arbeitenden Muskulatur zu erhöhen (s.a. Kapitel 3.2.3 „Aufwärmphase").

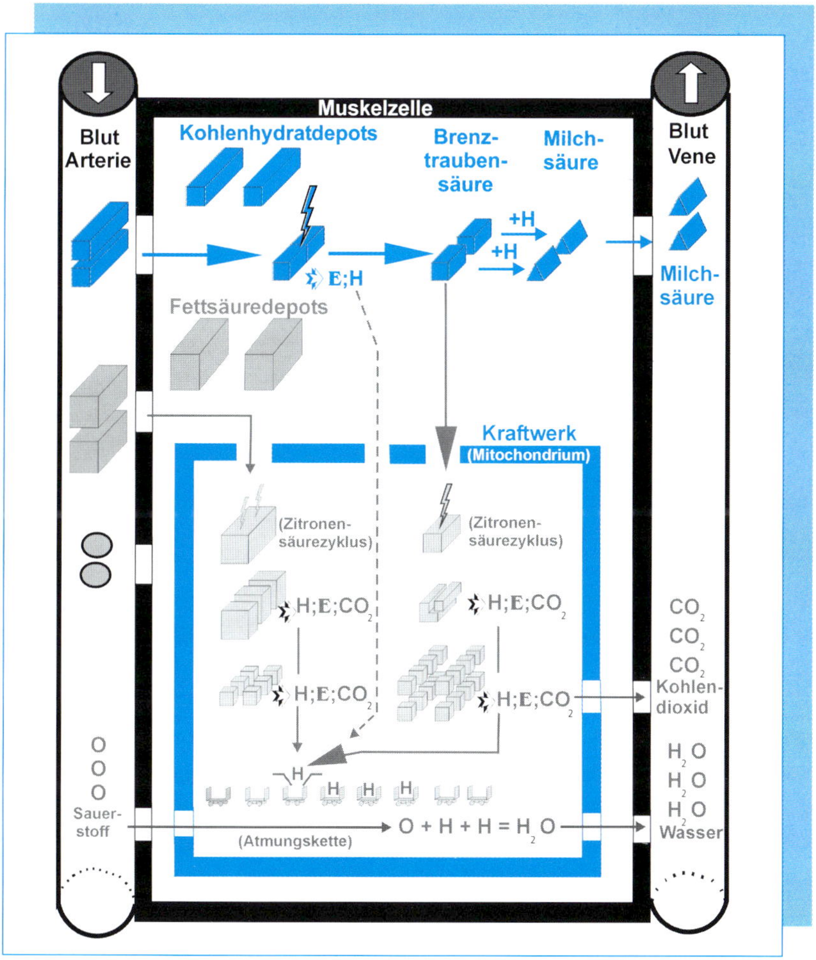

Abb. 20: Skizze der anaeroben Energiegewinnung durch einmalige Spaltung eines Kohlenhydratmoleküls

Oben: Die erste Spaltung eines Kohlenhydratmoleküls (Glykogen) erfolgt nach seiner Aktivierung außerhalb der Kraftwerke. Es entstehen zwei Moleküle Brenztraubensäure. Gleichzeitig wird Bindungsenergie E und Wasserstoff H frei.

Da im Kraftwerk (z.Z.) alle Wasserstoffträger besetzt sind, müssen die Wasserstoffatome H_2 an die Brenztraubensäuremoleküle angelagert werden. Es entsteht Milchsäure (Laktat), die in den venösen Kreislauf abgegeben wird.

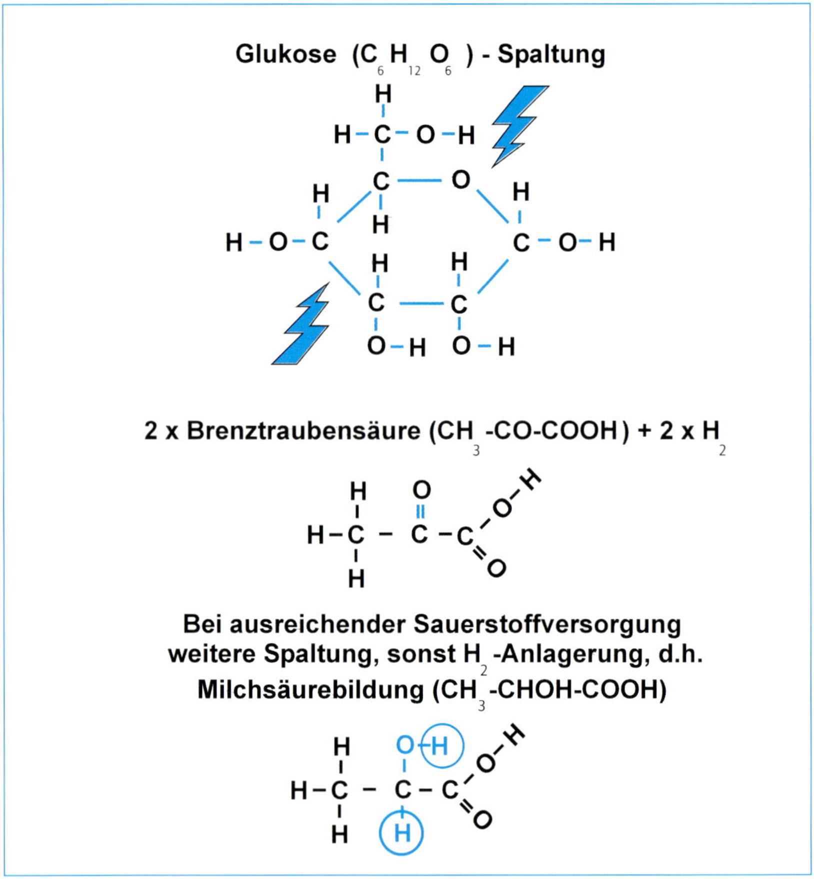

Abb. 21: Strukturformeln von Glukose, Brenztraubensäure und Milchsäure

Beim **anaeroben** Kohlenhydratstoffwechsel wird das Kohlenhydratmolekül nur einmal gespalten, d.h., es können nur ca. 5% der vorhandenen Bindungsenergie genutzt werden. Die restlichen 95% der Bindungsenergie verbleiben ungenutzt in der Milchsäure und stehen dem Walker während der Trainingseinheit bzw. des Wettkampfs (wichtig für die Teilnahme an einem Marathon!) für die arbeitende Skelettmuskulatur nicht mehr zur Verfügung. – Eine Besonderheit stellt der Herzmuskel dar. Er verfügt gegenüber der Skelettmuskulatur über eine stark erhöhte Zahl von Muskelkraftwerken (Mitochondrien) und besitzt somit bei einem gesunden Herz eine ausreichende Zahl dieser Kraftwerke. Es ist ihm sogar möglich, bis zu 50% Milchsäure zur Energieerzeugung zu nutzen.

Diese extrem unwirtschaftliche Form der Energiebereitstellung ist deshalb nur für kurzzeitige erhöhte Arbeitsleistungen oder als Übergang während der Aufwärmphase gedacht. – Dennoch ist es erstaunlich, wie häufig auch heute noch Ausdauersportler zu beobachten sind, die auf Grund falscher Trainingsvorstellungen jede Trainingseinheit auf einem zu hohen Belastungsniveau (zu schnell) beginnen und dann auch weiterführen. Auf diese Weise leeren sie mit dem Faktor 19 in kürzester Zeit ihre begrenzten Kohlenhydratdepots, – ein Walker etwa nach 60 Minuten – ohne sie wirklich zu verbrauchen. Die energiehaltige Milchsäure gelangt über den Blutkreislauf in die Leber, in der sie dann innerhalb der nächsten 24 Stunden wieder in Kohlenhydrate umgewandelt wird.

Ein weiterer Nachteil besteht darin, dass die Muskelkraftwerke (Mitochondrien) durch zu hohe Laktatkonzentrationen geschädigt werden und dadurch die Zahl der Wasserstoffträger sowie die Möglichkeit, Wasserstoff in der Atmungskette zu binden, reduziert wird [64].

3.1.2 Aerober Kohlenhydratstoffwechsel

Der Übergang vom anaeroben zum aeroben Kohlenhydratstoffwechsel ist nicht nur fließend, sondern auch wechselnd. Er richtet sich in jedem Muskelkraftwerk (Mitochondrium) nach dem aktuellen Sauerstoffangebot. Ist genügend Sauerstoff vorhanden, um den mit Wasserstoff beladenen Wasserstoffträgern (NADH) ihre Fracht abzunehmen und diese in der Atmungskette zu Wasser (H_2O) zu binden, kann die Brenztraubensäure in die Muskelkraftwerke hineindiffundieren und dort im Zitronensäurezyklus bis zur letzten Bindung aufgespalten werden (Abbildung 22). Bei einer Belastungserhöhung, z.B. bei einer Tempoverschärfung oder an einer Steigung, fällt die Energiegewinnung automatisch auf den anaeroben Weg zurück.

Die Wahl des richtigen Anfangstempos (Belastungsintensität) ist entscheidend für die Frage, wie schnell der Übergang vom anaeroben zum aeroben Kohlenhydratstoffwechsel gelingt. Im Optimalfall kann nach ca. 20-30 Minuten ein erstes Gleichgewicht zwischen Sauerstoffbedarf und Sauerstoffangebot erreicht werden. Dadurch kann die Energieausnutzung um ca. 90-95%, d.h. um den Faktor 18-19 gegenüber dem anaeroben Kohlenhydratstoffwechsel, ansteigen, eine wesentliche Voraussetzung für alle Ausdauerleistungen.

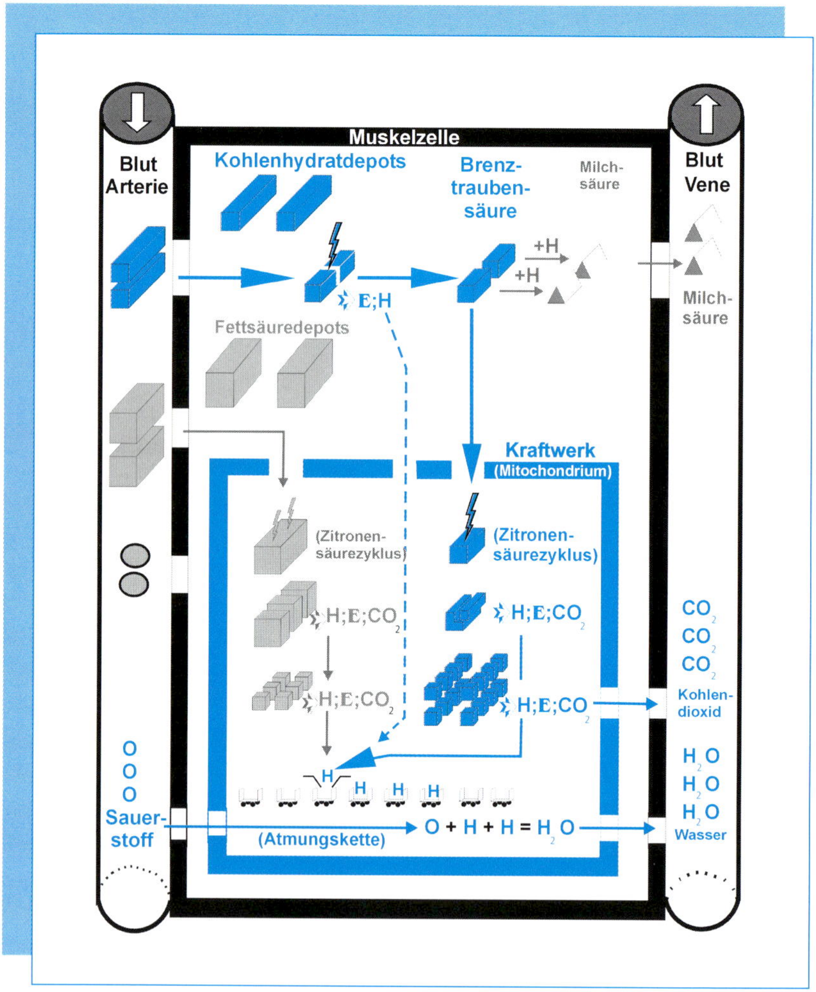

Abb. 22: Skizze der aeroben Energiegewinnung durch komplette Spaltung eines Kohlenhydratmoleküls im Muskelkraftwerk (Mitochondrium)
Mitte rechts: Sind nach der ersten Spaltung des Kohlenhydratmoleküls ausreichend Wasserstoffakzeptoren frei, so wird die Brenztraubensäure in das Muskelkraftwerk transportiert und dort im Zitronensäurezyklus in vielen Stufen weiter bis zur völligen Spaltung abgebaut. Bei jeder Spaltung wird Energie E frei. Der anfallende Wasserstoff H wird mit Sauerstoff O zu H_2O, der anfallende Kohlenstoff C zu CO_2 gebunden.

3.1.3 Aerober Fettstoffwechsel

Der Übergang vom aeroben Kohlenhydrat- zum Fettstoffwechsel ist genauso fließend wie derjenige vom anaeroben zum aeroben Kohlenhydratstoffwechsel. Er kann, je nach Sauerstoffangebot, von Muskelkraftwerk zu Muskelkraftwerk verschieden sein. Die Spaltung der Fettsäurenmoleküle ist nur innerhalb der Muskelkraftwerke möglich (Abbildung 23). Für diesen Prozess wird ein um ca. 15% höheres Sauerstoffangebot benötigt als beim aeroben Kohlenhydratstoffwechsel, da die Fettsäuren mehr Wasser- und Kohlenstoffmoleküle enthalten, die es zu binden gilt. Der Fettstoffwechsel ist der eigentliche Ausdauerstoffwechsel. Während die Kohlenhydratvorräte im Körper – wie bereits oben ausgeführt – sehr begrenzt und deren Speicher nur in geringem Umfang erweiterungsfähig sind, verfügt der Körper nahezu unbegrenzt über Fettreserven.

Um über die Fettvorräte des Körpers als Energiespender verfügen zu können, müssen die Fette zu Fettsäuren umgebaut werden. Dieser Prozess wird jedoch nur dadurch aktiviert, dass die Fettsäuren möglichst bei jeder Ausdauertrainingseinheit völlig aufgebraucht werden. Je regelmäßiger sie verbraucht werden, umso mehr wird die Bildung neuer Fettsäuren angeregt. Dadurch wird nicht nur Fett abgebaut, sondern gleichzeitig werden die benötigten Fettsäurendepots vergrößert, da der Körper jedes Mal bemüht ist, größere Reserven anzulegen.

Ein weiterer Vorteil des Ausdauertrainierten besteht darin, dass er, bedingt durch seine bessere Sauerstoffausschöpfung (vermehrte Arteriolen, verringerte Fließgeschwindigkeit des Bluts) und seinen gut trainierten Fettstoffwechsel, zu einem wesentlich früheren Zeitpunkt vom aeroben Kohlenhydrat- zum Fettstoffwechsel wechselt und somit die wertvolleren Kohlenhydrate für unerwartete Belastungssteigerungen schont.

Dieser Vorgang soll verdeutlichen, dass Ausdauer nur durch Ausdauertraining im Fettstoffwechsel erzielt werden kann. Bestleistungen in Ausdauersportarten, z.B. bei der Teilnahme als Walker an einem Marathon, können nur mit einem optimal aktivierten Fettstoffwechsel und sehr großen Fettsäurendepots erzielt werden.

Abbildung 24 zeigt die Energieanteile beim Ausdauertraining, bei dem eine optimale Tempodosierung vorausgesetzt wird [78]. Um nennenswerte Fettsäurenanteile zu erreichen, sind lange (mindestens 60 Minuten dauernde) Trainingseinheiten notwendig, die aber langsam, d.h. mit höchstens 80% der maximalen Leistungsfähigkeit, gewalkt werden dürfen.

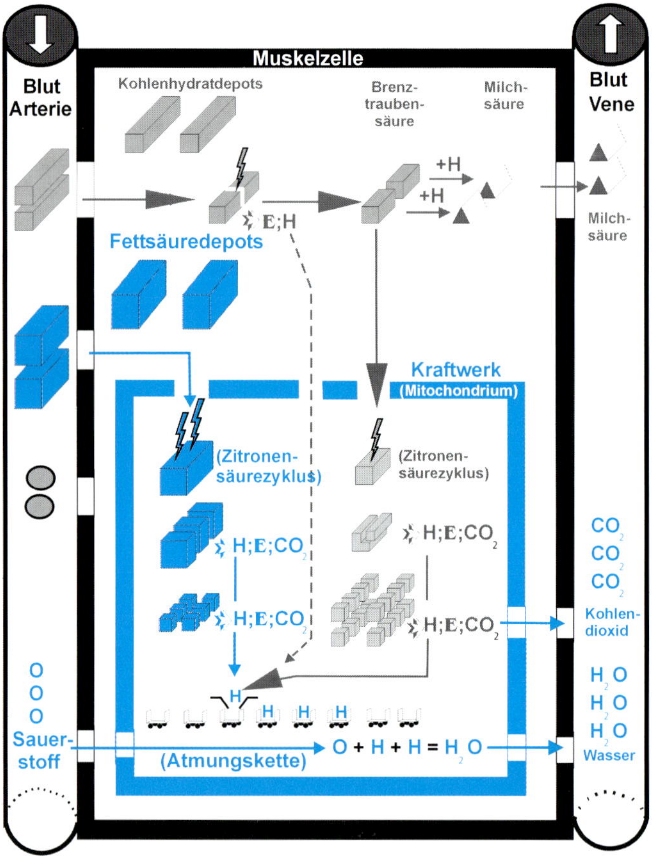

Abb. 23: Skizze der aeroben Energiegewinnung aus Fettsäuren
Links Mitte: Die Fettsäuren können nach ihrer Aktivierung nur im Muskelkraftwerk (Mitochondrium) gespalten werden. Dies setzt automatisch freie Wasserstoffträger und gleichzeitig ein um 15% erhöhtes Sauerstoffangebot voraus, da in den Fettsäurenmolekülen mehr Wasserstoff und Kohlenstoff enthalten ist als in Kohlenhydraten. Bei jeder Spaltungsstufe wird Energie E frei. Der anfallende Wasserstoff H wird mit Sauerstoff O zu H_2O, der anfallende Kohlenstoff C zu CO_2 gebunden.

Auch für die Belastung im Fettstoffwechsel gilt: Wird die Belastung über das momentane Sauerstoffangebot hinaus gesteigert, wechselt die Energiebereitstellung automatisch in den aeroben oder sogar in den anaeroben Kohlenhydratbereich bis zur Übersäuerung zurück. – Wie schnell dieser Prozess eintreten kann, ließ sich am Beispiel der Marathonläufer bei den Olympischen Spielen in Seoul (1988) und Sydney (2000) beobachten. Dort verschärfte der bei Kilometer 39 führende Läufer das Tempo und versuchte, seine Gegner abzuschütteln. Es sah erst erfolgreich aus, doch dann konnte er das erhöhte Tempo nicht nur nicht halten, sondern wurde so langsam (übersäuert?), dass er seine Gegner widerstandslos zum olympischen Gold passieren lassen musste.

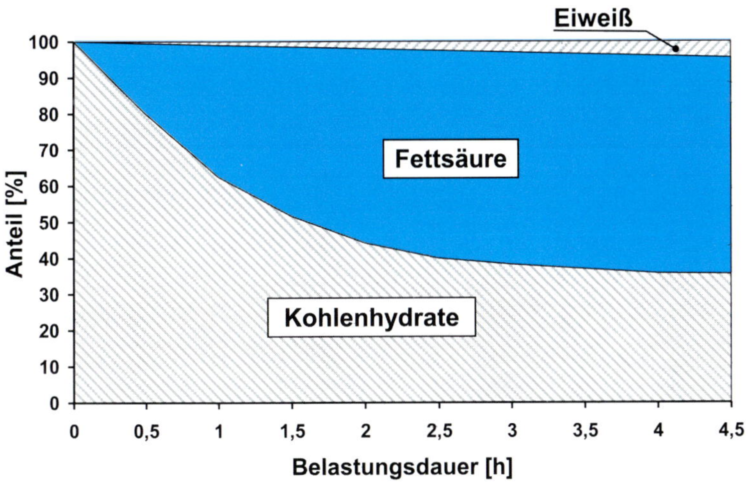

Abb. 24: Energieanteile beim Ausdauertraining bei optimaler Tempodosierung [78]

3.2 Methodische Ermittlung des optimalen Trainingstempos

Die Kenntnis des eigenen optimalen Belastungsniveaus bzw. Trainingstempos ist Voraussetzung für ein effizientes Ausdauertraining. Nur wer im optimalen Belastungsniveau trainiert, kann auch seine Ausdauerfähigkeit optimal erhöhen und damit seine Fitness verbessern sowie positive Gesundheitseffekte und ein hochaktiviertes Immunsystem erreichen. Basisforschungen dazu wurden insbesondere von HOLLMANN [43, 44], DE MARÉES [59] u.a. in den 60er und 70er Jahren gemacht. Die Umsetzung der Ergebnisse kam damals nur wenigen Spitzenathleten in sportmedizinischen Instituten mit den entsprechenden apparativen Einrichtungen zur Laktat- (= Milchsäure, präziser: das Salz der Milchsäure) und Herzfrequenzmessung zugute. Die allgemeinen Empfehlungen, z.B. *Puls 130, Maximalpuls = 220 minus Lebensalter bzw. Trainingspuls = 180 minus Lebensalter* wurden zwar in allen Trainingsanleitungen publiziert, aber nur in Ausnahmefällen wirklich in der täglichen Praxis umgesetzt.

Die Kombination aus Laktat- und Herzfrequenzmessung ist auch heute noch unumgänglich, wenn es um wissenschaftliche Basisuntersuchungen oder um Leistungstests bei Sportlern der Weltspitze geht. Für Leistungs- und Breitensportler reichen nach den in der Zwischenzeit gemachten Erfahrungen [21, 25, 28, 64] Herzfrequenzmessungen aus, für die heute Herzfrequenzmesser in allen Preisstufen und Ausstattungen angeboten werden. Im folgenden Kapitel 3.2.1 „Laktatmessung" werden die Grundlagen der Laktat- und Herzfrequenzmessung erläutert und im anschließenden Kapitel 3.2.2 „Herzfrequenzmessung" die Einsatzmöglichkeiten der Herzfrequenzmesser in der täglichen Praxis an vielen Beispielen aufgezeigt.

3.2.1 Laktatmessung

Laktat entsteht, wie oben ausführlich dargestellt wurde, bei jeder Muskeltätigkeit ohne ausreichende Sauerstoffversorgung. Bei einem Ausdauertraining und während Ausdauerleistungen ist seine Bildung unerwünscht. In der Aufwärmphase dagegen ist seine Bildung unumgänglich und notwendig. Es gilt deshalb:

So viel wie notwendig, so wenig wie möglich,

denn das Ziel beim Ausdauertraining lautet *Training im Fettstoffwechsel*. Die Höhe des Laktatgehalts im Blut während bzw. nach einer Trainingseinheit ermöglicht eindeutige Rückschlüsse, in welchem Stoffwechselbereich, d.h., ob im anaeroben oder aeroben Kohlenhydrat- bzw. im Fettstoffwechsel trainiert wurde.

Zur Laktatmessung wird entweder aus dem Ohrläppchen oder aus der Fingerkuppe ein Tröpfchen Blut entnommen. Zur fotometrischen Bestimmung des Laktatgehalts kann es auf einen Messstreifen (ähnlich der Blutzuckermessung) oder in eine Testlösung getropft werden. Der Autor bevorzugt die Blutentnahme aus der Fingerkuppe, da die Testperson den Vorgang beobachten kann. Für jede Blutentnahme muss eine neue, sterile Lanzette (z.B. *Softclix*) verwendet werden. Die Entnahmestelle muss sauber und schweißfrei sein, da es sonst zu Fehlmessungen kommt. – Für die Messstreifenmethode gibt es ein kleines, handliches Messgerät (ACCUSPORT der Firma HESTIA/BOEHRINGER Mannheim, das jetzt von ROCHE/Schweiz bzw. im Internet – ACCUSPORT aufrufen – angeboten wird), das sich sehr gut für Feldversuche eignet. Für die Laktatbestimmung mittels Testlösung sind Laborgeräte notwendig.

Die Einheit des Laktatwerts (L) wird in Millimol pro Liter (mmol/l) angegeben. Werte zwischen L = 0,5 und L = 1,0 mmol/l entsprechen der normalen Bewegung im Alltag. Für aerobes Training im Fett- und Kohlenhydratstoffwechsel galt bisher der Grenzwert L ≤ 4,0 mmol/l. Werte darüber kennzeichneten den anaeroben Kohlenhydratstoffwechsel. Der Wert L = 4,0 mmol/l wurde bisher als **aerob/anaerobe Schwelle** bezeichnet [37, 38]. Dieser Grenzwert ist aber nicht bei jedem Sportler gleich, deshalb ist es sinnvoller, von einem Übergangsbereich zu sprechen bzw. die aerob/anaerobe Schwelle auf den Bereich L = 3-5 mmol/l zu erweitern.

Um Ausdauertraining im Fettstoffwechsel zu treiben, muss der Laktatwert L ≤ 2,5 mmol/l liegen [37]. NEUMANN [64, 65] empfiehlt heute sogar, unter L ≤ 2 mmol/l zu bleiben. – In der Praxis hat der Autor auch bei Walkern nach einstündigem Training Laktatwerte bis zu 6 mmol/l gemessen.

Die Trainingsbereiche werden den Laktatwerten (L) wie folgt zugeordnet:

L < 1,5 mmol/l:	aerobes Regenerationstraining
L = 1,5-3,0 mmol/l:	aerobes Ausdauertraining
L = 3,0-5,0 mmol/l:	aerob/anaerober Übergangsbereich (Schwelle)
L > 5,0 mmol/l:	anaerobes Intervalltraining

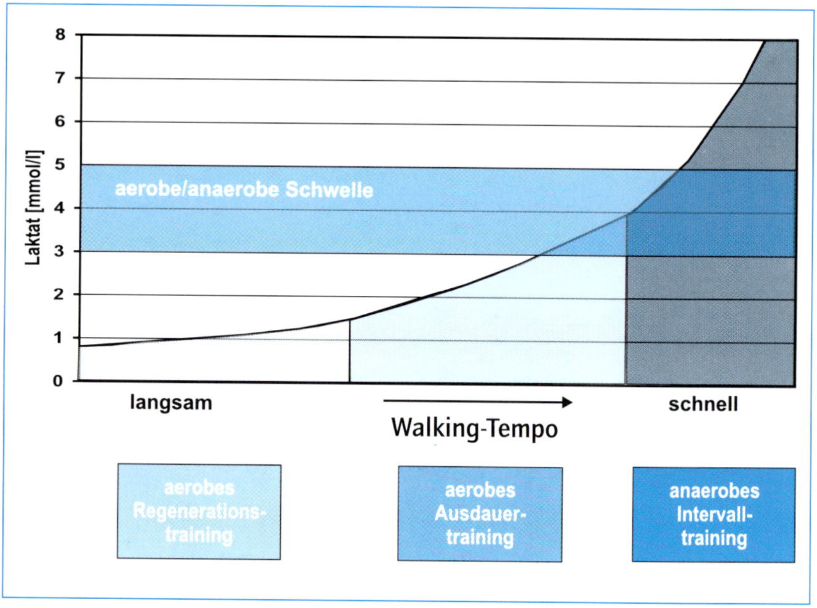

Abb. 25: Laktatwerte für aerob-anaerobe Trainingsbereiche

Individuelle Laktatleistungskurven werden im so genannten *Laktatstufentest* ermittelt und sollen immer sportartspezifisch durchgeführt werden, d.h. für den Walker beim Walken, für Läufer beim Laufen, für Radfahrer auf dem Fahrrad usw. Beim Walken ist die Versuchsdurchführung auf dem Laufband derjenigen auf einer Laufbahn im Freien vorzuziehen, da z.B. das Walking-Tempo präzise vorgegeben werden kann und die Bedingungen insgesamt gut reproduzierbar sind (s. Abbildung 26). Dabei hat sich bewährt, jeweils vier oder fünf Minuten pro Tempostufe (Belastungsstufe) zu walken und eine Minute Pause zur Blutentnahme zu machen. Eine parallel laufende Herzfrequenzmessung mit permanenter Aufzeichnung vervollständigt diesen Test. Bei Versuchen bis zur völligen Ausbelastung ist die Herzfrequenzkontrolle eine unerlässliche Sicherheits- bzw. Vorsichtsmaßnahme. Mit der *S-Serie* von POLAR ist es heute auch möglich, auf die Ausbelastung zu verzichten, da mit diesen Herzfrequenzmessern die HF_{max} näherungsweise in einem Spezialverfahren ermittelt werden kann (s. nachfolgendes Kapitel). Die Genauigkeit ist besser als nach der Formel *180 – Lebensalter,* aber ungenauer als bei der Ausbelastung.

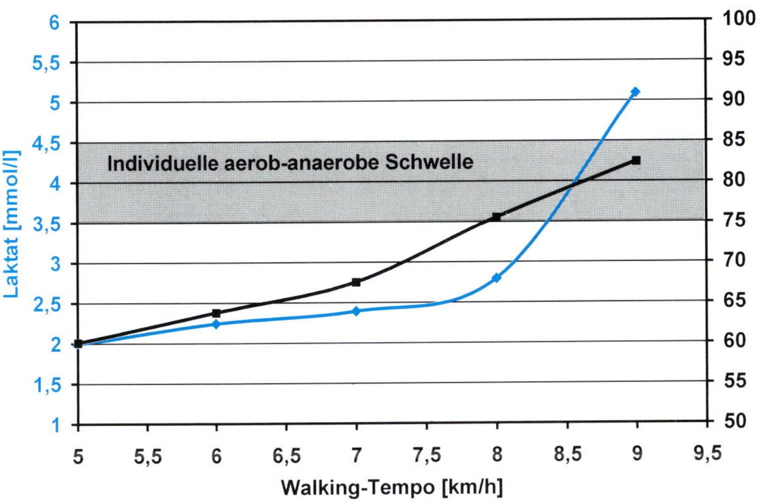

Abb. 26: Laktat- (blaue Kurve, linke Skala) und Herzfrequenzstufentest (schwarze Kurve, rechte Skala) zur Bestimmung der individuellen aerob/anaeroben Schwellen

3.2.2 Herzfrequenzmessung

Bei jedem Belastungs- bzw. Tempowechsel eine Laktatbestimmung zu machen, ist zu aufwändig. Die Herzfrequenzmessung stellt eine gute Alternative dar. Zum einen bestehen zwischen der Herzfrequenz und dem Laktatwert eindeutige Korrelationen und zum anderen ist die Herzfrequenzmessung ohne besonderen Aufwand permanent möglich. Hinzu kommt, dass die Herzfrequenz innerhalb weniger Sekunden auf jede Belastungsänderung sehr sensibel reagiert, d.h. sowohl auf Belastungssteigerungen als auch auf Belastungsreduktionen (Abb. 27). Die Herzfrequenz steigt im Gegensatz zum Laktatwert bis zur Maximalbelastung nahezu linear an.

Anmerkung: Bei dem von CONCONI entwickelten Testverfahren *Herzfrequenz in Abhängigkeit von der Walk-/Laufgeschwindigkeit* soll es im Bereich der aerob/anaeroben Schwelle einen leichten Knick in der sonst nahezu linearen Kurve geben.

Da die Testergebnisse sehr stark von den Testbedingungen abhängen und wegen fehlender ausreichender Standardisierung nur schwer reproduzierbar sind, wird hier auf diesen Test nicht weiter eingegangen.

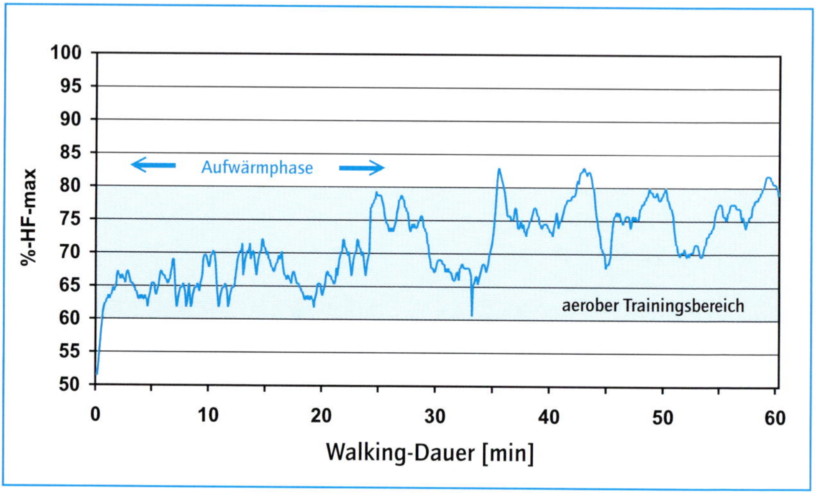

Abb. 27: Herzfrequenzen (bezogen auf die maximale Herzfrequenz) beim Walken mit ständigem Belastungswechsel. An den großen Schwankungen der Herzfrequenz ist zu erkennen, wie schnell die Herzfrequenz auf Belastungswechsel reagiert. Die Aufwärmphase mit den niedrigeren Herzfrequenzwerten beträgt in diesem Beispiel ca. 20 Minuten. Jeder Einzelne, aber auch jeder Trainer einer Gruppe, kann sofort überprüfen, ob das Tempo in der Aufwärmphase richtig oder zu schnell war.

Für die Zuordnung der Herzfrequenz zu den verschiedenen Trainingsbereichen gibt es zwei Möglichkeiten:

1. Bei definierten Belastungen (= Herzfrequenzen) wird der Laktatwert bestimmt, wodurch eine Zuordnung möglich ist, welche Herzfrequenzen zum Fettstoffwechsel, aeroben und anaeroben Kohlenhydratstoffwechsel gehören.

2. Durch die Bestimmung der maximalen Herzfrequenz HF_{max}, für die es z.Z. folgende Möglichkeiten gibt:

- Als Richtwert über die HOLLMANN-Formel: $HF_{max} = 220 - \text{Lebensalter}$.

- In einem Walking-Test bei maximaler Belastung (z.B. maximales Tempo oder steil bergauf) wird die höchste Herzfrequenz gleich HF_{max} gesetzt.
- Mithilfe der *S-Serie*, der Herzfrequenzmesser von POLAR, die die maximale Herzfrequenz in ausreichender Genauigkeit unter Ruhebedingungen ermittelt.

Zur allgemeinen Vergleichbarkeit wird der HF_{max}-Wert = 100% gesetzt. Als grobe Einteilung gilt dann:

Herzfrequenz HF < 60% HF_{max}:	regenerativer Fettstoffwechsel
Herzfrequenz HF = 60-80% HF_{max}:	teils Fettstoffwechsel, teils aerober Kohlenhydratstoffwechsel
Herzfrequenz HF > 80% HF_{max}:	überwiegend bis ausschließlich anaerober Kohlenhydratstoffwechsel.

Die aerob/anaerobe Schwelle liegt bei 75-85% der maximalen Herzfrequenz. Unterhalb dieser Schwelle, d.h. im Belastungsniveau von HF = 60-80% HF_{max}, liegt der optimale Ausdauertrainingsbereich mit seinen positiven Effekten:

- Optimaler Blutauswurf
- Optimale Blutumlaufgeschwindigkeit
- Maximale Sauerstoffausschöpfung in den Kapillaren
- Maximaler Sauerstoff-/CO_2-Austausch in den Lungenbläschen
- Stärkung des Immunsystems.

An den großen Schwankungen der Herzfrequenz ist zu erkennen, wie schnell die Herzfrequenz auf Belastungswechsel reagiert. Die Aufwärmphase mit den niedrigeren Herzfrequenzwerten beträgt in diesem Beispiel ca. 20 Minuten. Jeder Einzelne, aber auch jeder Leiter einer Gruppe, kann sofort überprüfen, ob sein Tempo in der Aufwärmphase richtig oder zu schnell war.

Die Korrelation zwischen Herzfrequenz und Belastung ist zusätzlich von den Witterungsbedingungen, insbesondere von der Temperatur, aber auch vom Gesundheitszustand des Walkers abhängig. Ein Anstieg der Herzfrequenzwerte bei erhöhter Außentemperatur ist normal. Deshalb sollte die Belastung bei solchen Witterungsbedingungen reduziert werden. Eine erhöhte Herzfrequenz bei normalen Temperaturverhältnissen ist dagegen ein Warnsignal des Körpers. Belastungsreduktionen sind angesagt – insbesondere, wenn die Ursachen noch nicht zu lokalisieren sind. Ein

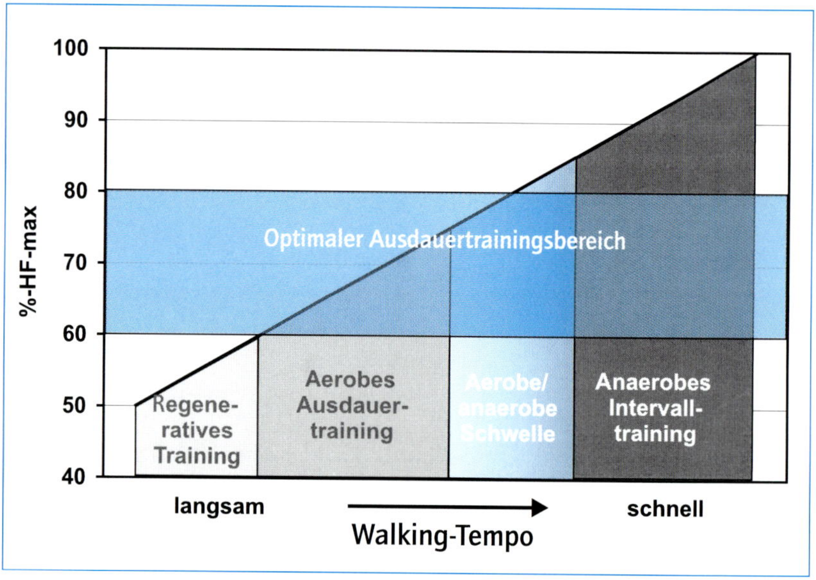

Abb. 28: Zuordnung der Herzfrequenzen (bezogen auf die maximale Herzfrequenz) zu den verschiedenen Trainingsbereichen

Gesundheits-Check-up ist ratsam. Nur durch eine Herzfrequenzmessung ist eine gezielte Trainingssteuerung und Überwachung, ob wirklich im geplanten Belastungsbereich trainiert wird, möglich. Der Autor empfiehlt deren Einsatz insbesondere bei stark übergewichtigen und/oder sehr leistungsschwachen Einsteigern, um Überlastungen zu verhindern. Dazu hat der Autor einen zweiten Herzfrequenzmesser an seinem Arm getragen, der ebenfalls die Signale des Probanden aufnahm. Auf diese Weise hatte der Autor als Trainer zu jedem Zeitpunkt eine Übersicht über das Herz-Kreislauf-Verhalten seines Risikoteilnehmers.

Herzfrequenzmesser sind ganz allgemein im Einsteigerbereich und beim LAUFTREFF sinnvoll, denn gerade hier wird häufig mit viel zu hohen Belastungsintensitäten (> 80%) im anaeroben Bereich, und damit sehr uneffizient, trainiert. – Dem Glauben, *viel (trainieren) hilft viel*, kann – wenn überhaupt – nur messtechnisch begegnet werden. Auch Walker werden überrascht sein, wie ungewohnt langsam ein effizientes Ausdauertraining ist.

Herzfrequenzmessgeräte werden heute von mehreren Herstellern (CARDIOSPORT, CICLOSPORT, PHASE, POLAR) angeboten. Am genauesten arbeiten Geräte mit einem Brustsensor und einer Armbanduhr als Empfänger. Die Preisspanne ist sehr groß und liegt z.Z. zwischen 50,- € für einfache und 250,- € für Geräte mit PC-Interface (z.B. POLAR S 610 einschließlich IR-Adapter und Auswertungssoftware).

Die Lebensdauer der Sender- bzw. Empfängerbatterien liegt bei ca. zwei Jahren. Beim Kauf sollten deshalb die Möglichkeiten des Batteriewechsels sowie die Serviceadressen abgeklärt werden, das gilt insbesondere für Sonderangebote der Lebensmitteldiscounter. Bei POLAR z.B. sind die Sender gekapselt und werden bei jedem Batteriewechsel der Empfängeruhr zur Erhaltung der hohen Genauigkeit komplett gewechselt. Um eine einwandfreie Datenübertragung zu erzielen, muss zwischen dem Brustgurt und der Haut genügend Feuchtigkeit vorhanden sein. Dazu muss der Gurt beim Anlegen intensiv mit Speichel oder Wasser befeuchtet werden. Bei sehr trockener Haut kann Kontaktgel (NACL-frei) helfen.

Störprobleme können auftreten, wenn zwei Sportler nebeneinander Herzfrequenzmesser tragen. Die Hersteller versuchen, dies mit einer automatischen Modulation der Sendefrequenzen zu beheben (Angaben dazu fehlen in fast allen Unterlagen). – Für Frauen bietet die Fa. TRIUMPH z.Z. einen BH (Modell *Pulsebeat*, 35,- €) an, in den die Sender in den unteren Teil eingeschoben werden können.

Ferner sollte beim Kauf darauf geachtet werden, ob das Gerät die Herzfrequenz aktuell (bei POLAR sogar EKG-genau) oder Mittelwerte über mehrere Pulsschläge anzeigt bzw. speichert. Bei hochwertigen Modellen können Speicherintervalle, z.B. 5, 15, 60 Sekunden, eingestellt werden.

Die Empfänger gibt es in einer Vielzahl an Ausstattungen, die sich grob in vier Einsatzgebiete einteilen lassen:

1. Standarduhren mit Herzfrequenzanzeige sowie einstellbaren oberen und unteren Grenzwerten. Sie eignen sich für Walker, die ihre persönlichen Trainingsfrequenzbereiche kennen und innerhalb dieser Grenzen trainieren oder gezielt diese Bereiche über- bzw. unterschreiten wollen.

2. Uhren mit Zwischenspeichern, Zielbereichen, Durchschnittsherzfrequenzen usw. für ambitionierte Walker, die definierte Trainingsbelastungen über die Herzfrequenz kontrollieren wollen.

3. Uhren, mit denen zusätzlich der Ruhepuls, der aerobe Trainingsbereich, der Anteil des Trainings im Fettstoffwechselbereich sowie die verbrauchten Kalorien ermittelt werden können. Zu ihnen gehört die *M-Serie* von POLAR. Stichprobenvergleiche des Verfassers zum Laktatstufentest und zur HF_{max}-Messung im Walking-Test ergaben sehr gute Übereinstimmungen. Die Werte können beliebig für einzelne Trainingseinheiten oder aufsummiert abgerufen werden. Sportler, deren Ziel ein Training im Fettstoffwechsel ist, erhalten mit diesen Herzfrequenzmessern eine wirkliche Hilfe.

   Auf den Modellen der *A-Serie* kann die Herzfrequenz auch als %-Wert der maximalen Herzfrequenz angezeigt werden. Ferner kann mit ihnen der Fitnessindex beim Walking-Test bestimmt werden (s. Kapitel 6 „Walking-Test").

   Die Benutzer solcher Herzfrequenzmesser sollten nicht überrascht sein, wie gering der Kalorienverbrauch bei niedrigem Walking-Tempo ist. Sollen zwei Personen hinsichtlich des Kalorienverbrauchs verglichen werden, muss das Körpergewicht dieser Personen berücksichtigt werden. Der Wert ist durch das jeweilige Körpergewicht der Testperson zu teilen.

   Zu dieser Gruppe zählen auch Modelle, die mit Temperaturanzeige, Höhenmesser oder zur Erfassung von Daten beim Rad fahren ausgestattet sind.

4. Uhren mit der Möglichkeit der Datenübertragung zum PC. Technisch ausgereifte Modelle verfügen heute über eine Speicherkapazität von bis zu 99 Stunden. Die *S-Serie* von POLAR bietet zusätzlich zu den Funktionen der *M-Serie* die Ermittlung der HF_{max} auf der Basis individueller Daten, ohne dass eine Ausbelastung vorausgegangen sein muss. Dadurch können die Risiken einer Maximalbelastung völlig vermieden werden. Solche Modelle sind eine optimale Hilfe für Trainer, Therapeuten, Trainingsgruppen oder Walker, die es ganz genau wissen wollen. Durch die Computerauswertungen kann der zeitliche Herzfrequenzverlauf in einer Grafik exakt dargestellt und ausgewertet werden (Abbildung 28). Sie sind ideal zur Basisbestimmung und Leistungskontrolle, da auch Wochen- bzw. Monatsübersichten möglich sind. Mithilfe der Diagramme können Belastungen ermittelt oder gezielt vorgegeben und anschließend kontrolliert werden, ob sie eingehalten wurden, z.B.:
   - Höhe des Belastungsniveaus (60, 80, 100%) – wird im gewollten Niveau trainiert?
   - Belastungsfrequenzen in der Aufwärmphase – werden die Vorgaben für eine Aufwärmphase (Abbildung 28) eingehalten? – Einer der gravierendsten Fehler vieler Walker.

- Belastungsreaktionen auf das Geländeprofil.
- Steuerung von Belastungsreduktionen (Temporeduzierungen bzw. Entlastungspausen, deren Länge und Lage) (s. auch Abbildungen 34, 35).
- Änderungen des Trainingszustands.
- Erkennen von gesundheitlichen Defiziten, z.B. erhöhte Herzfrequenz bei Erkältungen (auch nicht voll auskurierten), Mineralstoffmangel.
- Einhaltung von therapeutisch vorgegebenen HF-Werten im Rehabereich.

Für Walker-Gruppen reicht die Anschaffung *eines* solchen Geräts. Die regelmäßige Herzfrequenzkontrolle kann dann mit den einfacheren Herzfrequenzmessern erfolgen.

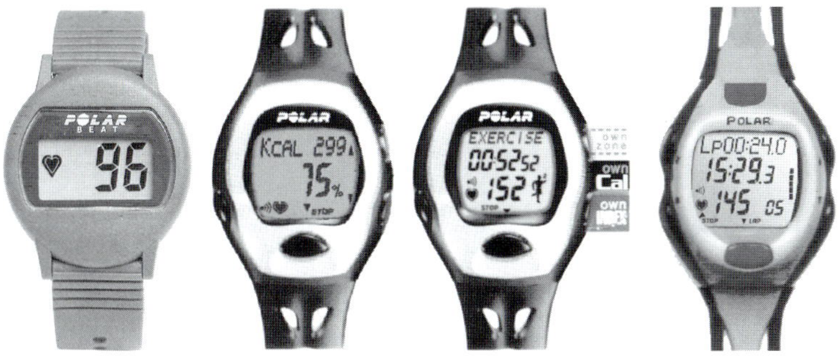

A B C D

Abb. 29: Vier Beispiele von POLAR. A: einfaches Modell; B: A-Serie für den Walking-Test; C: M-Serie; D: S-Serie

3.2.3 Aufwärm-/Abkühlphase

Bei jeder Sportart, unabhängig davon, ob eine Trainingseinheit oder ein Wettkampf absolviert wird, sollte mit einer Aufwärmphase begonnen werden. Sie soll auf die Sportart abgestimmt sein und dauert zwischen 30 und 120 Minuten. Beim Walken dauert die Aufwärmphase nach den Erfahrungen des Autors ca. 20-30 min.

Sie hat folgende Ziele:

1. Die Körpertemperatur so zu erhöhen, dass alle Arbeitsprozesse optimal ablaufen, so braucht z.B. die Muskulatur dazu eine Temperatur von 38-39° C. Für den Waden- und Fußbereich heißt das, dass dort die Temperatur um ΔT = ca. 10° C erhöht werden muss (s. Abbildung 30). Dies ist nur durch die bei der Energieumsetzung anfallende Wärme und nicht von außen möglich. Deshalb sprechen wir auch vom Aufwärmen. Durch die Temperaturerhöhung wird Folgendes erreicht:
   - Die Viskosität, d.h. die innere Reibung des Muskels verringert sich.
   - Die Elastizität, d.h. die Dehnfähigkeit des Muskels erhöht sich.
   - Der Energiestoffwechsel steigt pro Grad um ca. 13% an.
   - Die Sauerstoffabgabe vom Hämoglobin an die Muskulatur ist ebenfalls temperaturabhängig und steigt mit zunehmender Körpertemperatur an.
   - Die Leitfähigkeit der Nervenbahnen wird erhöht. Dies hat Auswirkungen auf die Kraftentfaltung, Geschwindigkeit und Koordination der Muskelkontraktionen und damit auf die Leistungsfähigkeit der Muskeln.

2. Das Sauerstoffangebot dem Sauerstoffbedarf der zusätzlich arbeitenden Muskulatur anzupassen. Dazu müssen die Blutströme im Körper zu den Muskelbereichen, die den erhöhten Sauerstoffbedarf haben, umgeleitet werden. Für den Walker bedeutet das, dass die Kapillaren, die die Bein- und Fußbereiche versorgen, weit gestellt bzw. geöffnet werden müssen, um den großen Anstieg der Blutmengen von ca. V = 2 l/min auf V = 20-25 l/min dorthin fließen lassen zu können.
   Gleichzeitig wird der Magen-Darm-Trakt von der Blutversorgung abgekoppelt. Dies erklärt den Grund, nicht mit vollem Bauch zu walken. Zum Verdauen wird viel Blut gebraucht. Man kann entweder verdauen oder walken.

3. Durch die dynamische Beanspruchung der Gelenke kommt es während der Aufwärmphase zu einer Verdickung der so genannten **hyalinen Knorpelschichten** der Gelenkflächen (s. Abbildung 51, S. 106), die vermehrt Wasser einlagern. Dickere Knorpelschichten können Stoß- und Druckbelastungen der Gelenke besser abfedern.

4. Neben der körperlichen auch die psychische Komponente, so z.B. die Motivation, zu aktivieren.

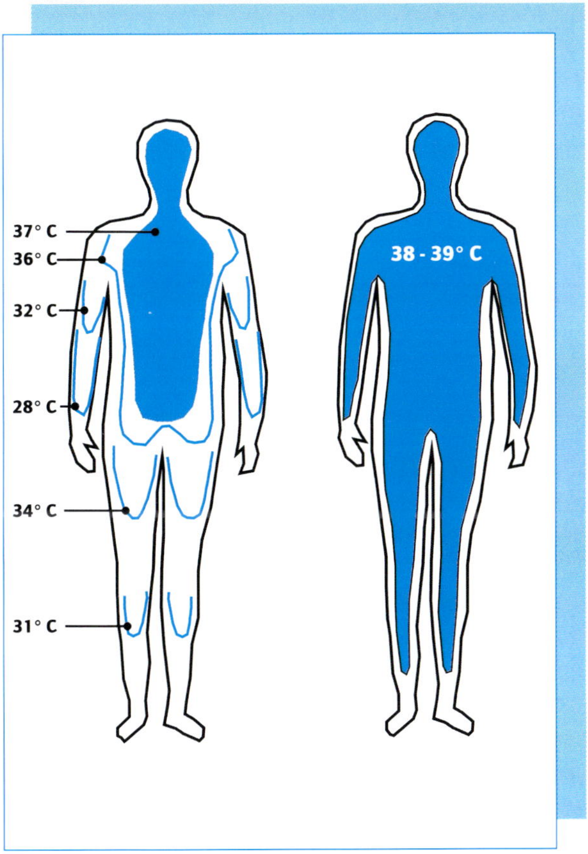

Abb. 30: Temperaturverteilung im Körper; links: Temperaturverteilung in Ruhe bzw. bei geringer Aktivität; rechts: zur optimalen Energieumsetzung und als Voraussetzung höchster Leistungsfähigkeit muss die Temperatur in der arbeitenden Muskulatur auf T = 38-39° C erhöht werden. Die Erwärmung erfolgt durch die bei der Energieumsetzung anfallende Wärme [44].

Wie diese Anpassungen im Körper funktionieren, ist bis heute nicht in allen Einzelheiten erforscht. Ausgehend davon, dass das Herz-Kreislauf-System im Alltag immer auf *Sparflamme* arbeitet, folgt, dass jede Belastungssteigerung ihm *gemeldet* werden muss. Dies erfolgt auf verschiedenen Wegen. Neben den psychischen und erotischen Anregungen spielen Stoffwechseländerungen im Körper die Hauptrolle.

Zu den psychischen Anregungen gehört beim Sportler die *Mitinnervation*, d.h., er bereitet sich mental vor, jetzt eine bestimmte körperliche Leistung zu erbringen. Dies aktiviert sowohl das Herz-Kreislauf-System als auch die Muskulatur. Die exakte Bedarfsanpassung der Herz- und Atemfrequenz bzw. der Blutausstoßleistung des Herzens und der Atemtiefe wird bei Walkern durch die vermehrt anfallenden Stoffwechselprodukte, insbesondere die Milchsäure, gesteuert.

Jede Tempoerhöhung, sei es der Übergang vom Stehen zum Gehen oder eine Tempoverschärfung beim Walken, genauso wie eine Belastungserhöhung an Steigungen, stellt eine Erhöhung des Energiebedarfs der bereits arbeitenden Muskeln oder der zusätzlich tätig werdenden Muskelgruppen dar. Dazu hat jede einzelne Muskelzelle, wie bereits oben ausgeführt, Energiesofortreserven für 8-9 Schritte. D.h., nach diesen wenigen Schritten, wenn das Sauerstoffangebot noch nicht dem erhöhten Bedarf angepasst ist, schaltet die Muskelzelle auf anaerobe Energiebereitstellung um und bildet entsprechend große Mengen Milchsäure (Laktat).

Um in den Ausdauerfettstoffwechsel zu kommen, müssen dem Körper folgende Anpassungen ermöglicht werden:

- Die Laktatbildung im Blut ist in der Aufwärmphase unumgänglich und notwendig. Es gilt deshalb: *So viel wie notwendig, so wenig wie möglich*.
- Das angestrebte Ziel so *wenig wie möglich* kann nur durch langsames Beginnen erreicht werden. Die Belastungen sollen in diesem Zeitraum unter 70% der maximalen Herzfrequenz liegen (s. Abbildung 27).
- Durch die Senkung des Sauerstoffbedarfs bei kurzen Belastungsreduktionen. Beim wenig trainierten Walker kann dies durch kurze, maximal t = 20-30 Sekunden dauernde Verschnaufpausen, bei trainierten Walkern durch eine bewusst, kurzzeitige Verminderung des Tempos erreicht werden. Die Betonung liegt dabei auf kurzzeitig, d.h. t = 20-30 Sekunden. In diesem Zeitraum ist der Abfall der Herzfrequenz (Abbildung 31) noch gering und damit das Sauerstoffangebot noch hoch. Gleichzeitig ist auch der Sauerstoffbedarf durch die Belastungsreduktion verringert (s. auch Abbildungen 34, 37, S. 81, 84) und damit hat die Muskelzelle wieder die Möglichkeit, freie Wasserstoffträger zu schaffen und den erwünschten aeroben Energiestoffwechsel zu ermöglichen. DE MARÉES spricht in diesem Fall von der **„lohnenden Pause"** [59].

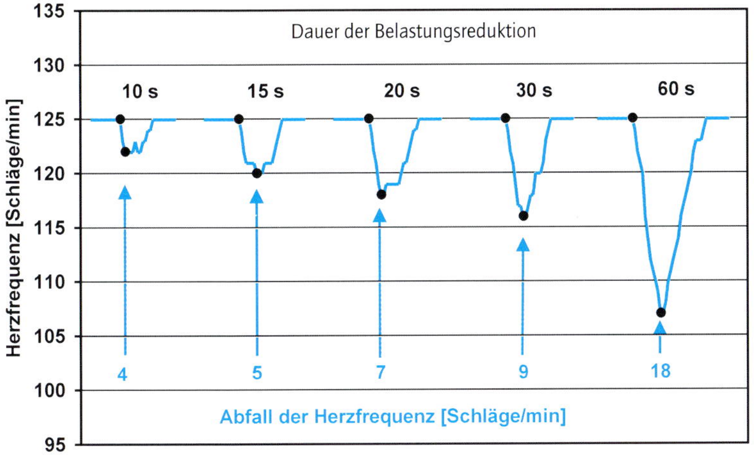

Abb. 31: Abfall der Herzfrequenzen (und damit auch des Sauerstoffangebots) bei Belastungspausen (t = 10-60 s). Die absolute Höhe richtet sich nach dem Trainingszustand und dem Alter des Walkers.

Der schnelle Abfall der Herzfrequenz erklärt auch, warum manuelle Pulsmessungen, die der Sportler bei sich selbst am Hals oder am Handgelenk durchführt, fast nie realistische Werte ergeben.

Belastungspausen über t = 30 Sekunden hinaus zu verlängern, ist unphysiologisch. In den längeren Belastungspausen sinkt die Herzfrequenz und damit das Sauerstoffangebot zu stark ab. Bei den anschließenden erneuten Belastungen treten dadurch (unnötige) anaerobe Belastungsanpassungen zwangsläufig. Dies führt insbesondere bei wenig Trainierten zu vorzeitiger Ermüdung.

Den hohen Laktatanfall in der Beinmuskulatur während der Anfangsphase haben die meisten Walker schon erlebt und zwar dann, wenn nach 10-20 Minuten die Beine schwer wurden und sie das Gefühl hatten: „Heute läuft es überhaupt nicht". Nach weiteren zehn Minuten war plötzlich die Schwere verflogen und es lief. Jetzt war die Muskulatur aufgewärmt, das Sauerstoffangebot dem Sauerstoffbedarf angepasst und die Energieumsetzung verlief nunmehr unter aeroben Bedingungen.

Gegen Ende des Trainings soll das Tempo verringert werden, um das Herz-Kreislauf-System dadurch auf das Ende der Aktivität vorzubereiten. Die verringerte Aktivität führt zu einer Reduktion des Blutumlaufs und zur Schließung der Kapillaren in den nicht mehr benötigten Muskelbereichen. Ein Endspurt bewirkt das Gegenteil, da er zu einer Aktivierung der Kreislaufs führt. Gleichzeitig besteht bei einem plötzlichen Stehenbleiben die Gefahr, dass das Blut in den weit gestellten Arterien und Venen der Beine versackt, da u.a. die Muskelpumpen nicht mehr das Blut nach oben drücken (s. Abbildung 50, S. 105). – Dehnübungen sollten, sofern sie nicht in eigenen Trainingseinheiten durchgeführt werden, das Training abschließen.

3.2.4 Gymnastik in der Aufwärmphase

Die zum Aufwärmen benötigte Wärme entsteht, wie oben schon erwähnt, bei der Energiegewinnung im Muskel als Nebenprodukt – ähnlich wie beim Automotor. Dazu ist eine **dynamische** Bewegung der Muskeln, z.B. Walken, Laufen usw. notwendig. Mit statischem Dehnen der Muskeln ist ein Aufwärmen ebenso wenig zu realisieren wie durch Massagen, Einreibungen, Bestrahlungen u.Ä. Jede qualifizierte Gymnastik wird mit einer Aufwärmphase eingeleitet, in der leicht getrabt, gehüpft oder sich locker bewegt wird. Erst danach erfolgen die statischen Dehn- und Kräftigungsübungen der Muskulatur.

Im Gegensatz dazu werden, wie schon in einzelnen Jogging-Anleitungen, in fast allen Walking-Anleitungen [11, 14, 51, 61] Dehnübungen als Bestandteil einer Aufwärmgymnastik empfohlen, ja sogar als unabdingbare Verletzungsprophylaxe angesehen. WIEMEYER [99] dagegen kommt auf Grund eigener Untersuchungen und der Auswertung von weiteren 25 wissenschaftlichen Publikationen der letzten zehn Jahre, die sich mit diesem speziellen Thema befassen, zu völlig gegenteiligen Erkenntnissen. Ein Dehnen der kalten Muskulatur zu Beginn einer Aufwärmphase führt nicht zu einer Verringerung der Verletzungsgefahr, sondern kann sie sogar erhöhen [32, 97]. Zusätzlich sinkt die Leistungsfähigkeit der Muskeln nach statischem Dehnen deutlich ab.

Wie eine Umsetzung der in Walking-Anleitungen vorgeschlagenen Übungen häufig in die Praxis aussieht, zeigt Abbildung 32. Nach Ansicht des Autors gehören die Dehnübungen an das Ende der Walking-Einheit. Denn zu diesem Zeitpunkt sollte die durch das Walken aktivierte und damit auch verkürzte Muskulatur wieder gedehnt werden, um die Gelenkbeweglichkeit zu erhalten. Dies ist aber nicht in drei oder fünf Minuten zu realisieren. Eine gute Dehn- und Kräftigungseinheit benötigt auch mindestens 60 min. Im Optimalfall findet sie unter Anleitung eines Trainers vor einer Spiegelwand zur Kontrolle der korrekten Bewegungsausführung statt. Übungsbeispiele sind in Kapitel 12 „Dehn- und Kräftigungsübungen für Walker" dargestellt.

Abb. 32: „Aufwärmgymnastik" bei einer Walking-/LAUF-TREFF-Veranstaltung.

Die vielfach praktizierte Unterbrechung der Aufwärmphase durch eine *fünfminütige Gymnastik*, die kurz nach Beginn in eine Ausdauereinheit eingebaut wird, hält der Autor noch aus einem weiteren Grund für unphysiologisch: In einer Gymnastikpause kommt es, wie in Abbildung 33 gezeigt, zu einem starken Abfall der Herzfrequenz und gleichzeitig durch die reduzierte Muskelarbeit zu einer Unterbrechung der bei der erhöhten Energieumsetzung anfallenden Wärmeproduktion. Beides stört den Aufwärmprozess.

Hinzu kommt, dass nach der *fünfminütigen Gymnastik* in der erneuten Aufwärmphase weitere 5-7 min benötigt werden, bis das Herzfrequenzniveau wieder erreicht wird, das vorher bereits erreicht war. Das bedeutet zusätzliche anaerobe

Energiebereitstellung und wird somit zu einer *verlorenen* Ausdauertrainingszeit von 10-12 min. Gleiches gilt für die empfohlene Gymnastikunterbrechung beim Nordic-Walking.

Marathonläufer der Weltspitze differenzieren z.T. hinsichtlich der Dehnübungen während ihrer Trainingseinheiten zwischen langen Ausdauereinheiten und Tempotraining. Bei den Ausdauereinheiten erfolgt die Dehnung erst am Ende der Trainingseinheit. Beim Tempotraining dagegen werden nach einer ausführlichen Aufwärmphase Stretching-Übungen mit dem Ziel absolviert, die Gelenkbeweglichkeit und den Muskeltonus (die Spannung zur Arbeitsleistung im Muskel) zu erhöhen. Die Dehngymnastik zur Entspannung erfolgt auch in diesem Fall am Ende der Trainingseinheit.

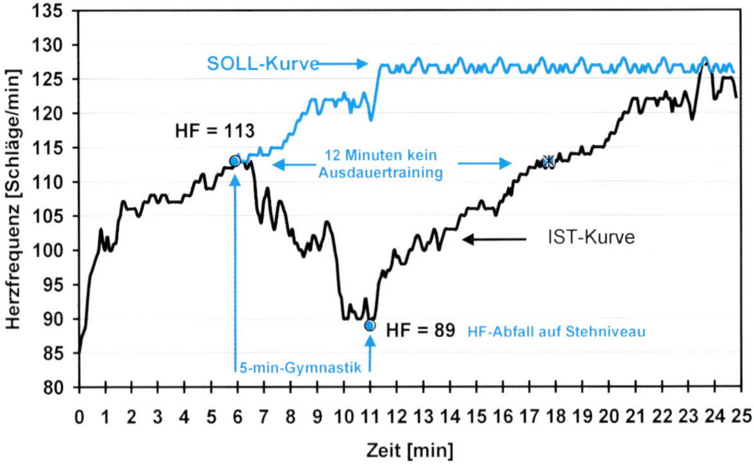

Abb. 33: Die Unterbrechung der Aufwärmphase durch eine fünfminütige Gymnastik, ist auf Grund des starken Abfalls der Herzfrequenz unphysiologisch. Sie stört zu diesem. Zeitpunkt den Aufwärmprozess. Sie gehört an das Ende der Trainingseinheit, um dort den durch Training verkürzten Muskel zu dehnen.

3.2.5 Konsequenzen für den Anfänger

Der Anfänger verfügt nur über geringe Energiereserven. Er sollte seine Energie deshalb nicht anaerob *verpulvern*, sondern sparsam mit ihr umgehen. Dazu muss er ganz langsam, d.h. mit ca. 60-70% seiner maximalen Herzfrequenz mit dem Walken beginnen und bereits nach wenigen Metern kurzzeitig (t = 20-30 s) das Tempo bzw. die Belastung reduzieren und in Entlastungsphasen (Verschnaufpausen) die *lohnenden Pausen* nutzen (Abbildung 34).

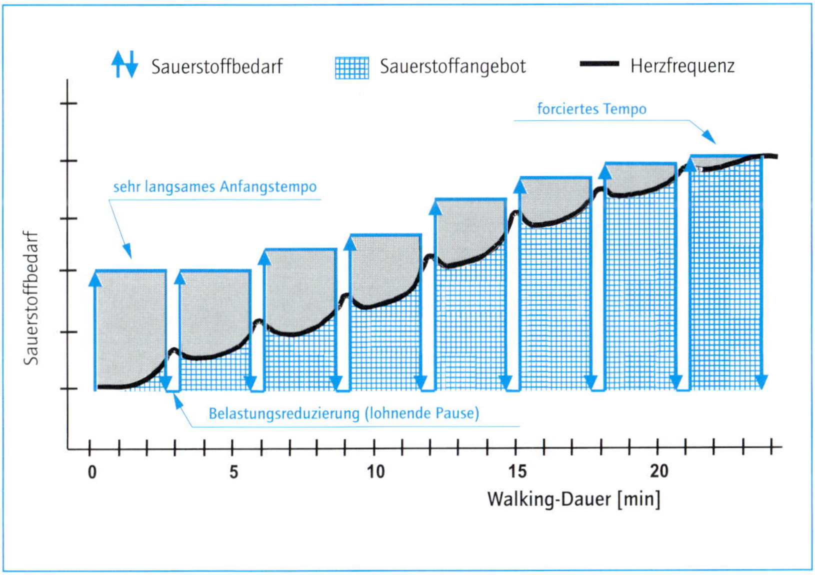

Abb. 34: Belastungssteigerung in der Aufwärmphase für den untrainierten Anfänger. Durch langsame Belastungssteigerung wird das Sauerstoffangebot an den Sauerstoffbedarf herangeführt. Die Belastungsreduktionen müssen dazu sehr frühzeitig vorgenommen werden und dürfen als lohnende Pausen nur ca. t = 20-30 s betragen.

Für sehr leistungsschwache oder sehr übergewichtige Anfänger hat sich der Zyklus von Belastungsphase t = 2:30 min zu Entlastungsphase t = 30 s bewährt. Der Autor hat dieses Konzept 25 Jahre lang mit größtem Erfolg bei Jogging-Einsteigern erprobt und jetzt auch im Walking-Bereich umgesetzt. Er bezeichnet es als „intervallisierendes Ausdauertraining" [22, 25] (s. Abbildung 35, S. 77)). Die Entlastungsphasen sollten auf keinen Fall länger sein, da sonst, wie in Abbildung 31 gezeigt, die Herzfrequenz zu stark absinkt und dadurch der anaerobe Stoffwechsel bei der erneuten Belastung zu stark in Anspruch genommen werden muss. Das ganze Geheimnis des Erfolgs besteht darin, die Belastungspausen (Verschnaufpausen) so frühzeitig wie möglich zu machen, auf jeden Fall viel eher, als das Gefühl vermittelt, sie zu brauchen.

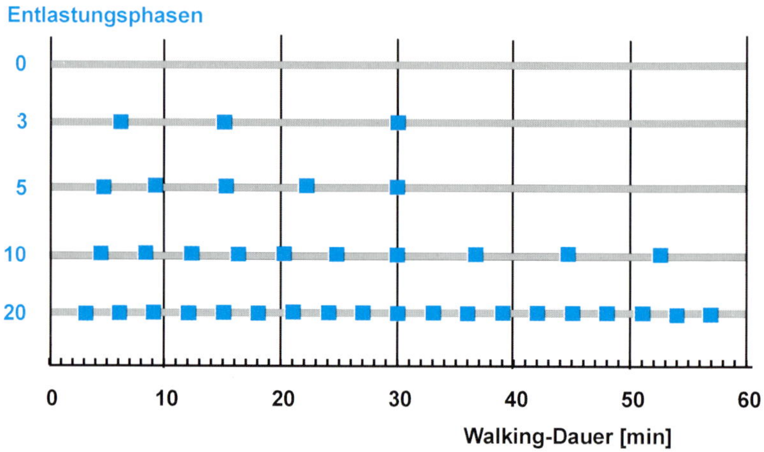

Abb. 35: Lage und Anzahl der Entlastungspausen für leistungsschwache bzw. übergewichtige Walker in einer Trainingseinheit von t = 60 min. Die frühzeitigen Belastungsreduktionen werden als lohnende Pausen bezeichnet und sind für den Erfolg der Trainingseinheit ausschlaggebend.

Bei verbesserter Ausdauerfähigkeit kann die Anzahl der Entlastungsphasen reduziert werde. Auch hier hat sich bewährt, dies nur langsam und nach dem in Abbildung 35 gezeigten Schema zu tun. Die Belastungsreduktionen in der ersten halben Stunde sind die entscheidenden. Wird eine Verschnaufpause benötigt, weil der Walker nicht mehr kann, ist er zu schnell gewalkt. Damit ist die Pause keine *lohnende Pause* mehr, sondern eine *Zwangspause*, denn durch das zu hohe Tempo wurde zu viel Energie anaerob verbraucht und gleichzeitig entsprechend viel

Milchsäure gebildet. Dem gilt es, durch einen langsameren Beginn und/oder frühzeitigere Verschnaufpausen vorzubeugen.

Wie gut und einfach sich dieses Konzept in die Praxis auch in einem Gelände mit leichten Steigungen und Gefällstrecken umsetzen lässt, zeigt Abbildung 37. Dort ist im oberen Bereich die theoretische Vorgabe (Belastung t = 2:30 min und Entlastungsphase t = 30 s) eingezeichnet. Darunter zeigt die Herzfrequenzkurve einer Teilnehmerin aus einer Gruppe übergewichtiger Walkerinnen (Abbildung 36) mit einem Body-Mass-Index von 32-48 (BMI, s. Kapitel 9.5) deutlich die Lage der 20 kurzen Entlastungsphasen. Der schnelle Abfall der Herzfrequenz in den Belastungspausen verdeutlicht, dass das Prinzip der kurzen Pausen auch für den wenig Trainierten gilt.

Bei der richtigen Wahl des Tempos und der Beachtung der kurzen Belastungspausen ist der untrainierte und übergewichtige Einsteiger in der Lage, von Anfang an mit einem einstündigen Training zu beginnen. Das hat für ihn gegenüber Empfehlungen, mit nur 15-30 min Trainingsdauer zu beginnen [11, 12, 14, 89], den großen Vorteil, dass er von Anfang an über die Aufwärmphase hinaus in den Ausdauertrainingsbereich kommt.

Abb. 36: Trotz eines BMI von 32-48 hatte diese fröhliche Einsteigergruppe durch die richtige Tempowahl und gezielte Belastungsreduktionen keine Probleme, eine Stunde zu walken.

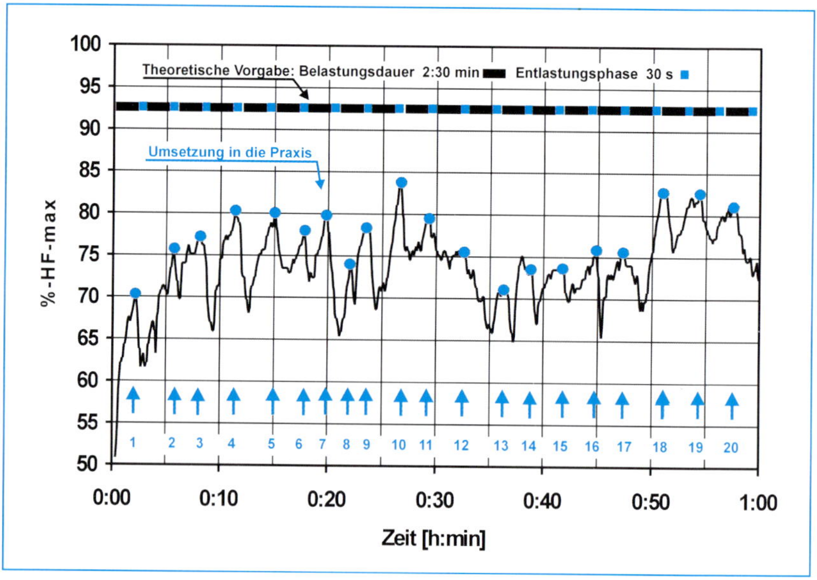

Abb. 37: Herzfrequenzen (bezogen auf die maximale Herzfrequenz) einer Teilnehmerin mit v = 5 km/h in einem Gelände mit leichten Steigungen und Gefällstrecken. Die Belastungsphasen und die Lage der Belastungsreduktionen dieser optimal geführten Anfängergruppe sind deutlich zu erkennen. Der schnelle Herzfrequenzabfall in den Belastungspausen zeigt, dass die kurzen Pausen auch für den wenig Trainierten gelten.

Für Anfänger ist es sehr schwierig, wenn nicht sogar unmöglich, ohne Anleitung das optimale Tempo zu finden. In der Schul- bzw. Jugendzeit haben sie nur gelernt, schnell laufen zu müssen. Dies glauben sie, jetzt auch tun zu sollen und walken los, bis sie außer Atem sind, um dann festzustellen, dass dieser Sport doch nicht das Richtige für sie ist. – Hier hilft eine qualifizierte Anleitung, aber auch ein Herzfrequenzmesser.

Beginnt ein Anfänger mit dem Walken, so sind ihm zwei einstündige Trainingseinheiten pro Woche im Abstand von drei bzw. vier Tagen zu empfehlen. Will er öfters walken, sollte er den Trainingsumfang erst nach einer Eingewöhnungszeit von 2-3 Monaten stufenweise steigern, um nach jedem Training eine ausreichende Regeneration zu erreichen.

Seitenstiche

Seitenstiche treten beim Walken seltener auf als beim Joggen, meistens sind Anfänger betroffen. Ihre genaue Ursache ist bisher nicht bekannt. Z.Z. werden drei Theorien diskutiert:

1. Ein zu stark gefüllter bzw. mit ungenügend verdauter Nahrung gefüllter Magen, was linksseitige Bauchschmerzen auslöst.
2. Kapselspannungen in Milz und/oder Leber auf Grund des hohen Blutrückstroms aus dem Bein-Becken-Bereich, was rechtsseitige Beschwerden verursacht.
3. Eine Sauerstoffminderversorgung des Zwerchfells. Hier können die Seitenstiche sowohl links wie rechts spürbar sein.

Vom zeitlichen Auftreten her können wir die Seitenstiche wie folgt unterscheiden:

- Die erste Art der Seitenstiche tritt bereits kurz nach Beginn des Walkens, nach ca. 5-15 Minuten, auf. Sie lässt einen momentan zu hohen Blutumlauf im Körper oder eine Unterversorgung der Zwerchfellmuskulatur mit Sauerstoff vermuten. Diese Art der Seitenstiche tritt überwiegend in den ersten Wochen des Trainings auf – ein gut Trainierter kennt sie kaum.

  Begegnen kann man ihr durch eine Temporeduzierung (Verminderung des Sauerstoffbedarfs) oder, und das führt in den meisten Fällen schon zum Erfolg, durch bewusstes Atmen (Ausatmen). Die Seitenstiche werden nach wenigen Minuten verschwunden sein. Auf jeden Fall aber nach 20-25 Minuten, wenn der Körper aufgewärmt ist und sich dadurch der Sauerstoffbedarf verringert hat.

- Die zweite Art – meist erst nach ca. 40 Minuten oder später – beruht überwiegend auf Verdauungsproblemen, z.B. Blähungen im Darm. Sie betreffen Walker und vor allem Walkerinnen mit träger Verdauung, die den ganzen Tag über gesessen haben oder diejenigen, die zu viel bzw. zu schwer Verdauliches gegessen haben.

  Durch das Walken wird die Darmtätigkeit angeregt. Dabei kann es zur Bildung von Darmgasen kommen. Um sie möglichst schnell loszuwerden, helfen sich manche durch kräftiges Kneten des Bauchs, anderen hilft nur der schnelle Sprung in die Büsche. – Durch regelmäßiges Walken verbessert sich die Verdauung so, dass schon nach kurzer Zeit mit diesem Problem nicht mehr gerechnet werden muss. Im Gegenteil, wer bisher auf Verdauungshilfsmittel angewiesen war, kann auf sie nach kurzer Zeit verzichten.

Vermeiden lässt sich diese Art der Seitenstiche, indem der Walker vor dem Training bzw. Wettkampf nichts Schwerverdauliches isst und für eine möglichst vollständige Darmentleerung sorgt.

- Für die dritte Form liegen bisher nur Erfahrungen bei Läufern, z.B. Weltklasseathleten, vor, wenn diese Probleme mit dem Wettkampftempo haben oder bei Breitensportlern beim Marathon, wenn sie nach 3-4 Stunden in die Phase der totalen Ermüdung kommen. Der Puls steigt in dieser Phase ohne Zunahme der Belastung an (Ermüdungspuls), die Energiedepots sind leer und die Muskulatur weit gehend übersäuert. Ob Seitenstiche dieser Art bei Walkern auftreten, muss abgewartet werden.

  Vorbeugen lässt sich in diesem Fall nur durch richtige Tempodosierung während des Wettkampfs; begegnen nur durch drastische Temporeduktion.

3.2.6 Konsequenzen für den Trainierten

Die Mechanismen des richtigen Aufwärmens gelten für jeden, also auch für den trainierten Walker. Es spielt keine Rolle, ob jemand eine Trainingseinheit machen oder eine längere Strecke auf Zeit walken möchte. Seien es z.B. die 2.000 m für den Walking-Test oder die Teilnahme an einem Walking-Wettkampf.

Auch für solche Ziele gilt, sich mit langsamer Belastungssteigerung 20-30 Minuten einzuwalken. Erst nach ausreichendem Aufwärmen sind gute Leistungen möglich. Die vielfach geäußerten Bedenken: „Dann bin ich ja schon ausgepumpt“, sind unbegründet, wenn die Belastung entsprechend langsam gesteigert und frühzeitig *lohnende Pausen* in Form von Temporeduktionen eingebaut werden.

Hinweise für die Marathonteilnahme

Die Marathondistanz von 42,195 km zu bewältigen, stellt auch für sehr trainierte Walker einen unwiderstehlichen Reiz dar. Beim ersten Mal lautet das Ziel: „Ankommen, gleichgültig in welcher Zeit“. Bei einem erneuten Start kommen zeitliche

Wünsche hinzu. Die halbe und volle Marathondistanz wird zunehmend bei den Marathonveranstaltungen auch für Walker angeboten und gesondert gewertet. – Für die Wertung besteht, ähnlich wie bei den Gehwettbewerben, das Problem, dass nicht zu kontrollieren ist, ob ein Teilnehmer wirklich walkt, oder den schnelleren leichtathletischen Hüftschwung einsetzt oder zwischendurch sogar ein paar Schritte joggt.

Die Marathondistanz gilt als die schwerste Langstreckendistanz, da sie zur Erreichung optimaler Zeiten überwiegend im Fettstoffwechsel und bei Belastungsspitzen im aeroben Kohlenhydratstoffwechsel absolviert werden muss, d.h. Belastungen, die über 90% der maximalen Herzfrequenz hinausgehen, sollten unbedingt vermieden werden. Für den Walker ebenso wie für Läufer ist diese Forderung der Knackpunkt, denn es gibt außer der Herzfrequenzmessung keine Hilfsmittel, mit denen er feststellen kann, in welchem Stoffwechselbereich er walkt bzw. läuft. Dies betrifft nicht nur Breitensportler, sondern ist im Hochleistungsbereich ausschlaggebend für Sieg und Niederlage.

Die Marathondistanz in optimaler Zeit zu walken, ist, wie jüngste Untersuchungen zeigen, auch für Walker eine Frage des Kopfs und nicht des Gefühls [49, 64, 65, 90]. Auch Walker sollten sich gezielt aufwärmen und ihre Zeitvorgaben vor allem für die ersten 10 km exakt einzuhalten. Der Walker darf sich nicht in euphorischer Stimmung vom Tempo der Schnelleren mitreißen lassen. Je schneller er seinen Fettstoffwechsel erreicht und dann in diesem bleibt, umso bessere Endzeiten können im Ziel erwartet werden. Hohe anaerobe Anteile auf den ersten 10 km führen auch bei Walkern bei km 35 zu Leistungseinbrüchen. Eine weitere Hilfe für den Kopf ist es, nicht an die Länge der 42 km langen Distanz zu denken, sondern sie in kleine, möglichst bekannte Abschnitte zu zerlegen. Am einfachsten sind Kilometer-Abschnitte. Der Walker kümmert sich vom ersten Kilometer an immer nur um die Bewältigung des aktuellen Kilometerabschnitts. Auf diese Weise sammelt er nach jedem erfolgreich gewalkten Kilometer ein weiteres Erfolgserlebnis. Dies baut den Walker auf und verhindert die lähmende und damit leistungsmindernde Angst, die unendlich lange Strecke nicht zu schaffen.

Die Trainingsumfänge schwanken z.Z. noch sehr erheblich. Bei Endzeiten von ca. 5:30 h (Tempo ca. v = 8 km/h) trainieren einige nur 3 x 8 km pro Woche und nutzen an vielen Wochenenden 10- und 20-km-Wettkämpfe zum Training der längeren Strecken, während andere in der Vorbereitungszeit 80-100 km pro Woche absolvieren.

Eine Teilnahme an einem Marathon setzt auch bei Walkern voraus, dass sie völlig gesund sind. Walking-Zeiten von 5-6 Stunden sind sowohl eine Herz-Kreislauf- als auch eine große Gelenkbelastung. Nach einem Marathon sollten zur Regeneration, insbesondere der Gelenke, mindestens 3-4 Wochen die Trainingsbelastungen stark reduziert werden. Rad fahren, Schwimmen und Aquajoggen/Walken stellen in dieser Zeit gute Alternativen dar. Auf jeden Fall sollten Dehn- und Kräftigungseinheiten der Muskulatur (s. Kapitel 5.1 „Koordinationstraining für den Walking-Stil") und Koordinationstraining (s. Kapitel 5.2: „Flexibilität durch Dehnen und Kräftigen der Muskulatur – Gymnastik) das Walking-Training ergänzen.

3.2.7 Walken mit Kindern

VAN AAKEN hat gezeigt, dass Kinder und Jugendliche lange Strecken problemlos und ohne jegliche gesundheitliche Schäden laufen können. Laufen ist für Kinder und Jugendliche gleichzeitig auch ein Basistraining für viele andere Sportarten. Diese Voraussetzung ist beim Walken nicht gegeben. Deshalb hält der Verfasser Walken für gesunde, normalgewichtige Kinder und Jugendliche für eine nicht altersgerechte Sportart.

Für stark übergewichtige Kinder und Jugendliche, denen jeder Laufschritt schwer fällt, kann Walken den optimalen Einstieg bieten, mit einem Bewegungstraining zu beginnen.

4 BIOMECHANISCHE ASPEKTE DES WALKENS

„Walken ist gelenkschonender als Joggen", so steht es in allen Walking-Broschüren. Doch ist diese pauschale Aussage immer zutreffend? Die Frage muss mit einem klaren NEIN beantwortet werden, da die Belastung der Gelenke von der Elastizität der Muskeln abhängt. Die Muskeln wirken als Federn, die parallel zu den Gelenken geschaltet sind. Dies soll an einem Beispiel erläutert werden. Wenn jemand z.B. beim Walken ein Maximaltempo von v = 8 km/h erreicht, weil seine Beinmuskulatur keine höhere Geschwindigkeit zulässt, ist auch deren Elastizität bei diesem Tempo ausgereizt. Wenn dieselbe Person gleichzeitig im Tempo v = 10-11 km/h laufen kann, dann ist seine Gelenkbelastung bei einem Lauftempo von v = 8 km/h, dem mit dem Walken vergleichbaren Tempo, geringer als beim Walken, da seine Muskulatur im optimalen Elastizitätsbereich den Stoß beim Aufsetzen weit gehend abfangen kann.

Diese Frage kann nur im Einzelfall und nicht pauschal beantwortet werden. Das zeigt auch die Beobachtung, dass es Sportler gibt, die heute auf Grund von Gelenkverschleiß nur noch walken können, andere dagegen haben beim Walken Gelenkbeschwerden bekommen und laufen deshalb weiterhin.

4.1 Knochen und Bänder

Das Skelett des Menschen besteht aus ca. 220 Knochen der verschiedensten Form und Art. Sie werden durch Millionen kleiner (s. Abbildung 38) und großer (s. Abbildung 39) Bänder in ihrer Lage zueinander fixiert. Weiterhin haben die Bänder die Aufgabe, die Gelenke zu stabilisieren und Gelenkbewegungen zu begrenzen sowie die korrekte Lage der langen Sehnen zu gewährleisten.

Knochenbrüche sind beim Walken äußerst selten. Bei den Bändern, die aus einem sehr festen, wenig dehnbaren und schlecht durchbluteten Gewebe bestehen, sind fast ausschließlich die unteren Haltebänder der Wadenbeinmuskeln und der Strecksehne (s. Abbildung 49, S. 104) durch Überdehnung beim Umknicken gefährdet.

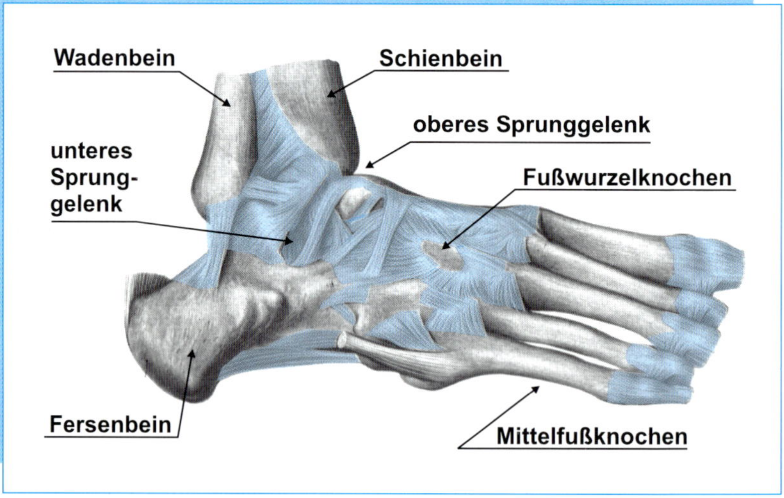

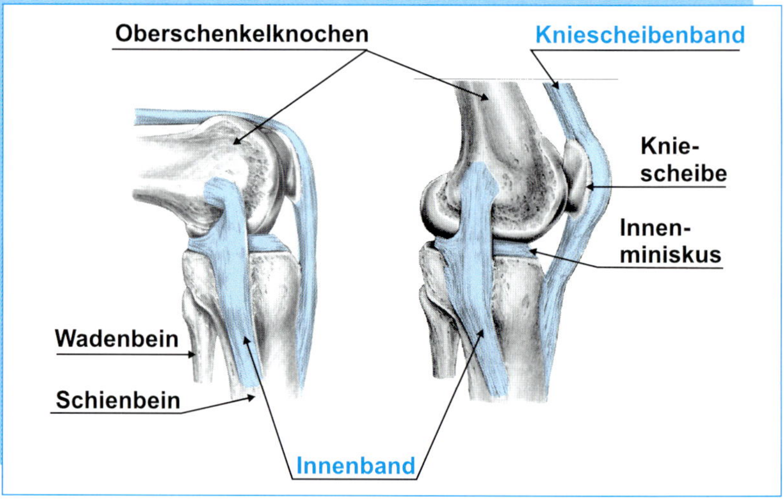

Abb. 38: Bänder des Fußgelenks [96]

Abb. 39: Das Kniescheiben- und Innenband des gebeugten (links) und gestreckten (rechts) Kniegelenks [96]

Die Verletzung kann in drei Schweregraden auftreten und zwar als: Anriss, Durchriss oder knöcherner Ausriss. Im Gegensatz zu früher werden die meisten dieser Verletzungen heute nicht mehr operiert, sondern mit einem Tapeverband, durch Vakuumstützen oder spezielle Stützstiefel nur in der Verletzungsebene ruhig gestellt.

4.2 Muskeln und Sehnen

Muskeln und Sehnen bilden immer eine Einheit, denn jeder Muskel geht an jedem seiner Enden in eine Sehne über, die die Verbindung zum Knochen darstellt und an diesem angewachsen ist. Daraus ergibt sich eine kinetische (Bewegungs-)Kette [4]: *Knochen-Sehne-Muskel-Sehne-Knochen* (s. Abbildung 40). Durch die Kontraktion (Zusammenziehen) eines Muskels werden diejenigen Knochen, an denen die Sehnen angewachsen sind, über ein oder mehrere Gelenke (als Drehpunkte) bewegt.

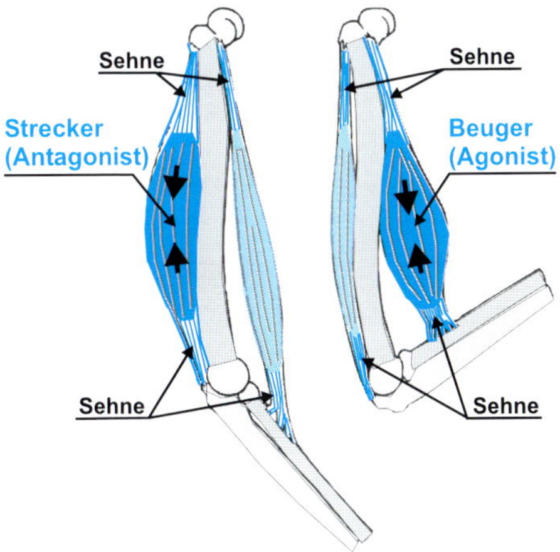

Abb. 40: Kinetische (Bewegungs-)Kette: Knochen-Sehne-Muskel-Sehne-Knochen. Das Muskelpaar „Beuger" (Agonist) und „Strecker" (Antagonist) muss in einem ausgewogenen Verhältnis trainiert sein [82].

Der Muskel kennt nur eine Arbeitsrichtung: „Er kann sich aktiv nur als so genannter Beuger (Agonist) zusammenziehen." Deswegen benötigt jeder Muskel einen Gegenspieler, einen Strecker (Antagonist), der den kontrahierten Muskel wieder auseinander zieht (s. Abbildung 40). Dieses Muskelpaar muss in einem ausgewogenen Verhältnis stehen. Wird durch einseitiges Training nur einer von beiden regelmäßig gekräftigt, entstehen Muskeldysbalancen, die schwere gesundheitliche Folgen haben können. – Der überwiegende Teil aller Rückenschmerzen bis hin zu Bandscheibenvorfällen beruht auf solchen Dysbalancen!

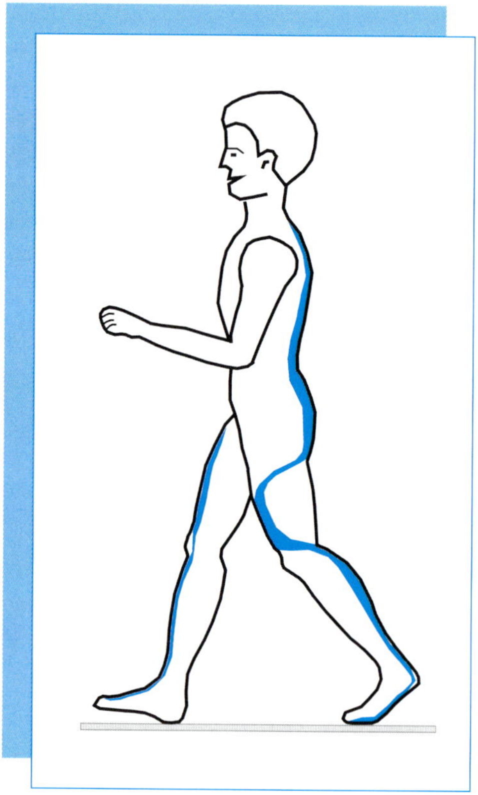

Auf diese Ausgewogenheit müssen Walker besonders achten, denn, wie die Muskelschleife in Abbildung 41 zeigt, trainieren sie in der Abdruckphase die Fußsohlen-, Waden-, Oberschenkelheber-, Gesäß- und Rückenmuskulatur [93]. Bei der Vorwärtsbewegung des Beins wird dann zusätzlich die Schienbeinmuskulatur bei der Anhebung des Vorfußes beansprucht. In jeder Trainingseinheit werden diese Bereiche gekräftigt und verkürzen sich auf Dauer. Nur durch regelmäßiges Dehnen lässt sich dies verhindern und die volle Elastizität des Muskels erhalten.

Abb. 41: Muskelschleife der vor allem trainierten Muskulatur des Walkers: in der Abdruckphase Fußsohlen-, Waden-, Oberschenkelheber-, Gesäß- und Rückenmuskulatur; bei der Vorwärtsbewegung zusätzlich die Schienbeinmuskulatur

Der Strecker der Rückenmuskulatur ist die längs und schräg liegende Bauchmuskulatur (Abbildung 42). Sie wird weder beim Walken noch beim Laufen trainiert, deshalb muss dies in einer eigenen Trainingseinheit erfolgen. Wird die Bauchmuskulatur vernachlässigt und damit zu schwach, kommt es durch die Verkürzung der Rückenmuskulatur dort zur Hohlkreuzbildung [56] (Abbildung 43). Die verstärkte Wölbung reduziert die Beweglichkeit der Wirbelsäule und führt durch die einseitige Belastung der Wirbelgelenke zu Druckschmerzen. Gleichzeitig kippt das Becken nach vorne, dadurch verringert sich der Hebewinkel der Beine, d.h. der Schritt des Walkers wird kürzer – er wird langsamer.

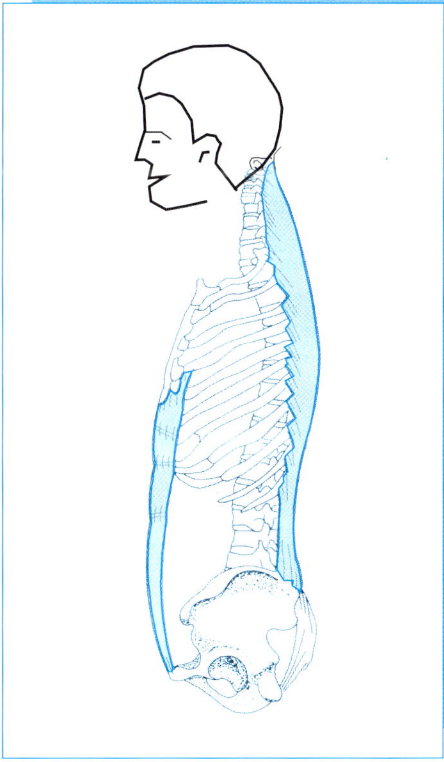

Abb. 42: Bauch- und Rückenmuskulatur müssen in einem ausgewogenen Verhältnis stehen. Dysbalancen sind die Hauptursache aller Rückenbeschwerden bis hin zum Bandscheibenvorfall. Die Bauchmuskulatur wird weder beim Walken noch beim Laufen trainiert, sie muss in einer eigenen Trainingseinheit gekräftigt werden.

Eine weitere, bei Walkern häufig zu beobachtende Dysbalance besteht zwischen den Abduktoren (Abspreizern) und Adduktoren (Anziehern). Wenn die Adduktoren zu schwach sind, führt das zu einer Drehung der Beine bzw. der Füße nach außen

(Abbildung 44). Solche Walker werden wegen ihrer Fußstellung auch als „10-vor-2-(Uhr)-Walker" bezeichnet (Abbildung 45). Diese Dysbalance hat für die Betroffenen drei Nachteile: Die Kniegelenke werde ungleich belastet, die Schrittlänge kann sich wegen der Fußabwicklung nach außen bis zu 2 cm verkürzen und die Abdruckkraft verringert sich durch den nach außen gerichteten Anteil. Das kostet im Wettkampf Zeit und Kraft. Zur Beseitigung dieser Dysbalance hilft auch in diesem Fall nur ein gezieltes Krafttraining der Adduktoren mit gymnastischen Übungen oder an den entsprechenden Geräten im Kraftraum oder Studio.

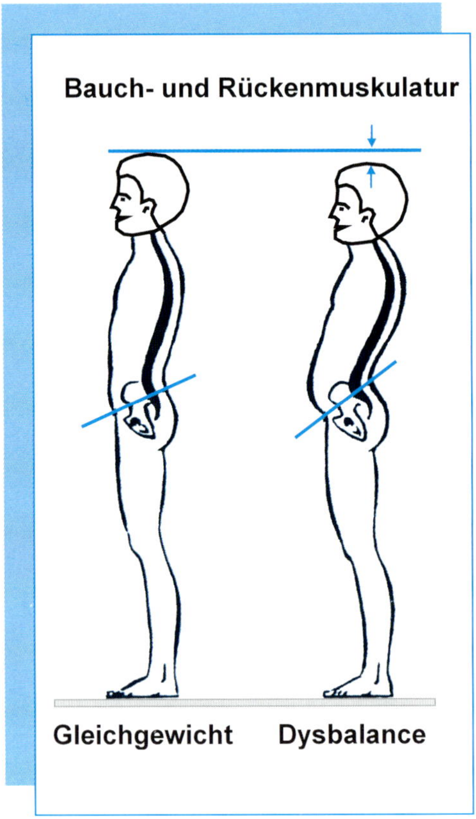

Abb. 43: Einseitiges Training der Rückenmuskulatur führt zum Hohlkreuz mit einer einseitigen Belastung der Wirbelgelenke. Das Becken kippt nach vorne, der Hebewinkel der Beine, d.h. der Schritt des Walkers, wird kürzer.

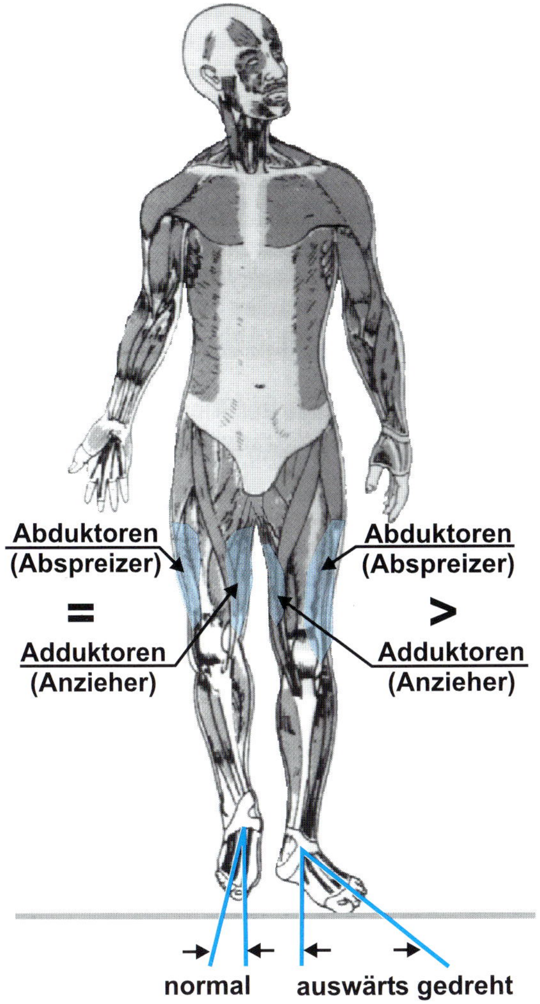

Abb. 44: Links: Korrekte Fußstellung – Abduktoren und Adduktoren sind im Gleichgewicht. Rechts: Auswärts gedrehte Fuß-(Fehl-)stellung – Dysbalance zwischen Abduktoren und Adduktoren mit der Folge ungleichmäßiger Belastung der Kniegelenke

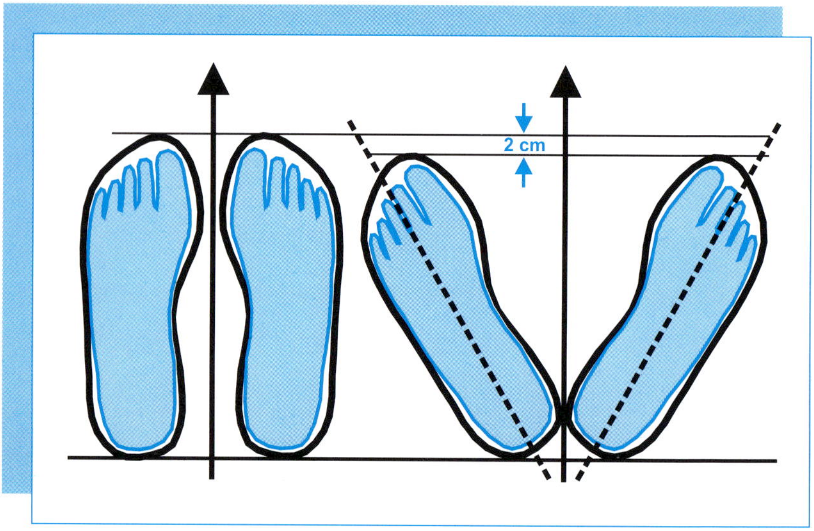

Abb. 45: Rechts: Durch eine Fehlstellung um z.B. 30° nach außen verkürzt sich die Schrittlänge um ca. 2 cm, gleichzeitig verringert sich die Abdruckkraft in Walk-Richtung.

Wie wichtig das regelmäßige Dehnen der trainierten Muskulatur ist, zeigen auch die Untersuchungen von JESCHKE [50], NEUMANN [66] und WOLPERT/BECKER [100], die neben der verkürzungsbedingten Abnahme der Elastizität des Muskels auch eine verstärkte Verletzungsanfälligkeit des steif gewordenen Sportlers festgestellt haben (s. Kapitel 12: „Dehn- und Kräftigungsübungen für Walker").

4.2.1 Muskelaufbau und -funktion

Die Details des Aufbaus der Muskeln und ihrer Arbeitsweise sind in der Literatur [59, 60] sehr ausführlich beschrieben. Deshalb werden hier nur diejenigen Details dargestellt, die zum Verständnis, was beim Ausdauertraining im Körper passiert, beitragen.

In Abbildung 46 (S. 98) ist der Aufbau eines Muskels am Beispiel des Oberarmmuskels (Bizeps), einem typischen Skelettmuskel, dargestellt. Jeder Muskel besteht aus einem **Muskelfaserbündel**, das sich aus einzelnen **Muskelfasern** zusammensetzt. Die Muskelfaser ist gleichzeitig auch eine Muskelzelle, die aus bisher nicht geklärter Ursache über mehrere Zellkerne (schwarze Körper in Abbildung 46) verfügt. Die Muskelfasern sind extrem dünn. Ihr Durchmesser beträgt im Durchschnitt 20 µm = 0,02 mm, dies ist mit einem menschlichen Haar vergleichbar. Sie können bis zu 15 cm lang sein.

Die einzelne Muskelfaser besteht, wie Abbildung 46 zeigt, wiederum aus einem Bündel von etwa 1 µm (0,001 mm) feinen **Myofibrillen**. Diese Myofibrillen sind in einzelne, ganz kurze Abschnitte, die **Sarkomere**, die eigentlichen Arbeitsbereiche des Muskels, untergliedert.

Die Trennwände dieser Abschnitte werden **Z-Scheiben** genannt, da sie auf beiden Seiten dünne Arme (**Aktinfilamente**) mit z-förmiger Anordnung besitzen. Dazwischen liegen **Myosinfilamente** mit ca. 150 Kontaktfingern.

Aktiviert wird ein Arbeitsbereich durch einen **motorischen Nervenimpuls** (Motorik = die Bewegung steuernder Nervenimpuls) über eine **motorische Endplatte** (Abbildung 47). Wie viele Sarkomereinheiten durch eine motorische Endplatte gesteuert werden, ist von Muskel zu Muskel sehr verschieden.

Je mehr es sind, umso feiner können Bewegungen gesteuert werden, z.B. im Hand- oder Gesichtsbereich. Im Gesäß und im Oberschenkel dagegen werden sehr große Muskelbereiche von wenigen Endplatten gesteuert. Eine weitere Steuerungsmöglichkeit besteht darin, dass die motorischen Endplatten auf unterschiedliche Spannungsintensitäten (20-50 mV) reagieren. Sie gehorchen dem so genannte *alles-oder-nichts-Gesetz*, d.h., reicht die Spannung, werden sie aktiviert, reicht sie nicht, passiert nichts (s.a. Kapitel 4.5 „Steuerung der Muskelaktivitäten durch das Gehirn und Nervensystem").

Bei vollständiger Aktivierung (C) kommt es zwischen dem Myosinköpfchen und dem Aktinfaden zu einer elektrischen Kopplung. Der Muskel kann jetzt in diesem Zustand (C) verharren, d.h., der Myosinfinger koppelt nur an das Aktin an, ohne weitere Bewegungen. Dann ist der Muskel gespannt und kann die auf ihn einwirkenden Kräfte aufnehmen. Dieser Zustand wird vom Autor als *passiv* bezeichnet (s. Kapitel 4.2.3 „Aktive und passive Muskelbelastung").

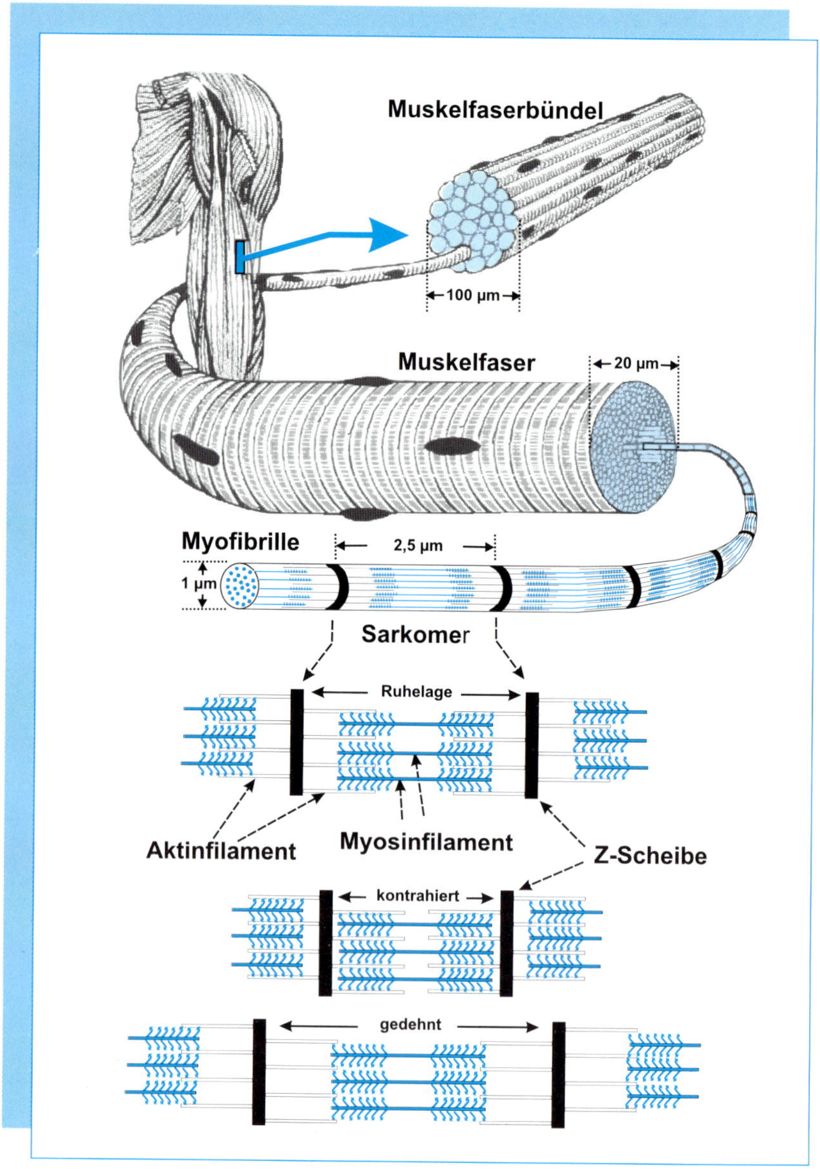

Abb. 46: Muskelaufbau: Muskelfaserbündel, Muskelfaser, Myofibrille, Sarkomer, Z-Scheibe, Aktinfilament, Myosinfilament

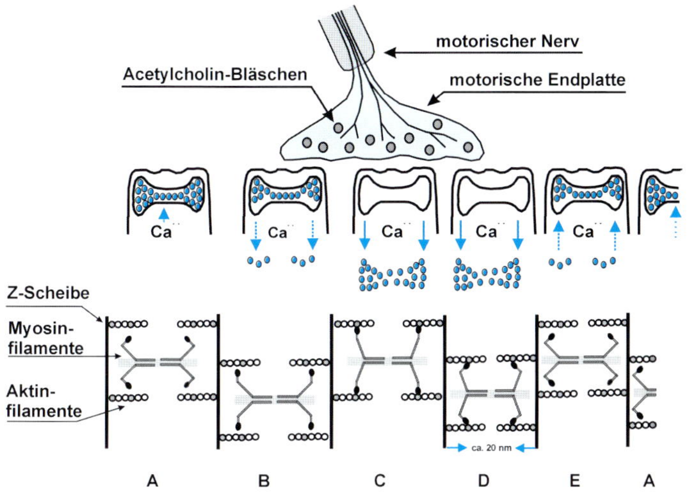

Abb. 47: Prinzipskizze der Aktivierung einer Muskelfaser.
Erregung einer motorischen Endplatte durch einen motorischen Nerv, dadurch wird ein mehrstufiger chemisch-elektrischer Prozess eingeleitet, bei dem u.a. Kalzium für die Aktivierungsprozesse im Sarkomer freigesetzt wird. A: Ruhelage; B: Beginn der Erregung mit Kalzium. Freisetzung und Spannen der Myosinköpfchen; C: elektrische Kopplung zwischen dem Myosinköpfchen und Aktinfilament; D: Kontraktion (2 x ca. 10 µm) durch Freigabe der im gespannten Myosinköpfchen gespeicherten Energie; E: Depolarisation mit Rückfluss des Kalziums in die Bläschen; A: Ruhephase

Wenn dagegen die Myosinfinger ihre durch das Spannen erzeugte kinetische Energie freigeben, ziehen sie die angekoppelten Aktinarme durch Umklappen um ca. 20 µm (je 10 µm auf jeder Seite) in die Mitte (D). Diese teleskopartige Verschiebung kann so oft wiederholt werden, bis sich das Sarkomer um ca. 30% verkürzt hat (Kontraktion). Dadurch wird eine Bewegung des Körpers (Gehen, Laufen, Heben usw.) ausgelöst. Dieser Zustand wird vom Autor als *aktiv* bezeichnet. Die Kopplung besteht in beiden Fällen solange, wie die elektrische Spannung vorhanden ist. Erst wenn sie abgeschaltet wird, wandert das Kalzium in seine Bläschen zurück und die elektrische Kopplung bricht zusammen. Dann können die Filamente entweder neu aktiviert oder wieder auseinander gleiten, d.h. auch gedehnt werden.

Die Anzahl der angeregten Arbeitseinheiten (Sarkomere) innerhalb einer Myofibrille bestimmt die Leistungsfähigkeit des Muskels, d.h., wie viel Kraft er aufnehmen bzw. erzeugen kann. Bis zu einem Kraftanteil von ca. 50% wird die Zahl der aktivierten Arbeitseinheiten erhöht, dann wird die Impulsfrequenz gesteigert, die bis zu 1.000 Impulse pro Sekunde betragen kann.

4.2.2 Rote und weiße Muskelfasern

Rot erscheinende Muskelfasern enthalten mehr roten Farbstoff, das Myoglobin, das als Sauerstoffspeicher in der Muskelzelle dient (vergleichbar mit dem Hämoglobin im Blut, das den Sauerstoff transportiert). Die roten Fasern arbeiten bei relativ niedrigen Impulsfrequenzen und werden deshalb als **langsame** Fasern bezeichnet. In Kombination mit dem größeren Sauerstoffangebot aus dem vermehrten Myoglobin ergeben sie auch die Ausdauermuskulatur.

Die weiß erscheinenden Muskelfasern reagieren besonders auf hohe Impulsfrequenzen und werden deshalb als **schnelle** Fasern bezeichnet und kommen als Kraftmuskulatur zum meist kurzzeitigen Einsatz. Daneben gibt es noch eine dritte Faserqualität, die eine Mittelstellung zwischen beiden einnimmt.

Die Verteilung weißer (schneller) und roter (langsamer) Muskelfasern ist durch die Erbanlagen vorgeprägt und wird durch das Bewegungsverhalten im Kindes- und Jugendalter beeinflusst. Durch Ausdauertraining ist ein Umbau von weißen zu roten Fasern in bestimmten Grenzen möglich. Der Umbau von roten zu weißen Fasern galt bisher als nicht möglich. Diese Annahmen werden z.Z. von der Grundlagenforschung in Zweifel gezogen. Es wird vermutet, dass so genannte **neutrale** Fasern, je nach Beanspruchung, in weiße oder rote Fasern mutieren können.

Ganz allgemein gilt: Ein hohes Sprintvermögen setzt in den entsprechenden Muskelbereichen sehr hohe Anteile (bis zu 85%) weißer Fasern voraus. Ebenso werden für höchste Ausdauerleistungen entsprechend hohe Anteile (bis zu 85%) roter Fasern benötigt. Die genetische Vorprägung erklärt auch, warum es Sportler gibt, die mit geringem Trainingsaufwand im Sprint oder auf der Langstrecke hervorragende Leistungen erzielen und andere mit hohem Trainingsaufwand immer mittelmäßig bleiben.

4.2.3 Aktive und passive Muskelbelastung

Aktive Belastung

Aktiv bedeutet das bewusste Spannen eines Muskels, z.B. zum Halten eines Gegenstands oder zur Ausführung einer Bewegung, z.B. Treppensteigen, Bergaufwalken, Sprinten, Springen, Heben usw. Die Aktivierung der notwendigen Arbeitseinheiten erfolgt normalerweise automatisch und unbewusst, bis die Kraft z.B. zum Hinaufsteigen einer Treppe reicht. Der begrenzende Faktor bei der aktiven Belastung ist die ausreichende Sauerstoffversorgung der Muskeln für diesen Arbeitszeitraum. Kann die Sauerstoffversorgung den Bedarf nicht mehr decken, wechselt die Energieversorgung der arbeitenden Muskulatur vom aeroben zum anaeroben Weg. Hierbei entsteht als Folgeprodukt Milchsäure (Kapitel 3.1 „Energiegewinnung aus Kohlenhydraten und Fetten"). Diese säuert bzw. übersäuert den Muskel bis hin zur völligen Ermüdung.

Passive Belastung

Bei passiver Belastung muss der Muskel Belastungen bzw. Kräfte, die auf ihn von außen einwirken, abfangen. Als Beispiele seien genannt: Das Körpergewicht beim Heruntersteigen von einem Stuhl, beim Bergabgehen bzw. -laufen oder das Gewicht beim Fangen eines schweren Gegenstands u.Ä. Dazu muss sich der Körper auf die zu erwartende Belastung einstellen und entsprechende Muskelmengen vorspannen. Doch woher weiß der Körper, wie viel Muskelmengen er vorspannen muss? Er weiß es nicht, sondern lernt es aus seiner Erfahrung. Ein erfahrener Bergführer z.B. bekommt auch bei einem mehrere Stunden dauernden steilen Abstieg keinen Muskelkater, der unerfahrene Neuling erleidet ihn mit absoluter Sicherheit. Muskelkater entsteht praktisch immer, auch bei einem trainierten Sportler, wenn er neue, für ihn ungewohnte Übungen macht und sei es nur das ungewohnte Bücken beim Erdbeerpflücken.

4.2.4 Muskelkater

Die häufigste Antwort auf die Frage: „Was ist Muskelkater?", lautet auch heute noch: „Milchsäurebildung". Diese Antwort ist falsch – dies wird nicht nur schon lange vermutet, sondern wurde bereits 1988 nachgewiesen [9] und jetzt erneut untermauert [10]. Milchsäure entsteht bei sehr intensiver **aktiver** Muskelbelastung; Muskelkater dagegen bei einer **passiven** mechanischen Überlastung des Muskels. Wie kommt es zu dieser Überlastung? Das hängt von der Erfahrung ab, die der Körper mit der zu erwartenden Belastung hat. Hat er ausreichende Erfahrung, wie z.B. der Bergführer, wird er die notwendige Anzahl an Arbeitseinheiten zum Abfangen der auf den Muskel einwirkenden Kräfte aktivieren. Fehlt sie, so wird die Anzahl durch das Gefühl, das sehr stark durch die Augen gesteuert wird, aktiviert. Erscheint die Aufgabe schwer, werden normalerweise ausreichend viele aktiviert. Erscheint sie leicht, wie z.B. beim Heruntersteigen von einem Stuhl oder beim Bergabgehen bzw. -laufen, so werden zum Abfangen der einwirkenden Kräfte zu wenig Einheiten aktiviert. Da das Körpergewicht vorgegeben ist, kommt es zwangsläufig zu lokalen mechanischen Überlastungen in den Sarkomeren. Die elektrische Kopplung zwischen den Myosinköpfchen und den Aktinfäden ist stabiler als die Festigkeit der Z-Scheiben, sie reißen. Dies konnte mit elektronenmikroskopischen Aufnahmen (Abbildung 48) nachgewiesen werden.

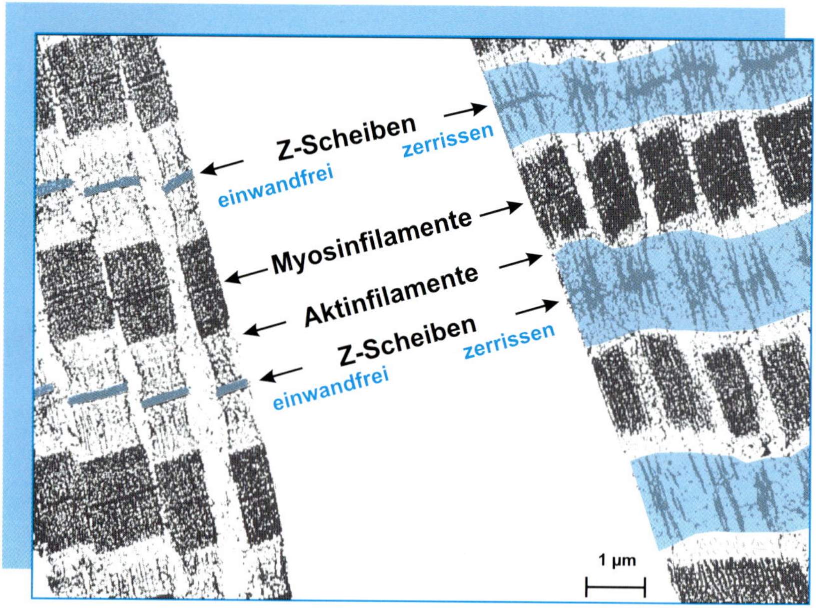

Abb. 48: Elektronenmikroskopaufnahmen von Myofibrillen
Links: Ganze Z-Scheiben
Rechts: Zerrissene Z-Scheiben

Das Zerreißen verursacht direkt keine Schmerzen, da im Faserinnern keine Schmerzrezeptoren vorhanden sind. Die Leistungsfähigkeit des Muskels ist aber sofort beeinträchtigt. Der Schmerz – Muskelkater genannt – macht sich erst nach einigen Stunden bemerkbar, wenn die Abbauprodukte an die Muskeloberfläche gelangen und die bekannten Schutzblockierungen bzw. Schmerzreaktionen ausgelöst werden.

Das Zerreißen von Z-Scheiben wird im Gegensatz zum Reißen von Muskelfasern bisher positiv gesehen. Die beim Reißen von Muskelfasern sich im Anschluss bildenden Narben werden bei der Zerstörung der Z-Scheiben nicht beobachtet. Die betroffenen Sarkomerbereiche werden völlig abgebaut. Es wird sogar vermutet, dass in diesen Bereichen mehr Myofibrillen entstehen als vorher vorhanden waren, um den Muskel zu kräftigen. Eine derartige Fibrillenvermehrung wird u.a. auch als positive Folge des Krafttrainings zur Muskelkräftigung beobachtet.

Die innermuskuläre Koordination verbessert sich sehr schnell, deshalb ist Muskelkater typisch für die Anfangsphase des Sporttreibens bzw. des Einübens einer neuen Bewegung. Verhindern lässt er sich nicht. Zum Vorbeugen helfen sorgfältiges Aufwärmen und langsam gesteigerte Belastungen.

Beim Muskelkater handelt es sich um eine mechanische Verletzung [9, 10, 30]. Deshalb darf, entgegen früheren Theorien, der betroffene Muskelbereich weder massiert noch intensiv belastet werden. Leichte Bewegungen, z.B. Rad fahren sowie alles, was die Durchblutung fördert, z.B. warme Bäder oder Sauna, sind empfehlenswert. Muskelkaterähnliche Symptome entstehen auch bei sehr lang andauernden Belastungen, z.B. beim Marathon, wenn die Stoffwechselvorgänge im Muskel auf Grund ungenügender Energie- bzw. Elektrolytversorgung beeinträchtigt sind. Aber auch hier erfolgt die Überlastung beim Abfangen des Körpergewichts bei der passiven Belastung in der Aufsetzphase [9, 10].

4.2.5 Muskelkrämpfe, -verspannung, -zerrung und -riss

Muskelkrämpfe bzw. -verspannungen stellen keine Verletzung dar, der Muskel ist elektrisch verspannt [63, 92]. Die elektrische Kopplung zwischen Myosinköpfchen und Aktinfilament (s. Abbildung 47, Teil C/D) kann nicht gelöst werden, da das empfindliche Gleichgewicht der Elektrolyte (u.a. Kalzium, Kalium, Magnesium, Natrium) z.B. durch lange Beanspruchung, insbesondere bei Hitze, gestört worden ist.

Typische Muskelüberlastungen, die zu Reizungen, Verspannungen bis hin zu Zerrungen führen können, entstehen beim Walken in der Schienbeinmuskulatur (Abbildung 49). Beim Walken muss, im Gegensatz zum Laufen, bei dem das ganze Bein gehoben wird, der Vorfuß bei jedem Schritt angehoben werden, damit der Walker nicht gegen ein Hindernis (Stein u.Ä.) tritt und stolpert. Die Muskulatur des Walking-Einsteigers muss erst trainiert werden, ehe sie längere Strecken bei ungewohnt hohem Tempo problemlos verkraftet.

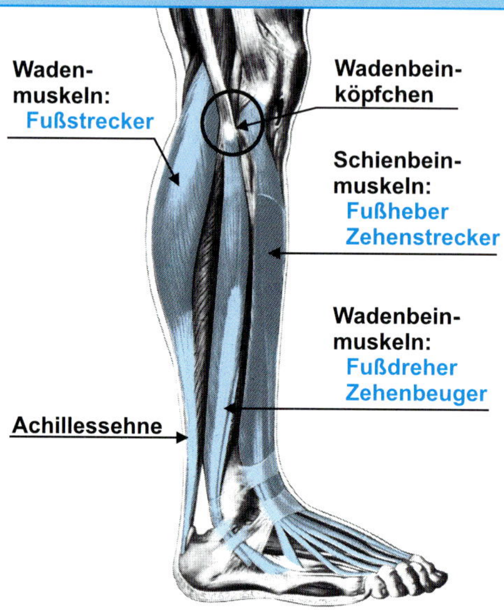

Abb. 49: Ausgewählte Muskelbereiche des Unterschenkels

Als Muskelzerrungen werden die Verletzungen der feinen, den Muskel umgebenden Hülle (Muskelfaszie) bezeichnet. Sie treten bei Dehnungen > 170% auf.

Komplette Muskelrisse treten sehr selten auf. Normalerweise erfolgen bei übermäßiger passiver Muskelbelastung Muskelfaseranrisse oder Risse einer oder mehrerer Muskelfasern.

4.2.6 Muskulatur als Venenpumpe

Die arbeitende Muskulatur, d.h. die Muskeln, die im Wechsel gedehnt werden und sich dann wieder zusammenziehen, drücken beim Zusammenziehen mit den dabei entstehenden Muskelbäuchen auf die tief liegenden Venen und drücken dadurch das Blut in Richtung Herz zurück. Dieser positive Effekt wirkt insbesondere beim Walken und Joggen in der Wadenmuskulatur und hilft, das Blut von ganz unten noch oben zum Herz zu drücken. Dieser Vorgang wird als **Venenpumpe** bezeichnet (s. Abbildung 50). Deshalb wird jedem Patienten mit Venenproblemen in den Beinen empfohlen, Beingymnastik und viel Bewegungstraining zu machen, bei der die Wadenmuskulatur aktiviert wird [29, 13].

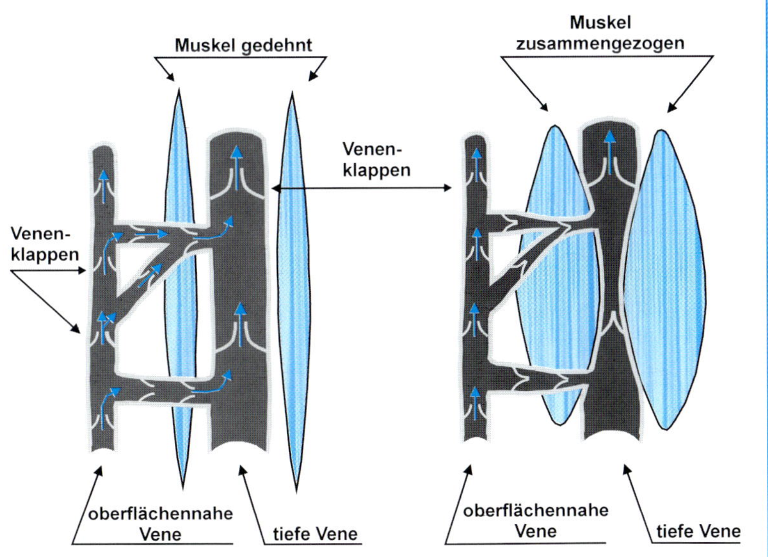

Abb. 50: Venenklappen und Muskeln als Venenpumpen. Links: In der Dehnungsphase des Muskels füllen sich die Venen. Rechts: In der Kontraktionsphase drücken die Muskelbäuche auf die Venen und pressen dadurch das Blut zum Herzen zurück [29].

4.3 Gelenke

Beim Walken werden die Fuß-, Knie- und Hüftgelenke besonders belastet. Die Gelenkflächen an den Knochenenden sind speziell ausgebildet. Sie bestehen aus einer Knorpelschicht, die auf der Außenseite von einer Gelenkflüssigkeit umspült wird (Abbildung 51). Umschlossen wird das komplette Gelenk von einer Gelenkinnenhaut und der Gelenkkapsel.

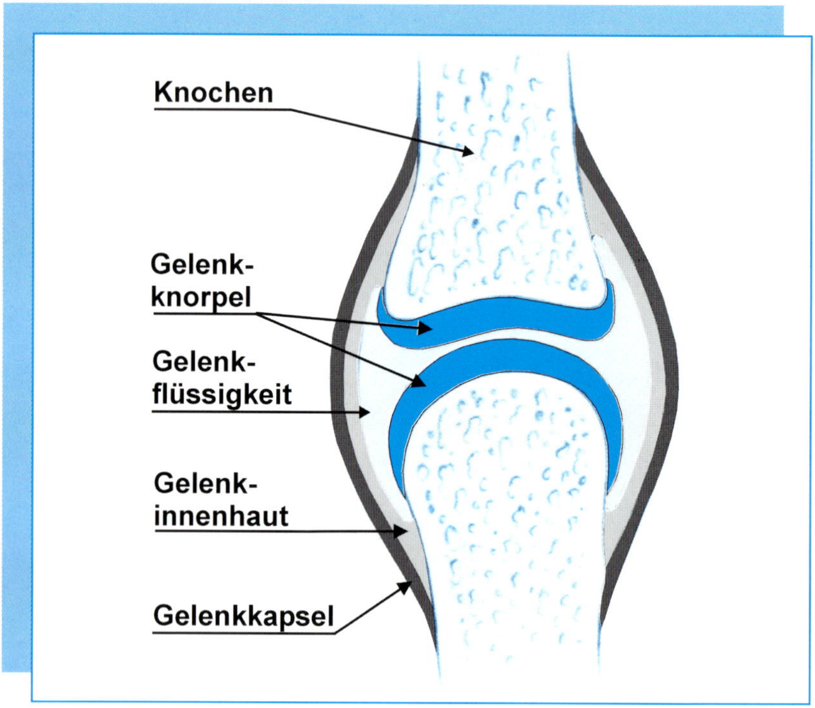

Abb. 51: Schemadarstellung eine Gelenks [56]

Trotz der großen Bedeutung der Gelenkknorpel für die Bewegung ist ihre Versorgung mit Nährstoffen ab dem 20. Lebensjahr sehr schlecht, da sie in diesem Alter von der unmittelbaren Versorgung durch Arterien abgekoppelt werden. Nunmehr erfolgt die Versorgung durch Einkneten der Gelenkflüssigkeit in den Knorpel, d.h., die Gelenkernährung setzt eine Gelenkbewegung voraus.

Die Oberfläche des Gelenkknorpels ist scheinbar völlig glatt, die elektronenmikroskopische Vergrößerung (Abbildung 52) zeigt jedoch, dass sie schuppenartig ist und, ähnlich der menschlichen Haut, einem dauernden Abrieb unterliegt. Darunter überdeckt ein **kollagenes Gewebe** die Vertiefungen der Knorpelzellen [30]. Das kollagene Gewebe besteht aus feinen Eiweißfäden, die durch ihre wollknäuelartige Anordnung eine elastische Zwischenschicht bilden, die Stöße auf das Gelenk abfangen oder mildern.

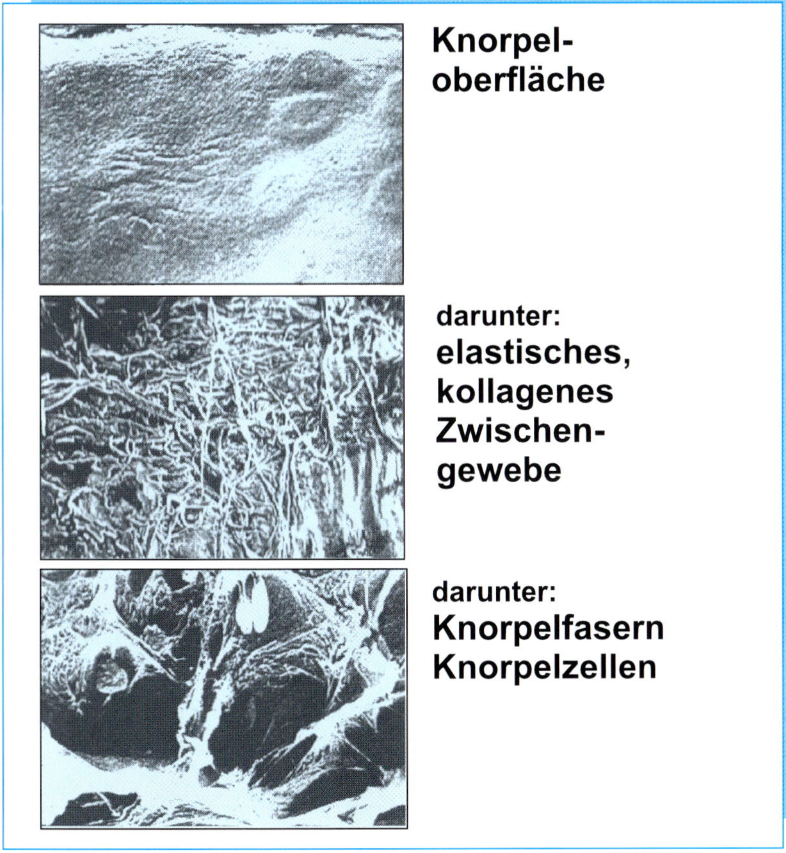

Abb. 52: Elektronenmikroskopaufnahmen. Oben: Knorpeloberfläche. Mitte: Kollagenes Zwischengewebe. Unten: Knorpelfasern und Knorpelzellen

Bei hoher Druckbelastung oder sehr langer Belastungsdauer, z.B. bei einem Marathon, ist der Abrieb auf der Knorpeloberfläche entsprechend groß. Einer ausreichenden Regeneration nach solchen Belastungen muss Rechnung getragen werden. Das Problem dabei ist, dass niemand genau weiß, wie viel Zeit eine vollständige Regeneration benötigt. Es wird vermutet, dass der Zeitraum ein Mehrfaches der Herz-Kreislauf- bzw. Energieregeneration beträgt.

Regeneration bedeutet auf keinen Fall Ruhigstellung! Im Gegenteil, weiche Bewegungen, z.B. leichtes Rad fahren und vor allem Aqua-Walking, fördern die Versorgung und damit die Regeneration des Knorpels.

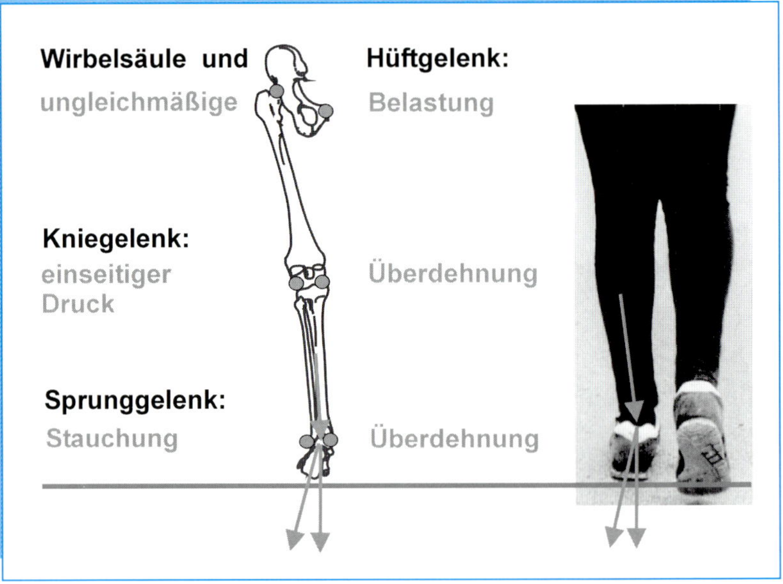

Abb. 53: Fehlbelastungen auf Grund von zu weichem bzw. unzureichend stützendem Schuhwerk

Fehlbelastungen durch punktförmige statt ganzflächige Belastungen des Knorpels durch angeborene Fehlstellungen oder erworbene Fehlhaltungen, z.B. Hohlkreuz (s. Abbildung 43, S. 94) oder Beinaußenstellung (s. Abbildung 44, 45, S. 95, 96) führen auf Dauer immer zu erhöhtem Abrieb der Knorpeloberfläche. Besonders häufig werden Fehlbelastungen durch zu weiches bzw. nicht ausreichend stützendes Schuhwerk (Abbildung 53) verursacht (s. Kapitel 11 „Schuhe"). Wird die Oberfläche dadurch verletzt, ist der Weg zur Arthrose kaum aufzuhalten, da es bis heute keine ausgereiften Möglichkeiten gibt, einen defekten Knorpel zu ersetzen. – Erworbene Fehlhaltungen und die damit verbundenen Fehlbelastungen lassen sich durch gezielte Ausgleichs- bzw. Kräftigungsgymnastik reduzieren oder sogar ganz beseitigen!

Besonders hoch belastete Gelenke haben einen zusätzlichen Knorpel zur Verbesserung der Stoßdämpfung im Gelenk. Bei der Wirbelsäule sind es die Bandscheiben, beim Knie der Innen- bzw. Außenmeniskus (Abbildung 54). Trotz der beiden Menisken ist das Knie gegenüber Fehlbelastungen das anfälligste Gelenk. Dabei ist zu beachten, dass die Ursachen in der Kombination Schuh und Fuß zu suchen sind (s.a. Abbildung 70, 71, 73, S. 161, 162, 165). **Wird dort nicht korrigiert, bleiben alle medizinischen Behandlungen des Knies auf Dauer erfolglos.**

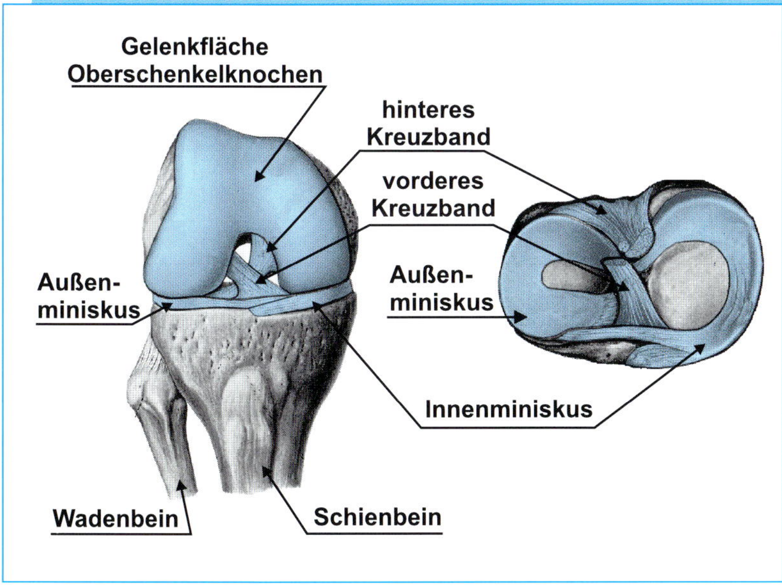

Abb. 54: Kniegelenk mit Innen- und Außenmeniskus, vorderem und hinterem Kreuzband [96]

Zusammenfassend darf gesagt werden, dass es weder durch Walken noch durch Laufen zum zusätzlichen Gelenkverschleiß kommt. Der Mensch ist seit Millionen Jahren ein Lauftier. Dass dennoch Walker und Läufer nicht vor Gelenkverschleiß gefeit sind, beruht auf angeborenen Fehlstellungen, vor allem aber auf Fehlhaltungen oder Stoß-/Pressverletzungen der verschiedensten Art. – **Hinweis zur Abbildung 54:** Bei Kreuzbandverletzungen ist in den überwiegenden Fällen das vordere Kreuzband betroffen. Wird seine Funktion nach einer Verletzung, insbesondere nach einem Durchriss, nicht (operativ) wiederhergestellt, kommt es zu lebenslangen Instabilitäten im Gelenk und damit zu Trittunsicherheiten beim Walken und Laufen, insbesondere bei unebenem Untergrund.

4.4 Sehnenscheiden

Die Sehnenscheiden dienen als Führungsrohre für die Sehnen, um sie über Knochen und Gelenke hinweg problemlos rutschen zu lassen. Es handelt sich z.T. über Wege von mehreren Zentimetern (Abbildung 55).

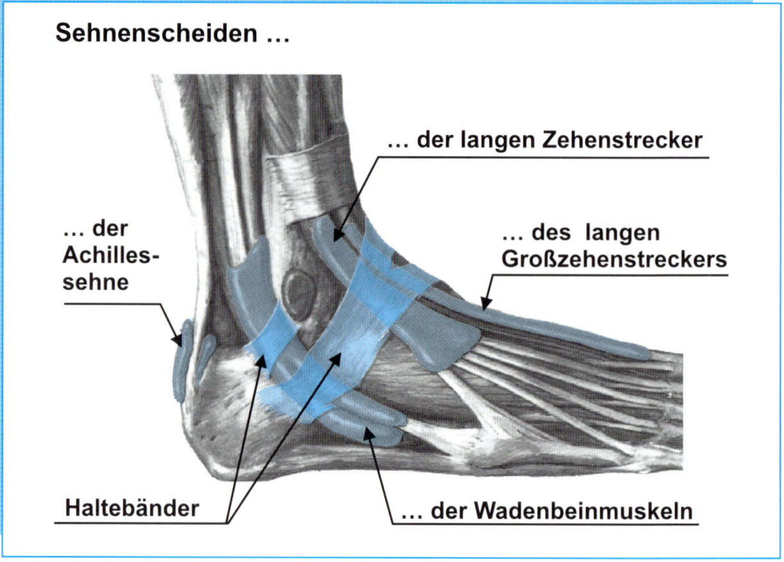

Abb. 55: Sehnenscheiden verschiedener Muskelfunktionen

4.5 Steuerung der Muskelaktivitäten durch Gehirn und Nervensystem

Das Großhirn (s. Abbildung 56) gilt als Motivationsebene, in der durch aktive Denkprozesse die Entschlüsse zu einer Handlung, d.h. bewusstes Sehen, Hören, Sprechen, Bewegen usw, gefasst werden [46, 92]. Der Bewegungsbereich zur Aktivierung der Skelettmuskulatur, **motorische Zone** genannt, gliedert sich im Großhirn, entsprechend den Bewegungsmöglichkeiten der einzelnen Körperteile, in je ein Drittel für die Steuerung der Kopf-, der Hand- und der Rumpf- bzw. Beinmuskulatur.

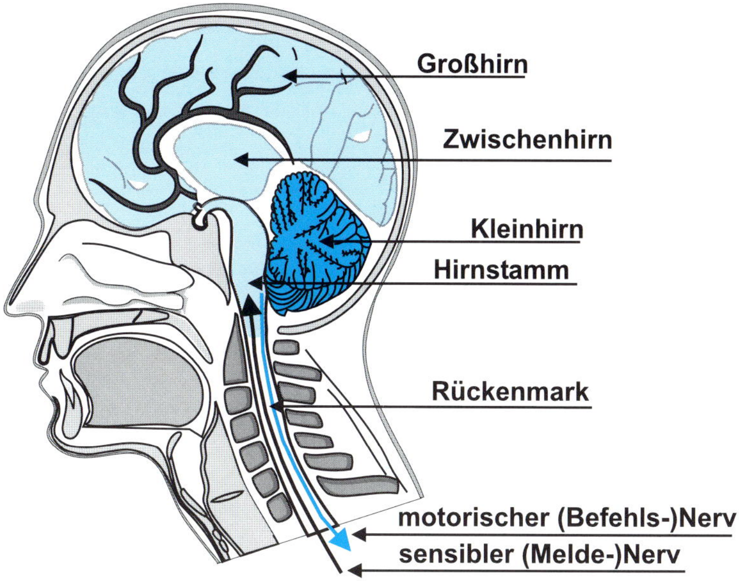

Abb. 56: Die wichtigsten Gehirnbereiche für die Bewegungssteuerung

Die Umsetzung eines Entschlusses von einer Bewegungshandlung in die Bewegungsausführung durch die Muskulatur erfolgt über mehrere Schritte und wird am Beispiel des Walkens – sehr vereinfacht – im Folgenden dargestellt:

1. **In der motorischen Zone des Großhirns:** Entschluss des Sportlers zu walken. Weiterleitung dieses Befehls an das Zwischenhirn.

2. **Im Zwischenhirn**, dem *Programmspeicher* des Gehirns: Prüfung in der *Programmbibliothek*, ob ein passendes *Bewegungsmuster* zum Walken vorhanden ist. Steht ein passendes oder annähernd passendes Programm zur Verfügung, erfolgt seine Weiterleitung an das Kleinhirn. Wird kein bzw. kein ähnliches Programm gefunden, ist die Ausführung der Bewegung nicht möglich. Sie muss erst im Detail oder als Ganzes erlernt werden. Dies ist auch der Fall, wenn Bewegungsmuster bei Unfällen zerstört werden.

3. **Im Kleinhirn:** Festlegung der zeitlichen Abfolge der einzelnen Programmabschnitte. So muss z.B. ein Schritt in folgende Abschnitte zeitlich unterteilt werden: Verlagerung des Körpergewichts auf das linke Bein als Standbein – Anheben und Vorwärtsbewegen des entlasteten rechten Beins – Abdruckkraft im linken Bein aufbauen – linkes Bein strecken und den Abrollvorgang einleiten – die Muskulatur des rechten Beins vorspannen, um in der Aufsetzphase das Körpergewicht auffangen zu können usw. Anschließend erfolgt die Weiterleitung dieses Programmskonzepts an den Hirnstamm.

4. **Im Hirnstamm:** In dieser Koordinationszentrale erfolgt eine permanente Abstimmung der einzelnen Programmschritte mit den Meldungen der Sinnesorgane (Augen z.B. über Wegunebenheiten, Hindernisse; Ohren z.B. über Verkehrsgeräusche; Haut: z.B. über Temperaturen, Wind usw.) sowie mit den Rückmeldungen aus dem Körper über den Spannungszustand der Muskeln und die Gelenkstellungen. Gleichzeitig greift hier auch die Steuerung der Haltungs- und Stützmotorik, d.h. der unwillkürlichen Muskelaktivitäten, die die Körperhaltung stabilisieren und das Gleichgewicht aufrechterhalten, korrigierend ein. Die nunmehr fertigen Befehlsimpulse werden an die motorischen Nervenbahnen im Rückenmark übergeben.

5. **Im Rückenmark:** Weiterleitung der Befehlsimpulse in den motorischen Nervenbahnen bis zur entsprechenden Wirbelebene (Abbildung 57). Dort Übergabe der Impulse an die Schaltstellen, die Vorderhornzellen.

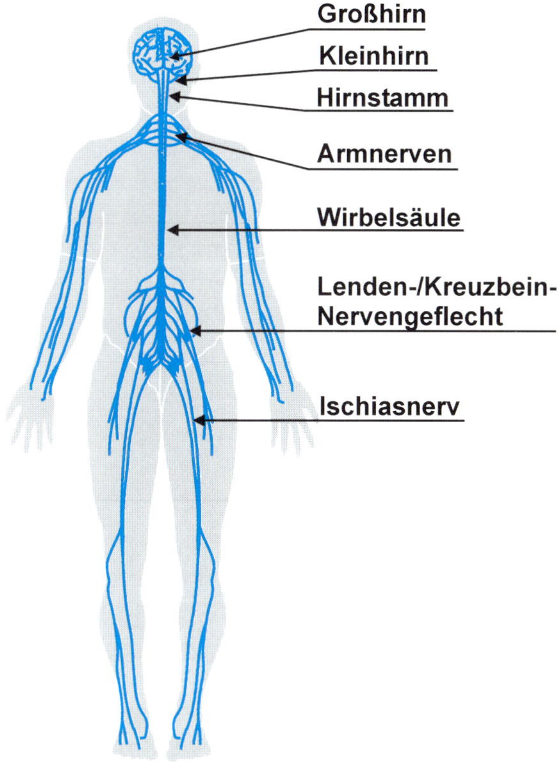

Abb. 57: Die Wirbelsäule besteht von oben nach unten gesehen aus sieben Hals-, zwölf Brust-, fünf Lenden- und drei Kreuzbeinsegmenten. In den unteren Halssegmenten entspringen die Armnerven. Die Gesäß- und Beinnerven einschließlich des Ischiasnervs haben ihre Ausgangspunkte in den Lendensegmenten.

6. **In der Vorderhornzelle:** Die Vorderhornzellen sind Schaltstellen, da in ihnen nicht nur die motorischen Befehlsimpulse, die vom Gehirn an die Muskelzelle geschickt werden, sondern auch alle *sensiblen* Signale zusammentreffen, die von den Rezeptoren (Aufnahmefühler) der inneren Organe, der Körperoberfläche, für den Spannungszustand der Muskeln, für die Gelenkstellung usw. aufgenommen und an das Gehirn zurückgemeldet werden. In diesen Schaltstellen sind direkte Brückenschal-

tungen zwischen den motorischen und sensiblen Nerven möglich, um die langen Schaltwegen zum Gehirn und zurück zu verkürzen, wenn z.B. durch blitzschnelle Reflexbewegungen Körperteile aus Gefahrenzonen entfernt werden müssen. Von den Vorderhornzellen werden die Befehlsimpulse des Gehirns über motorische Nerven an die motorischen Endplatten (s. Abbildung 47, S. 99) weitergeleitet.

7. **In der motorischen Endplatte:** Der ankommende elektrische Befehlsimpuls löst in der Endplatte eine chemische Reaktion aus, die zur Aktivierung des dazugehörigen Muskelbereichs führt (s. Abbildung 47, S. 99).

Zwischen den einzelnen Gehirnbereichen (Groß-, Zwischen-, Kleinhirn und Hirnstamm) finden permanente Rückkopplungen statt, um den Bewegungsablauf in Bruchteilen von Sekunden auf neue willkürliche Befehle, z.B. Tempo- oder Richtungsänderung auszurichten oder auf sensible Meldungen, z.B. zum Ausweichen vor einem Hindernis, zu reagieren.

Ein paar Zahlen sollen die Arbeitsleistung des Gehirns verdeutlichen. Von den Rezeptoren werden pro Sekunde ca. 100 Millionen Bits an das Gehirn gesendet, von denen jedoch nur ein Bruchteil aktiv verarbeitet und der größte Teil einfach unterdrückt wird. – Ein Beispiel dazu, dass jeder kennt, ist das Radio. Es spielt im Hintergrund, zugehört wird nicht, doch dann kommt ein spezielles Signal, z.B. Nachrichten-Verkehrsmeldung und der Filter springt an – es wird plötzlich zugehört. Die Steuerleistung des Gehirns liegt bei ca. 1.000 Bit/s. Das entspricht der Muskelansteuerung von 1.000 Hz/s zur Ausführung der Bewegungsdetails. Bei bewussten Befehlen, z.B. die Wiederholung einer Bewegung, liegt die Grenze mit ca. 20 Bit/s sehr viel niedriger. Mit dem Befehl über die motorischen Nerven an die Skelettmuskulatur zur Bewegungsausführung wird parallel dazu auch das vegetative Nervensystem zur Aktivierung des gesamten Herz-Kreislauf-Systems angeregt. Dieser Vorgang wird *Mitinnervation* genannt. Diese Mitinnervation erfolgt auch, wenn der Sportler sich vor einer sportlichen Leistung oder einem Wettkampf Details seiner Bewegungsabläufe bildhaft vor Augen führt. Die Möglichkeit, Bewegungsvorgänge nur zu simulieren, ohne sie auszuführen, kann zur Verbesserung der Koordination bzw. der Präzision der einzelnen Bewegungsabläufe genutzt werden.

Die Simulationsmöglichkeit bietet sich zur mentalen, psychischen Einstimmung an, wenn z.B. Marathonteilnehmer sich in der Wettkampfvorbereitung immer wieder mit den Streckenprofilen vertraut machen, um zu wissen, welche Streckenabschnitte leicht und welche schwer zu bewältigen sind.

5 KOORDINATIONS-, BEWEGLICHKEITS-, SCHNELLIGKEITS- UND KRAFTTRAINING

In der Einführung wurde bereits auf bestehende Wechselbeziehungen zwischen dem Ausdauertraining und den übrigen motorischen Hauptbeanspruchungsformen, der Koordination, Flexibilität, Schnelligkeit und Kraft hingewiesen, die im Folgenden erläutert werden.

5.1 Koordinationstraining für den Walking-Stil

Gute Koordination bedeutet:

- Effizienter Walking-Stil
- Optimaler Muskeleinsatz
- Optimaler Energieverbrauch
- Gleichmäßige Gelenkbelastung
- Gleichmäßige Muskelbelastung.

Schlecht koordinierte Bewegungsabläufe im Oberkörperbereich führen u.a. zu Muskelverspannungen im Schulter- und Nackenbereich sowie zu vorzeitiger Ermüdung wegen der erhöhten Haltearbeit der Rückenmuskulatur.

In der Praxis wird häufig die Meinung vertreten, der Walking-Stil soll bzw. kann nicht korrigiert werden. Dem widerspricht die Tatsache, dass die Koordination eine Trainingsgrundform ist, die von verschiedenen Trainern auch als **Technik-Training** bezeichnet wird. Nur durch gute Koordination der Bewegungsausführung ist eine Leistungsoptimierung möglich. Bei vielen Sportarten, z.B. Gerätturnen, Sportgymnastik, Turmspringen, Hochsprung ist das Koordinationstraining ein fester Bestandteil des Übungsprogramms.

Der Mehrzahl der Walker scheint der Nutzen eines Koordinationstrainings unbekannt oder der dafür notwendige Trainingsaufwand zu hoch zu sein. – Gelenkbedingte Fehlbewegungen lassen sich normalerweise nicht korrigieren.

Koordinationstraining heißt, das Bewegungsmuster ändern, um den Bewegungsfluss oder Einzelbewegungen in die Bewegungsrichtung zu optimieren. Das Bewegungsmuster ist im Kleinhirn (s. Kapitel 4.5 „Steuerung der Muskelaktivitäten durch das Gehirn und Nervensystem") hinterlegt. Die Änderung eines Bewegungsmusters ist aufwändiger als die Anlage eines ganz neuen. Es bedarf sehr vieler Trainingswiederholungen, bis ein Muster so geändert ist, dass es auch im Ermüdungszustand dominant bleibt.

Bewegungsmuster zu ändern, erfordert ferner einen hohen Konzentrationsaufwand. Auch dieser muss immer wieder trainiert werden, deshalb ergänzte der Autor in der Einführung die fünf **motorischen Hauptbeanspruchungsformen** um die **Konzentration**. Für Walker ebenso wie für Läufer liegt in der Konzentration eine besondere Schwierigkeit, weil die Bewegungsfolgen für diese Sportarten so automatisiert sind, dass diese im Gegensatz zu vielen anderen ohne Konzentration ablaufen. Ohne besonderen Anreiz ist eine Konzentration auf einen Gedanken nur ca. drei Sekunden lang möglich, dann wechselt das Gehirn des Menschen unbewusst zum nächsten Gedanken.

Koordinationsdefizite haben sehr viele Walker und Läufer im Oberkörperbereich. Zum Ausgleich der nahezu linearen Pendelbewegung der Beine rotieren sie im Oberkörperbereich mit den Schultern, anstatt dies mit gezielter Armführung in Bewegungsrichtung zu tun. Durch die fehlende, **aktive** Armarbeit kommt es zwangsläufig zu Schulterrotationen, die eine Kraftkomponente quer zur Walk-Richtung darstellen und somit leistungsmindernd wirken. – Die Faustregel heißt: *„Der Daumen steuert den großen Zeh!"* Mit Videozeitlupenaufnahmen lassen sich sowohl die korrekten Bewegungsausführungen als auch die arm- bzw. daumenbedingten Rotationsbewegungen der Knie und Füße hervorragend dokumentieren.

Mit aktiver Armführung in Walking-Richtung und unter einem Anstellwinkel von ca. 45° nach oben und einer Vermeidung des Absinkens im Rückschwung unter die Gürtellinie wird die Hebearbeit der Beine unterstützt und alle Einzelbewegungen in eine Vorwärtsbewegung optimiert (s. Abbildungen 58, 59). In der Anfangsphase ist das sehr ungewohnt und wird deshalb vielfach als unnatürlich abgelehnt. Wird die korrekte Armführung bewusst und gewollt trainiert, ändert sich schon nach kurzer Zeit das Bewegungsgefühl. Die neue Armführung wird selbstverständlich.

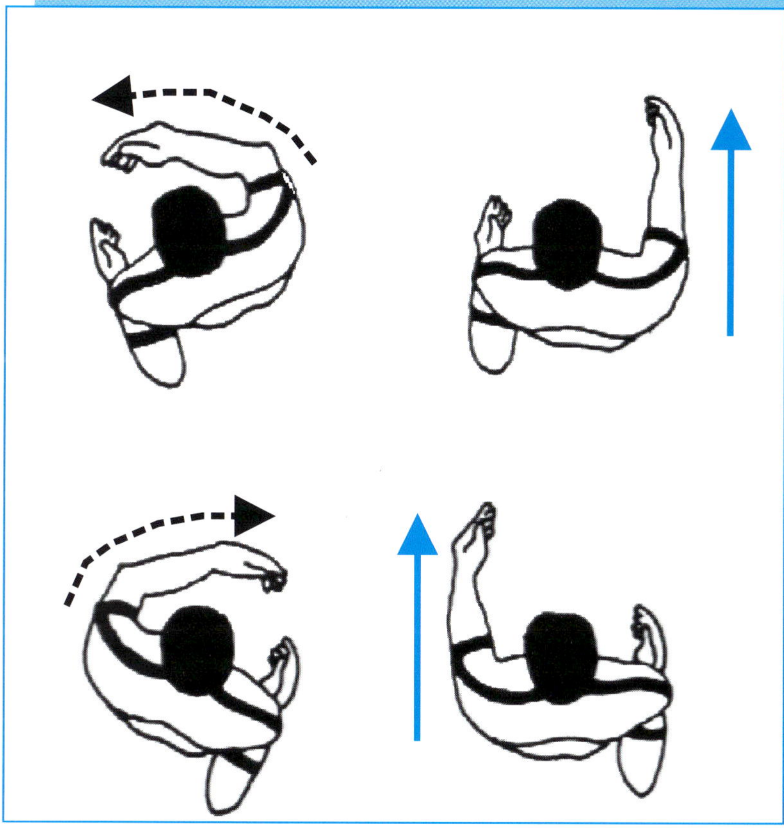

Abb. 58: Armarbeit statt Schulterverdrehen. Die Pendelbewegung der Beine muss durch eine Gegenbewegung im Oberkörper kompensiert werden. Da das Bein eine annähernd geradlinige Bewegung macht, soll die entsprechende Ausgleichsbewegung im Oberkörper ebenfalls geradlinig sein. Eine solche Bewegung kann nur von den Armen ausgeführt werden und zwar durch Schwingen im Schultergelenk. Die Arme dürfen deshalb nicht vor dem Körper rotieren (links), sondern müssen parallel zum Körper in Walk-Richtung geführt werden (rechts).

Abb. 59: Körperhaltung und Armführung beim Walken – aufrecht walken, Kopf bzw. das Kinn hochnehmen

Armführung: Die Unterarme sollten nicht unter die Waagerechte absinken, da ein zu tiefes Abschwingen der Arme der Hebearbeit der Beine entgegenwirkt. In der Vorwärtsbewegung soll der Unterarm bis zu einem Winkel von ca. 45° aktiv nach oben gezogen werden, um die Hebearbeit der Beine optimal zu unterstützen. Die Ellbogen sollen dabei bis vor den Körper schwingen. Beides ist trainierbar!
Beine: In der Abdruckphase strecken.

Fernes sollen durch aktiv aufgebaute Körperspannung der Oberkörper aufrecht gehalten und die Beine in der Abdruckphase gestreckt werden (s. Abbildung 59).

Der Ausgleich dieses Koordinationsdefizits ist ein mühsamer Prozess. In der Anfangszeit erlischt die Konzentration auf eine korrekte Armführung bereits nach den oben genannten ca. drei Sekunden, d.h. nach wenigen Schritten. Der Trainierende erinnert sich nur wenige Male in der Trainingseinheit an dieses Koordinationstraining. Mit zunehmender Trainingsdauer verbessert sich die Erinnerungshäufigkeit und damit die Zahl der Wiederholungen. Für eine dauerhafte Bewegungsoptimierung werden 3-12 Monate benötigt. Unterstützt werden kann das Training durch Erinnerungshinweise von Trainingspartnern, sofern der Trainierende diese akzeptiert und nicht als lästig empfindet. Regelmäßige Videokontrollen sind neutraler und haben den Vorteil, dass der Trainierende die Bewegungsausführung sieht und sein Bewegungsgefühl auf die korrekte Ausführung abstimmen kann (visueller Input).

Die korrekte Armführung ist eine zwingende Voraussetzung für eine gerade Beinführung. Wird versucht, die Pendelbewegung der Beine beim Walken durch eine Rotation im Oberkörper auszugleichen, kommt es im Becken- und Beinbereich ebenfalls zu Rotationsbewegungen, die sich durch Videoanalysen anschaulich nachweisen lassen.

Im Walking-Bereich, speziell beim Stick- bzw. Nordic-Walking, werden heute leicht abgeänderte Skistöcke (s. Abbildung 62, S. 133), ähnlich dem Skilanglauf, benutzt. Mithilfe der Stöcke ist es sogar einfacher, eine korrekte, d.h., gerade nach vorne gerichtete Armführung zu erreichen. Beinfehlstellungen auf Grund muskulärer Dysbalancen (Abbildung 44, 45, S. 95, 96) können nur durch gezieltes Muskelfunktionstraining (s. Kapitel 4.2 „Muskel und Sehnen") ausgeglichen werden.

Einen besonders gravierenden Koordinationsmangel stellt das Hinken nach vorausgegangenen Verletzungen oder Operationen an Knie- und Hüftgelenken dar. Obwohl die Voraussetzung für eine Schonhaltung durch die Ausheilung entfallen ist, wird weiterhin gehinkt, da dieser Bewegungsablauf in der Zwischenzeit dominant programmiert ist. Ein Abhilfe schaffendes Koordinationstraining kann nur mit großer Konzentration und aktiver Unterstützung durch Trainer, Therapeuten, Videoanalysen bzw. Druckmessungen (Druckmesssohlen im Schuh) erfolgreich durchgeführt werden. Dazu sind häufig Zeiträume von mehr als einem Jahr notwendig. – Wird das Hinken, d.h. die ungleichmäßige Gelenkbelastung, nicht beseitigt, muss langfristig mit Überlastungsschäden gerechnet werden.

5.2 Flexibilität durch Dehnen und Kräftigen der Muskulatur (Gymnastik)

Gute Flexibilität, d.h. gute Beweglichkeit bedeutet:

- Effizienter Walking-Stil
- Optimaler Muskeleinsatzweg
- Bewegliche Gelenke
- Lockere Muskulatur
- Gute Versorgung der Gelenkknorpel
- Schnelle Regeneration.

Beweglichkeit wird weder beim Walken noch beim Laufen trainiert. Im Gegenteil, die dort arbeitende Muskulatur verkürzt sich auf Dauer durch die immer gleichförmige Beanspruchung (Kapitel 4.2 „Muskeln und Sehnen"). Die verkürzte Muskulatur muss regelmäßig gedehnt werden, um die Elastizität und die Gelenkbewegung zu erhalten sowie Verletzungen vorzubeugen [41]. Die Dehnung eines verkürzten Muskels erfolgt durch seinen Strecker (Antagonisten, s. Abbildung 40, 42), d.h., beide müssen in einem ausgewogenen Kräfteverhältnis stehen. Die Dehnung der verkürzten Muskeln und die notwendige Kräftigung der Strecker ist nur im Rahmen einer gezielten, funktionsorientierten Gymnastik zu erreichen [34, 35, 54, 73, 74, 80, 82, 83, 88]. – Der überwiegende Teil aller Rückenbeschwerden beruht auf der Vernachlässigung dieser Trainingsgrundform. Neben der Gymnastik in der Halle oder im Freien bietet sich als Alternative auch Wassergymnastik oder Aquawalking an (s. Kapitel 8.8 „Regeneration durch Aquawalking"). Letzteres stellt eine hervorragende Alternative bei Verletzungen oder arthrotischen Bewegungseinschränkungen dar, bei denen das Training ohne Belastung durch das Körpergewicht stattfinden soll [3]. Um einen verkürzten Muskel dehnen, d.h. auseinander ziehen zu können, muss er entspannt (Abbildung 47 E) sein. Die Dehnung sollte langsam erfolgen und 20-40 Sekunden gehalten werden [98], damit die Aktin- und Myosinfilamente auseinander gleiten können (Abbildung 46, S. 98). Auf diese Weise wird die volle Elastizität des Muskels und die optimale Gelenkbeweglichkeit erreicht.

Wird dagegen ein elektrisch verspannter Muskel (Abbildung 47 C/D, S. 99) kurzzeitigen Dehnungen mit hohen Kraftanteilen ausgesetzt, kommt es zu positiven Reizreaktionen in den Z-Scheiben. Durch häufige Reizungen vergrößern sich die Z-Scheiben und es kommt zu einer Kräftigung des Muskels.

5.3 Schnelligkeit

Wie stark sich motorische Trainingsgrundformen gegenseitig beeinflussen, zeigt sich bei den Wechselwirkungen zwischen Schnelligkeit und Ausdauer. Der Einsteiger kann wegen seiner geringen Ausdauerleistungsfähigkeit nur langsam walken. Mit der Verbesserung seiner Ausdauerfähigkeit wird er schneller. Für ein Schnelligkeitstraining im Ausdauerbereich lässt sich für den Freizeit- und Breitensportbereich ableiten, dass immer erst die Ausdauerfähigkeit, z.B. durch die Verlängerung der Trainingsstrecke, verbessert werden muss, bevor das Tempo erhöht werden kann, um zu verhindern, dass sich das Training in den anaeroben Bereich verschiebt.

Geschwindigkeit ist das Produkt *Schrittlänge mal Schrittfrequenz*. Die Schrittlänge im Freizeit- und Breitensportbereich beträgt 0,60-1,20 m. D.h., die Erhöhung der Geschwindigkeit erfolgt in erster Linie durch die Verlängerung der Schrittlänge. Bei gleich bleibender Schrittfrequenz, d.h. Anzahl der Schritte pro Minute, erhöht sich bei jeder Verlängerung der Schrittlänge bereits die Bewegungsgeschwindigkeit des einzelnen Beins.

Eine Erhöhung der Schrittfrequenz ist mit einer Änderung des Walking-Rhythmuses, d.h. der abgespeicherten Bewegungsprogramme (s. Kapitel 4.5: „Steuerung der Muskelaktivitäten durch das Gehirn und Nervensystem"), verbunden und damit schwieriger. Die erhöhte Frequenz ist meist mit einer Verkürzung der Schrittlänge verbunden. Hohe Frequenzen werden häufig von Power-Walkern bevorzugt. – Ohne eine komplette Änderung des Trainingsaufbaus und den damit normalerweise verbundenen zwischenzeitlichen Leistungseinbußen ist die Rhythmusänderung nicht zu erreichen. Die Schnelligkeit wird nicht nur von der Ausdauerfähigkeit, sondern auch von einer optimalen Koordination aller Einzelbewegungen in Walking-Richtung, der Konzentration auf die Streckung der Beine und einer hohen Abdruckkraft beeinflusst (s. Abbildung 59, S. 118).

5.3.1 Grundschnelligkeit

Die Grundschnelligkeit des Einzelnen ist, wie bereits in Kapitel 4.2.2 „Rote und weiße Muskelfasern" dargelegt wurde, genetisch vorgeprägt. Dennoch muss sie im Kindes- und Jugendalter durch Training, z.B. Lauftraining, aktiviert werden. Fehlende Grundschnelligkeit dagegen lässt sich auch durch Trainingsfleiß nicht ersetzen.

5.4 Krafttraining

Ausreichende Kraft bedeutet:

- Optimaler Muskelkrafteinsatz
- Leichtere Bewältigung von Bodenunebenheiten, Steigungen
- Muskelbalance zwischen Beuger und Strecker
- Gleichmäßige Gelenkbelastung
- Schutz für Sehnen – Bänder – Gelenke
- Gute Körperhaltung.

Im Gegensatz zu vielen anderen Sportarten spielt die Kraft im Ausdauerbereich keine dominierende Rolle. Das ist sicher auch der Grund, dass die Notwendigkeit eines Krafttrainings, z.B. im Rahmen einer gezielten Kräftigungsgymnastik, unterschätzt und damit vernachlässigt wird. Eines der wichtigsten Ziele des Krafttrainings ist die Aufrechterhaltung der Muskelbalancen. Die Muskelgegenspieler, der Agonist und der Antagonist bzw. der Beuger und der Strecker, können nur durch Kräftigung des zu schwachen und nicht durch Dehnen des zu starken Partners ins Gleichgewicht gebracht werden.

Krafttraining muss ebenso, wie die übrigen Trainingsgrundformen, lebenslang, d.h. auch im Alter, betrieben werden [6, 19, 48]. Ein Muskel, der nicht gefordert wird, bildet sich zurück. Jeder, der einen Arm oder ein Bein wegen Verletzungen ruhig stellen musste, weiß, wie schnell der Muskelschwund einsetzt und wie mühsam es ist, die Muskeln wieder aufzutrainieren.

Im Alter ausreichend Kraft zu haben, bedeutet Lebensqualität, da sie zum Treppensteigen, zum Tragen einer Einkaufstasche oder eines Koffers, zum Heben von Gebrausgegenständen im Haushalt usw. benötigt wird.

Die in Kapitel 12 „Dehn- und Kräftigungsübungen für Walker" dazu beispielhaft gezeigten Dehn- und Kräftigungsübungen lassen sich alle problemlos zu Hause ausführen.

6 WALKING-TEST

Beim Walking-Test soll eine 2.000-m-Distanz in schnellst möglichem Tempo, d.h. in möglichst kurzer Zeit, absolviert werden. Dies wird als Fitnesstest definiert und soll dem Sporteinsteiger und Freizeitsportler einen Anhalt geben, ob seine Fitness über diese Distanz *besser, gleich gut oder schlechter* ist als diejenige seiner gleichaltrigen Geschlechtsgenossen. Die Vorgaben für die Bewertung beruhen auf den Ergebnissen von Walkern, die bisher an diesem Test teilgenommen haben. Es handelt sich somit um einen Vergleichstest zwischen Walkern und nicht um einen Vergleich mit der Gesamtheit der Gleichaltrigen. Die Bewertung der benötigten Zeit ist in Tabelle 1 zusammengestellt [11, 12].

Zur Zeit gibt es Tendenzen, die bisher publizierten Grenzen auf Grund weiterer Testergebnisse zu verändern. Ob dies sinnvoll ist oder nur zu Verwirrungen führt, wenn verschiedene Bewertungen existieren, muss abgewartet werden. Ferner soll die dreistufige Bewertung *besser, gleich gut oder schlechter* in eine fünfstufige erweitert werden. Aus der Erfahrung des Autors ist Letzteres kein Fortschritt, sondern wäre negativ zu bewerten. Diejenigen Walker, die besser sind als der Durchschnitt, freuen sich. Wer schlechter ist, weiß dies auch so, aber zusätzlich gesagt zu bekommen, dass er schlechter als schlecht ist, wirkt frustrierend. Der Autor kann dies auch an einem praktischen Beispiel belegen. Die in Abbildung 36 gezeigte Gruppe der stark übergewichtigen Walkerinnen mit einem Body-Mass-Index BMI = 32-48 (s. Kapitel 9.5 „Ideal-, Normal-, Übergewicht – Body-Mass-Index") ist stolz darauf, unter optimaler Anleitung eine 5 km lange Strecke in einer Stunde zu schaffen. Beim Walking-Test würden sie für die 2.000-m-Distanz mehr als t = 20 min benötigen und eine frustrierende Bewertung erhalten.

Die Testkriterien wurden 1993 von LAUKKANEN [14] (Tampere/Finnland) erarbeitet und von BÖS [14, 15] für den deutschsprachigen Raum überprüft und weiterentwickelt. Sie basieren auf der maximalen Sauerstoffaufnahmefähigkeit bei der Bestimmung der Herz-Kreislauf-Leistungsfähigkeit (kardiovaskuläre Leistungsfähigkeit) in Labortests, die mit den erreichten Walking-Zeiten über die 2.000-m-Distanz in Beziehung gesetzt wurden. Das Ergebnis, in das auch die Herzfrequenz bei Testende und der BMI-Wert einfließen, wird als **Walking-Index** bzw. **Fitness-Index** (korrekterweise muss es heißen: *berechnete maximale Sauerstoffaufnahme* VO_2 *max*) bezeichnet.

Eine Schwachstelle bei beiden Berechnungsverfahren ist die Ermittlung und Bewertung der Herzfrequenz. Wird die Herzfrequenz (der Puls), statt mit einem Herzfrequenzmesser, mit den Fingern an der Hals- bzw. Handschlagader gemessen, ist die Gefahr einer erheblichen Fehlmessung sehr groß. Weitere Fehler ergeben sich dadurch, dass in der Berechnungsformel mit der theoretischen (220 – Lebensalter), statt mit der exakten, d.h. mit der individuell bestimmten maximalen Herzfrequenz gerechnet wird (s. Kapitel 3.2.2 „Herzfrequenzmessung").

6.1 Testdurchführung

Beim Walking-Test soll die Testperson mit dem maximal möglichen Walking-Tempo, d.h. mit ca. 90-95% der maximalen Herzfrequenz (s. Kapitel 3.2.2 „Herzfrequenzmessung") walken. Deshalb sollte sich die Testperson für den Test fit und leistungsbereit fühlen. Um bei dieser Maximalbelastung gesundheitlichen Komplikationen vorzubeugen, darf der Test nur durchgeführt werden, wenn keine akuten Herz-Kreislauf-Erkrankungen oder fieberhafte bzw. eitrige Infektionen vorliegen bzw. in den letzten zwei Wochen vorgelegen haben.

Personen, die β-Blocker enthaltende Medikamente einnehmen, können den Test ebenfalls durchführen. Diese Medikamente senken die Herzfrequenz unterschiedlich. Es macht deshalb keinen Sinn, die am Testende gemessene Herzfrequenz für die Errechnung des Walking- bzw. Fitnessindex zu verwenden. In diesen Fällen ist nur die Bestimmung der Walking-Dauer sinnvoll.

Wenn die Testperson mit der Einschätzung des Tempos Schwierigkeiten hat und zu langsam walkt, kann sie den Test jederzeit wiederholen und das bessere Ergebnis werten. Bei zu hohem Anfangstempo wird das Tempo wegen der beginnenden Übersäuerung automatisch langsamer. Sollten Atemnot oder Herz-Kreislauf-Beschwerden auftreten, ist der Test sofort abzubrechen.

Zur Testdurchführung werden benötigt:

- Eine auf 10 m genau vermessene 2.000-m-Strecke. Am besten eignet sich die 400-m-Bahn eines Sportplatzes, die 5-mal zu walken ist.
- Eine Uhr (Stoppuhr) mit Sekundenzeiger oder

- Ein Herzfrequenzmesser (s. Kapitel 3.2.2 „Herzfrequenzmessung"). **Hinweis:** Bei dem POLAR-Modell *A5* (ca. 100,- €, s. Abbildung 29, S. 73) ist das Auswertungsprogramm für den Walking-Test bereits integriert. Bei POLAR-Modellen, deren Daten über ein Interface abrufbar sind, ist die Auswertungsmöglichkeit in der Computersoftware enthalten.
- Bei Fehlen eines Herzfrequenzmessers kann die Herzfrequenz auch mit zwei Fingern an der Halsschlagader gemessen werden. Dies muss sofort nach Überschreiten der Ziellinie erfolgen, da die Herzfrequenz (s. Abbildung 31, S. 77) beim Stehenbleiben schnell abfällt. Dazu werden zehn Sekunden lang die Herzschläge gezählt und das Ergebnis mit 6 multipliziert. Diese Methode ist nicht sehr genau und sollte auf jeden Fall vorher einige Male geübt werden, um die Fehler beim Zählen klein zu halten.

Empfehlung: Zur Erreichung optimaler Ergebnisse ist es notwendig, sich mindestens 20-30 min aufzuwärmen, d.h. mit langsamen Walken zu beginnen und das Tempo langsam zu steigern (s. Kapitel 3.2.3 „Aufwärmphase"). Erst danach sollte mit dem Walking-Test begonnen werden.

6.2 Testbewertung

Nach der Testdurchführung stehen zur Einschätzung der Fitness zwei Wege offen:

1. Selbstauswertung

Dazu sind in der Tabelle 1 die Bewertungen der benötigten Zeiten bzw. des Tempos beim 2.000-m-Walking-Test für Männer und Frauen [11, 12] angegeben. Es handelt sich dabei um die Spanne, die als durchschnittlich bezeichnet wird. Wer weniger Zeit benötigt bzw. schneller walken kann, ist besser als der gleichaltrige Durchschnitt der bisherigen Vergleichsgruppe. Wer mehr Zeit benötigt, dessen Fitness wird als schlechter gewertet.

Besser zu sein bedeutet für einen 45-jährigen Walker, die 2.000 m schneller als im Tempo v = 8 km/h walken zu können. Die gleichaltrige Walkerin muss die Strecke mit einem Tempo von fast v = 7,5 km/h zurücklegen.

Bewertung der Walking-Zeiten bzw. des Walking-Tempos				
Alter	Männer Durchschnitt		Frauen Durchschnitt	
	Walking-Zeit [min:s]	Walking-Tempo [km/h]	Walking-Zeit [min:s]	Walking-Tempo [km/h]
20	13:45 – 15:15	7,87 – 8,73	15:45 – 17:15	6,96 – 7,62
25	14:00 – 15:30	7,74 – 8,57	15:52 – 17:22	6,91 – 7,56
30	14:15 – 15:45	7,62 – 8,42	16:00 – 17:30	6,86 – 7,70
35	14:30 – 16:00	7,50 – 8,28	16:07 – 17:37	6,81 – 7,45
40	14:45 – 16:15	7,38 – 8,14	16:15 – 17:45	6,76 – 7,38
45	15:00 – 16:30	7,27 – 8,00	16:22 – 17:52	6,72 – 7,33
50	15:15 – 16:45	7,16 – 7,87	16:30 – 18:00	6,67 – 7,27
55	15:30 – 17:00	7,06 – 7,74	16:37 – 18:07	6,62 – 7,22
60	15:45 – 17:15	6,96 – 7,62	16:45 – 18:15	6,58 – 7,16
65	16:15 – 17:45	6,76 – 7:38	17:00 – 18:30	6,49 – 7,06
70	16:45 – 18:15	6,58 – 7,16	17:15 – 18:45	6,40 – 6,96

Tabelle 1: Durchschnittliche Zeiten bzw. Geschwindigkeiten beim 2.000-m-Walking-Test für Männer und Frauen [11, 12]. Kürzere Zeiten bzw. schnelleres Tempo bedeuten überdurchschnittliche Fitness gegenüber der gleichen Walker-Altersgruppe. Längere Dauer bzw. langsameres Tempo bedeutet unterdurchschnittliche Fitness gegenüber der gleichen Walker-Altersgruppe.

Walking-Index	Bewertung
< 70	weit unterdurchschnittlich
70 – 89	unterdurchschnittlich
90 – 110	durchschnittlich
111 – 130	überdurchschnittlich
> 130	weit überdurchschnittlich

Tabelle 2: Bewertung des Walking-Index

Verfügt die Testperson über einen Herzfrequenzmesser mit integrierter Software oder der Möglichkeit einer Computerauswertung, so kann zusätzlich der Walking-Index und/oder der Fitnessindex bzw. der berechnete Wert für die maximale Sauerstoffaufnahme VO_{2max} abgerufen werden. Die dazu benötigten persönlichen Daten: Geschlecht, Alter, Größe, Gewicht werden vorher in den Herzfrequenzmesser bzw. Computer eingegeben. Die Bewertung kann den Bedienungsanleitungen der Herzfrequenzmesser oder den Tabellen 2 und 3 entnommen werden. Der Walking-Index wird für Männer und Frauen nach etwas unterschiedlichen Formeln berechnet. Die Bewertung beruht ebenfalls auf den Ergebnissen mehrerer tausend Testteilnehmer. Deren Mittelwert wurde willkürlich gleich 100 gesetzt und die Abweichungen, wie in Tabelle 2 gezeigt, bewertet.

Der Finessindex bzw. die errechnete maximale Sauerstoffaufnahme (s.a. Kapitel 2.4 „Herzfrequenz und Blutumlauf") gibt an, wie viel Milliliter (1 ml = 0,001 l) Sauerstoff maximal pro Kilogramm Körpergewicht in einer Minute theoretisch aufgenommen werden können. Dieser Wert erlaubt ohne die Kenntnis einer Vielzahl weiterer Faktoren keine Rückschlüsse auf die Ausdauerleistungsfähigkeit über längere Distanzen. Es handelt sich auch hier nur um einen Vergleich mit der entsprechenden Walker-Altersgruppe. Die Bewertung der Ergebnisse für den Fitnessindex ist in Tabelle 3 dargestellt und geht ebenfalls auf den Finnen LAUKKANEN zurück. Die Werte werden in den Anleitungen der *A-* und *M-Serie* von POLAR publiziert und bei der *A-Serie* im Walking-Test und bei der *M-Serie* im so genannten *Fitnesstest-Modus* direkt ermittelt. Zur Zeit gibt es auch in diesem Fall Diskussionen, ob die Bewertung auf Grund einer größeren Probandenzahl korrigiert werden soll.

2. Für Walker, die nicht über die technischen Voraussetzungen verfügen, gibt es die Möglichkeit, die Auswertung durch das:

Institut für präventive Diagnostik
Aktivitäts- und Gesundheitsförderung
„Stichwort Walking-Test"
Postfach 1105
76662 Bad Schönborn

vornehmen zu lassen. Dazu muss die nachfolgend abgebildete Testkarte ausgefüllt und ein Verrechnungsscheck für die Auswertungsgebühr von 15,- € beigelegt werden.

Fitnessindex bzw. berechnete $Vo_{2\text{-max}}$ [ml/kg/min]						
	Männer			**Frauen**		
Alter	unterdurch-schnittlich	**durch-schnittlich**	überdurch-schnittlich	unterdurch-schnittlich	**durch-schnittlich**	überdurch-schnittlich
20 - 24	< 32 - 37	**38 - 56**	57 - > 62	< 27 - 31	**32 - 46**	47 - > 51
25 - 29	< 31 - 35	**36 - 53**	54 - > 59	< 26 - 30	**31 - 44**	45 - > 49
30 - 34	< 29 - 34	**35 - 51**	52 - > 56	< 25 - 29	**30 - 42**	43 - > 46
35 - 39	< 28 - 32	**33 - 48**	49 - > 54	< 24 - 27	**28 - 40**	41 - > 44
40 - 44	< 26 - 31	**32 - 46**	47 - > 51	< 22 - 25	**26 - 37**	38 - > 41
45 - 49	< 25 - 29	**30 - 43**	44 - > 48	< 21 - 23	**24 - 35**	36 - > 38
50 - 54	< 24 - 27	**28 - 41**	42 - > 46	< 19 - 22	**23 - 32**	33 - > 36
55 - 59	< 22 - 26	**27 - 39**	40 - > 43	< 18 - 20	**21 - 30**	34 - > 33
60 - 65	< 21 - 24	**25 - 36**	37 - > 40	< 16 - 18	**19 - 27**	28 - > 30

Tabelle 3: Fitnessindex bzw. berechnete maximale Sauerstoffaufnahme für Walker auf Grund des Walking-Tests

Testkarte zum Walking-Test

Bevor Sie den Walking-Test machen, sollten Sie folgende Fragen beantworten:

1. Sind Sie herzkrank oder haben Sie hohen Blutdruck?	Ja [ ]	Nein [ ]
2. Haben Sie Arthrose?	Ja [ ]	Nein [ ]
3. Waren Sie in letzter Zeit krank oder verletzt?	Ja [ ]	Nein [ ]
4. Sind Sie z.Z. krank oder fühlen Sie sich unwohl?	Ja [ ]	Nein [ ]
5. Nehmen Sie herzfrequenzsenkende Medikamente? (z.B. β-Blocker)	Ja [ ]	Nein [ ]

Wenn Sie mindestens eine Frage mit „Ja" beantworten, sollten Sie vor dem Walking-Test einen Arzt konsultieren.

Treiben Sie Sport?
Nein [ ]   Ja, bis 2 h/Wo [ ]   Ja, über 2 h/Wo [ ]

Wenn „Ja": Welchen Sport treiben Sie?
Walking [ ]
Eine andere Ausdauersportart (z.B. Jogging/Laufen) [ ] ______________
Eine andere Sportart (z.B. Tennis, Fußball, Judo o.Ä.) [ ] ______________

Wollen Sie mit dem Walking-Training Ihre Leistungsfähigkeit ...?
Verbessern [ ]   Erhalten [ ]

Wie führen Sie Ihr Training am liebsten durch?
Mit Partner [ ]   Allein [ ]

Persönliche Daten:
Geschlecht (m/w): ______   Größe (cm): ______
Alter (Jahre): ______   Gewicht (kg): ______

Testergebnisse nach 2.000 m:
Gehzeit: _____ min _____ s
Herzfrequenz (Schläge/min): _____

Die Testperson erhält dann eine sehr allgemein formulierte Auswertung mit folgenden Zusatzinformationen:

- Den Walking-Index, der statt in drei (s. Tabelle 2: *besser – gleich – schlechter*) in sieben Stufen (*ungenügend – stark unterdurchschnittlich – unterdurchschnittlich – durchschnittlich – überdurchschnittlich – stark überdurchschnittlich – ausgezeichnet*) untergliedert ist.
- Eine prozentuale Angabe, wie viel Prozent der Altersgruppe besser oder schlechter sind.
- Eine Bewertung des Körpergewichts als Body-Mass-Index (s. Kapitel 9.5 „Ideal-, Normal-, Übergewicht – Body-Mass-Index").
- Ein 12-Wochen-Walking-Trainingsprogramm.

Die Vorschläge für die Trainingsprogramme bauen auf sehr kurzen Trainingseinheiten, insbesondere für Anfänger auf (15-45 min in den ersten acht Wochen). Auf Grund der jahrzehntelangen Erfahrung des Autors im LAUF-TREFF- und Walking-Bereich hält er diese für zu kurz und nicht effizient genug (s. Kapitel 3.2.5 „Konsequenzen für den Anfänger").

7 WALKING-VARIANTEN

7.1 Power-Walking

Power-Walking bedeutet, mit sehr hoher Geschwindigkeit zu walken, ohne in das leichtathletische Sportgehen mit dem bekannten Hüftschwung zu verfallen. Es gibt keine festgelegte Grenze zwischen *normalem* Walken und Power-Walking. Als Richtwert kann der Bereich v = 8-10 km/h gelten. Zum Power-Walken zählen auch die Teilnehmer an Wettkämpfen über die halbe und volle Marathondistanz (s. Abbildung 60).

Abb. 60: Power-Walker beim Marathon

Power-Walking kann mit unterschiedlichen Zielsetzungen betrieben werden:

- Als kurzzeitiges Tempotraining, verbunden mit einer Anhebung der aerob/anaeroben Schwelle: Dazu sollten, ähnlich wie bei den Läufern, in eine Trainingseinheit immer mehrere 1.000-m-Abschnitte mit maximalem Tempo eingebaut werden.
- Im Ausdauerwettkampf: Dort muss die aerob/anaeroben Schwelle – am besten durch eine Kontrolle der Herzfrequenz – beachtet werden, um im optimalen Energiestoffwechsel zu bleiben und nicht vorzeitig durch Übersäuerung zu ermüden.

Eine Optimierung des Walking-Stils kann ebenfalls zur Erhöhung des Walking-Tempos beitragen (s. Kapitel 5.1 „Koordinationstraining für den Walking-Stil").

7.2 Nordic-Walking, Stick-Walking oder Walken mit Stöcken

Walken unter zu Hilfenahme von Stöcken (englisch: *Sticks*). Diese Methode ist seit Jahrzehnten vom Skilanglauf und seit einer Reihe von Jahren vom Wandern in bergigem Gelände her bekannt. Als eigene Sportart wurde sie Mitte der 90er Jahre in Finnland unter dem Namen **„Nordic-Walking"** entwickelt und wird heute weltweit propagiert (s. Abbildung 61).

Bei den Stöcken gibt es zur Zeit zwei unterschiedliche Systeme:

- Die praktischen, weil zusammenschiebbaren Teleskopstöcke aus Aluminium oder Karbonfasern. Die Aluminiummodelle sind aber relativ schwer und übertragen nach Aussagen vieler Benutzer ein unangenehmes Schwingungsverhalten auf die Hände bzw. Arme. – Im Rahmen des Nordic-Walkings werden gymnastische Übungen mit den Stöcken empfohlen, bei denen hohe Belastungen auf die Stöcke ausgeübt werden. Derartige Übungen sollten mit den Teleskopstöcken nicht durchgeführt werden, da diese bei Biegebeanspruchung brechen oder bei Druckbeanspruchung sich zusammenschieben könnten.
- Die leichten, 1,00-1,50 m langen Karbonfaserstöcke, z.B. der Fa. EXEL, ohne spürbare Vibrationen (s. Abbildung 62). Der Hersteller garantiert eine ausreichende Biegefestigkeit für die gymnastische Übungen.

Abb. 61: Nordic-Walking

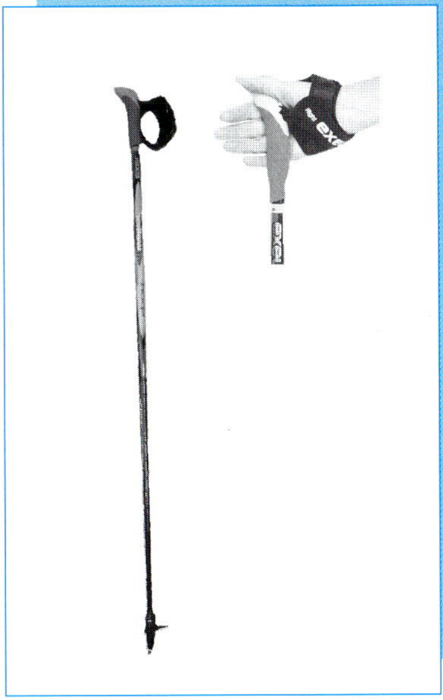

Beide Systeme kosten 40-80,- €. Fast alle Modelle haben eine Metallspitze für festen Untergrund (Sand, Eis usw.) und die Möglichkeit, Gummistopfen für Asphalt oder steinigen Untergrund aufzustecken. – Mit Metallspitzen auf Steinen oder Asphalt zu walken, erzeugt extrem störende „Klackgeräusche".

Abb. 62: Karbonfaserstock der Fa. EXEL mit handschuhartiger Schlaufe

Die Vorteile der Verwendung von Stöcken, die auch der Autor bei zahlreichen Tests überprüft hat, sind:

- **Aufbau von Körperspannung:**
  Durch den aktiven Stockeinsatz in der Höhe des aufsetzenden Fußes (s. Abbildung 61) kommt es automatisch zu einer Aufrichtung des Körpers und zu einer geradlinigeren Führung der Arme. Durch die geradlinige Armführung, die eine Ausgleichsbewegung zur Pendelbewegung der Beine darstellt, wird die Verspannung der Rücken- und Nackenmuskulatur deutlich verringert oder sogar ganz vermieden (s. Abbildung 58, S. 117).
- **Verbesserte Aktivität der Oberkörpermuskulatur:**
  Durch die mit dem Stockeinsatz verbundene, bewusste Armarbeit wird auch die Brust- und Schultermuskulatur aktiviert.
- **Entlastung der Wirbelsäule durch Stockeinsatz:**
  Durch die aufrechte Haltung kann die Wirbelsäule wesentlich freier schwingen. Gleichzeitig wird die Wirbelsäule entlastet, da ein Teil der Belastung von den Beinen auf den Arm beim Stockeinsatz verteilt wird.
- **Unterstützung an starken Steigungen:**
  An starken Steigungen stellt der Stockeinsatz eine deutliche Steighilfe, insbesondere für Übergewichtige und Kurzatmige, dar.
- **Unterstützung bei feuchtem Untergrund:**
  Auf feuchten oder auch vereisten Untergründen besteht immer die Gefahr des Wegrutschens und Stürzens. Der Stock mit seiner Spitze stellt ein stützendes drittes Bein dar.
- **Lastverteilung bei starkem Gefälle:**
  Bei starkem Gefälle erhöht sich der Druck, insbesondere auf die Knie- und Hüftgelenke, sowie auf die Wirbelsäule. Die Abstützung auf die Stöcke führt zu einer Entlastung dieser Gelenke.
- **Verbesserung des Rhythmusgefühls:**
  Da die Arme mit den Stöcken und die Beine sich im gleichen Rhythmus bewegen müssen, kann das Walken mit einem bewussten Stockeinsatz und gleichzeitigem (lauten) Zählen helfen, ein fehlendes Rhythmusgefühl zu erlernen.

Die in der Werbung versprochene Intensivierung der Herzfrequenz und der damit verbundene, vermehrte Energieverbrauch gegenüber dem Walken ohne Stöcke hält der Autor zwar für möglich, beides hat sich aber bei seinen Versuchen nicht bestätigt.

In Anleitungen zum Nordic-Walking wird empfohlen, die Stöcke bei der Vorwärtsbewegung locker neben dem Körper zu führen, um die Hände zu entlasten. Sie werden bei den EXEL-Modellen durch die handschuhartigen Griffschlaufen so geführt (s. Abbildung 62), dass der Walker beim Aufsetzen der Stöcke wieder voll zugreifen und sich abdrücken kann. – Hinweis: Die EXEL-Griffschlaufen gibt es für unterschiedlich große Hände zur Zeit in den Größen S, M und L. Dies sollte bereits beim Kauf berücksichtigt werden, um unnötige Zusatzausgaben zu sparen.

Zu den Gymnastikhinweisen, die laut Anleitungen in der Hälfte der Trainingsphase gemacht werden sollen, gelten die gleichen Aussagen des Autors, wie beim normalen Walken, sie gehören an das Ende der Trainingseinheit oder in eine eigene Gymnastikeinheit (s. Kapitel 3.2.4 „Gymnastik in der Aufwärmphase"). Die Verwendung der Walking-Stöcke als Stabersatz für eine Gymnastik mit Stäben stellt eine gute Gymnastikvariante dar, die jedoch in der Anfangszeit unter Anleitung gemacht werden sollte.

7.3 Waden-Walking

Waden-Walking kann nicht als eigene Walking-Variante bezeichnet werden, so wie es in einigen Publikationen dargestellt wird [29]. Es handelt sich um den positiven Effekt der durch das Walken ebenso wie beim Joggen aktivierten Wadenmuskulatur, die dort als **Venenpumpe** fungiert (s. Abbildung 50, S. 105). Dies ist ein ganz normaler und seit langem bekannter Vorgang. Nicht umsonst wird jedem Patienten mit Venenproblemen in den Beinen empfohlen, Beingymnastik und viel Bewegungstraining zu machen, bei der die Wadenmuskulatur aktiviert wird [13, 29].

7.4 Wogging

Wogging definiert BÖS [12] als Walken mit zusätzlichen Gewichten. Das können mit Bleischrot gefüllte Manschetten an den Hand- bzw. Fußgelenken sein oder Gewichte in Form kleiner Hanteln, die in den Händen mitgeschwungen werden (Abbildung 63). Die Hanteln gibt es in verschiedenen Gewichtsstufen von 0,5 kg aufwärts. Weiterhin gibt es Bleiwesten. Diese Belastungsmittel werden im Training getragen, um im Wettkampf ohne diese, d.h. mit verringertem Gewicht, schneller zu sein. – Über den Sinn solcher Gewichte als Trainingshilfsmittel gehen die Meinungen weit auseinander.

Abb. 63: Wogging am Beispiel Walken mit Hanteln

8 WALKING UND ...

8.1 ... Immunsystem

Das Immunsystem des menschlichen Körpers wird durch regelmäßiges Ausdauertraining gestärkt [33, 41, 55, 70, 72]. Dies zeigt auch der deutliche Rückgang der Erkältungserkrankungen bei Walkern und Läufern, die bei jeder Witterung ihr Training durchführen [23]. Sogar bei Krebserkrankungen ist es möglich, das Immunsystem so weit zu stärken, dass eine weitere Ausbreitung des Krebsgeschwürs gestoppt werden kann. Die Voraussetzung dafür ist jedoch, dass das Training im aeroben Stoffwechsel, vor allem im aeroben Fettstoffwechsel durchgeführt wird.

Auch beim Immunsystem scheint der individuelle Grenzwert von ca. 80% der maximalen Leistungsfähigkeit diejenige Schwelle zu sein, bei der aus der Stärkung eine Belastung des Immunsystems wird. Nach einem Marathon z.B. äußert sich die starke Belastung in der reduzierten Abwehrfähigkeit gegenüber Erkältungserkrankungen. Deshalb darf nach Erkrankungen, insbesondere nach Virusinfektionen, nur ein leichtes Ausdauertraining im regenerativen Bereich (s. Abbildung 28, S. 70) durchgeführt werden, um das Immunsystem, das im Körper die Krankheitserreger bekämpfen muss, zu stärken anstatt zu belasten. – Bei Krebserkrankungen, auch wenn diese durch das Ausdauertraining über viele Jahre im Gleichgewicht gehalten werden, besteht bei Überschreitung der 80%-Grenze die Gefahr des endgültigen Kippens des Immunsystems. Dabei ist es unerheblich, ob dies beim Walken, Laufen, Rad fahren usw. erfolgt.

8.2 ... Rehabilitation

Walking eignet sich hervorragend zur Rehabilitation, da es die Möglichkeit einer sehr fein abgestuften Herz-Kreislauf-Aktivierung und gleichzeitig einer sehr dosierten Gelenkbelastung bietet. Es kann auch eine sinnvolle Zwischenstufe sein, wenn nach Herz-Kreislauf-Erkrankungen oder Gelenkoperationen noch nicht wieder gelaufen werden soll.

8.3 ... Schwangerschaft

Eine Schwangerschaft stellt eine vorübergehende, aber tief greifende Veränderung des weiblichen Organismus dar. Die Meinungen, ob in dieser Zeit Sport bzw. ein Ausdauertraining betrieben werden darf oder soll, gehen auch heute noch auseinander. In den letzten Jahren haben sich die Kenntnisse über die Veränderungen im Körper der werdenden Mutter so erweitert, dass auch die meisten Gynäkologen und Geburtshelfer von den positiven Auswirkungen des Sporttreibens auf die Schwangerschaft überzeugt werden konnten [36, 75].

Das Herz-Kreislauf-System der werdenden Mutter wird durch die Ausbildung eines zweiten Gefäßsystems und durch das Gewicht des Kindes zunehmend beansprucht. Ein Ausdauertraining im aeroben Belastungsbereich (60-80% der maximalen Leistungsfähigkeit) stärkt das Herz-Kreislauf-System für diese Aufgabe. Die Sauerstoffaufnahme und damit die Sauerstoffversorgung des Fötus wird erhöht.

In der zitierten Literatur [36, 75], sowie in der dort genannten Sekundärliteratur gilt heute übereinstimmend die Meinung, dass bei einer normal verlaufenden Schwangerschaft alle Sportarten mit aerober Belastung empfehlenswert sind, da dadurch die körperliche Leistungsfähigkeit erhöht, Stress abgebaut und der Bildung von Thrombosen, Krampfadern, Hämorriden usw. vorgebeugt werden kann. – Selbstverständlich dagegen sollte sein, dass Sportarten, bei denen mit Stoß- oder Sturzgefahren zu rechnen ist, sowie extreme Ausdauerbelastungen, z.B. Marathon, Triathlon, in diesem Zeitraum nicht betrieben werden.

Bis zu welchem Zeitpunkt vor der Geburt das natürlich immer langsamer werdende Ausdauertraining betrieben werden kann, ist individuell sehr verschieden. Wichtig ist jedoch, dass nach der Geburt mit dem Ausdauertraining nur langsam begonnen werden sollte, da erst die überdehnte Beckenmuskulatur durch ein intensives Beckenbodentraining wieder gefestigt sein muss.

8.4 ... Gesundheits-Check-up vor Trainingsbeginn

Als der Deutsche Sportbund 1974 die LAUF-TREFF-Bewegung ins Leben rief, empfahl er als Vorsichtsmaßnahme jedem über 40-Jährigen, vor Laufbeginn erst einmal einen Arzt zu konsultieren. Diese Forderung wurde jetzt auch in fast allen

Walking-Anleitungen [11, 12, 61, 84, 89] wiederholt und wird auch hin und wieder aus Ärztekreisen laut. In der täglichen Praxis hat sich eine solch pauschale Empfehlung erfreulicherweise als nicht notwendig erwiesen. Hinzu kommt, dass sie nur dann sinnvoll ist, wenn sehr umfangreiche sportmedizinische Belastungstests durchgeführt werden, und selbst diese bieten keine Gewähr, dass vorliegende Gesundheitsgefährdungen wirklich erkannt werden. In begründeten Fällen, z.B. bei sehr hohem Blutdruck, bei akuten Beschwerden, bei erheblichem Übergewicht, empfiehlt sich der Gang zu einem dem Sport gegenüber möglichst positiv eingestellten Arzt. Dies kann auch ein Orthopäde sein. – Unter bestimmten Voraussetzungen kann Rad fahren oder Schwimmen wegen der geringeren Gelenkbelastungen die geeignetere Form des Bewegungs- bzw. Ausdauertrainings sein.

Bei fieberhaften Erkältungen, bei Grippe oder Magen-Darm-Infektionen darf nicht oder nur sehr langsam gewalkt werden. Nach dem Abklingen der Infektion ist es sinnvoll, noch zwei oder drei Tage zu pausieren und erst dann wieder mit einem *leichten* Training zu beginnen.

Diabetiker sollten ihr Vorhaben mit ihrem Arzt absprechen, damit sie gut auf die zu erwartende Belastung eingestellt werden. Wenn sie in einer Gruppe walken, sollten sie ihren Gruppenleiter über ihre Diabetes informieren, damit er bei Anzeichen einer Unterzuckerung richtig reagieren kann. Außerdem sollte jeder Diabetiker für den Fall einer Unterzuckerung ein Stück Traubenzucker mit sich führen.

8.5 ... Risiken bei Kälte, Hitze, Schwüle, Ozon

Ob Kälte oder Hitze für Walker eine besondere Belastung oder Leistungseinschränkung darstellen, hängt von der persönlichen Konstitution des Einzelnen ab. Der eine Sportler fühlt sich bei Kälte bzw. Temperaturen unterhalb T = 20° C wohl. Für ihn stellen höhere Temperaturen eine Herz-Kreislauf-Belastung dar, die insbesondere bei Wettkämpfen zu beachten ist und eventuell durch viel Trinken abgefedert werden muss. Besondere Vorsicht muss dieser Personenkreis bei schwül-warmem Wetter und Temperaturen oberhalb T = 30° C walten lassen.

Sportler, die erst oberhalb T = 20°C zu ihrer vollen Leistungsfähigkeit finden, sind von der Herz-Kreislauf-Seite her praktisch ungefährdet.

8.5.1 Ausdauerwettkämpfe bei hoher Temperatur

Bei hohen Temperaturen, insbesondere, wenn diese mit hoher körperlicher Belastung, z.B. beim Marathon, verbunden sind, reagiert der Körper mit intensiver Schweißbildung zur Kühlung der Körperoberfläche, vor allem im Kopfbereich. Überhitzungen im Kopfbereich führen, wie der Autor als *Kälteläufer* aus eigener Erfahrung weiß, zu extremen Leistungseinbrüchen.

Durch das Schwitzen verliert der Körper nicht nur Wasser, sondern auch Elektrolyte, insbesondere Kalzium, Magnesium, Natrium usw. Verluste dieser Art können z.B. bei einem Marathon das Elektrolytgleichgewicht in den Oberschenkeln und in der Wadenmuskulatur so stark stören, dass es zu vorzeitiger Ermüdung und/oder Muskelkrämpfen kommt. Eine zusätzliche Aufnahme elektrolythaltiger Getränke vor und vor allem während des Wettkampfs ist unerlässlich, um die Leistungsfähigkeit zu erhalten. Um Magenprobleme zu vermeiden, muss im Training die Bekömmlichkeit ausprobiert werden.

Die Wasserabgabe aus dem Blut führt zu einer Bluteindickung, wodurch es zu einer Abnahme der Fließfähigkeit des Bluts kommt. Das Herz muss kräftiger schlagen bzw. mit höherer Herzfrequenz reagieren. Leistungsverluste und vorzeitige Ermüdung sind die Folge.

Wasserverluste werden vom Körper nur bis zu einem Wert von ca. 3% des Körpergewichts toleriert [50, 67], da die steigende Bluteindickung dann die Herzleistungsfähigkeit gefährdet. Deshalb hört der Körper auf zu schwitzen und nimmt die Überhitzung, einschließlich eines Hitzschlags, als kleineres *Risiko* in Kauf. Der Anstieg der Körperkerntemperatur auf $T > 40°$ C ist ein gesundheitlicher Risikofaktor. Deshalb ist es für den Wasser- und Elektrolythaushalt des Körpers notwendig, so früh wie möglich, d.h. ab der ersten Verpflegungsstelle, elektrolythaltige Flüssigkeit zu sich zu nehmen. Dazu zwei Anmerkungen:

1. Im vorausgehenden Training sollte der Ausdauersportler unbedingt ausprobieren, ob und welche Getränke er unter diesen Belastungen verträgt – nicht alle sind bekömmlich!
2. Den Flüssigkeitsverlust nur mit Wasser ausgleichen zu wollen, ist nicht ausreichend, da die Ergänzung der ausgeschwitzten Elektrolyte fehlt.

Zu den bewährten und vor allem preiswerten Getränken gehört die Kombination aus 20-30% Apfelsaft und Wasser. Ob und welche der von der Industrie in großer Zahl angebotenen Vitamin-, Elektrolyt- und Energiedrinks die bessere Alternative sind, muss jeder Sportler für sich selbst erproben – es gibt kein Wundermittel, dass bei allen wirkt (s.a. Kapitel 9.2 „Elektrolytgetränke").

8.5.2 Walken bei hohen Ozonwerten

Walken bei hohen Ozonwerten? Ein schädigender Einfluss des Ozons auf den Menschen wird immer wieder behauptet, ist aber bis heute wissenschaftlich nicht nachgewiesen. Im Gegenteil, HOLLMANN weist auf Studien aus São Paulo, Los Angeles und Mexiko City hin [45], wo bei Ozonkonzentrationen von 600-1.000 µg/m³ Sport getrieben wird, ohne dass Schäden festgestellt werden konnten. Bei seinen eigenen Untersuchungen hat er Leistungseinbußen von 10-15% bei Ozon-Belastungen von 400-600 µg/m³ gefunden.

Unbestritten ist dagegen, dass es bei Ozonkonzentrationen oberhalb 200 µg/m³ zu vermehrten Augen- und Schleimhautreizungen kommen kann. Ursache dafür ist jedoch nicht der erhöhte Ozongehalt, sondern die gleichzeitige Witterungslage: sehr hohe Temperaturen, trockene und vor allem sehr staubhaltige Luft. Straßen- und Grasstäube sowie der Pollenflug sind die wirkliche Ursache.

Aus den oben genannten Gründen ist es sinnvoll, das Training in die Morgen- und Abendstunden oder gleich ins Schwimmbad zu verlegen.

In diesem Zusammenhang sei auf eine Studie des Hessischen Ministeriums für Jugend, Familie und Gesundheit aus dem Jahr 1991 [40] hingewiesen, in der die Ozonkonzentrationen in der *verkehrsreichen* Stadt Darmstadt mit denen im *Reinraumgebiet* Fürth/Odenwald verglichen wurden (Abbildung 64). Aus dieser Studie geht hervor, dass das in der Stadt Darmstadt während der Mittagszeit gebildete Ozon abends durch die gleiche Schadstoffemission wieder abgebaut wird, durch die sie entstanden ist [s.a. 21]. Im Reinraumgebiet Fürth/Odenwald fehlt die abendliche Schadstoffemission und der Ozongehalt schaukelt sich von Tag zu Tag auf.

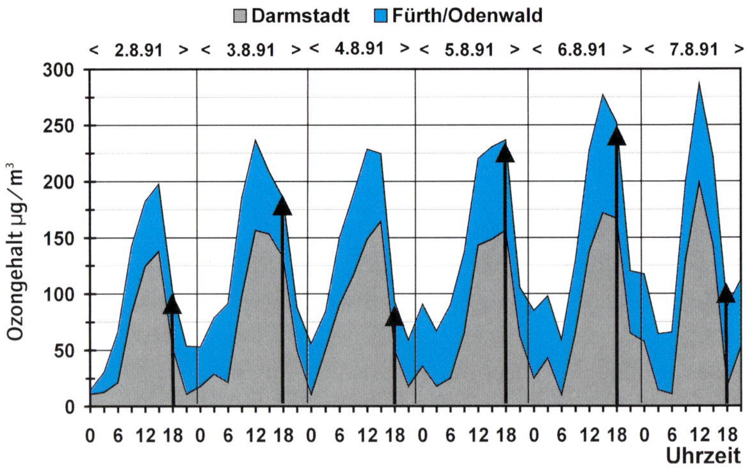

Abb. 64: Ozonkonzentrationen vom 2.8.1991 - 7.8.1991 in der verkehrsreichen Stadt Darmstadt und dem Rheinraumgebiet Fürth/Odenwald [40]

8.6 ... Verletzungsrisiken

Walken gehört im Vergleich zu allen anderen Bewegungssportarten zu den am wenigsten unfallträchtigen. Verlässliche Unfallzahlen sind nicht vorhanden, da sie, wenn überhaupt, nur von Vereinssportlern erfasst werden. Der Autor schätzt das Risiko einer ernsthaften Verletzung (z.B. Muskelfaser-, Bänder-, Sehnenrisse oder -anrisse, Knochen- oder Gelenkverletzung) beim Laufen auf eine Verletzung pro 10.000 Laufstunden, beim Walken liegen sie mit großer Wahrscheinlichkeit noch wesentlich niedriger.

Beim Walken kann es in der Anfangsphase zu Reizungen der Schienbeinmuskulatur (Abbildung 49, S. 104) kommen, da sie als Fußheber stark beansprucht wird. Eine weitere Ursache neben einem ungewohnt hohen Tempo können auch schlecht geschnürte Schuhe sein. Die fehlende Fußführung führt ebenfalls zu Überlastungen im Schienbeinbereich. Kurzfristiges Dehnen oder Ausstreichen mit der Hand kann Abhilfe schaffen.

8.7 ... der plötzliche Tod

Der plötzliche Tod beim Sport ist – trotz mancher spektakulärer Presseaufmachung – selten, aber nicht auszuschließen. Eine Auswertung von 26 verschiedenen Arbeiten zu diesem Thema [u.a. 2, 50, 51] ergab, dass die Häufigkeit bisher nur grob abgeschätzt werden kann, da es keine exakte Datenerfassung gibt. Die verschiedenen Autoren kommen zu zum Teil sehr abweichenden Ergebnissen.

In einer Gesamtanalyse von 955 plötzlichen Todesfällen ereigneten sich nur 11,4% bei sportlicher Aktivität. Innerhalb dieser Gruppe wurden für Marschierer 16,1% ermittelt. Ob diese Zahl auch für Walker repräsentativ ist, kann zwar nicht abgeschätzt werden, ein geringeres Risiko ist aber zu erwarten, da dies beim Laufen nur 0,9% beträgt. In der Sauna liegt das Risiko bei 8,9%, beim Schwimmen bei 6,2% und beim Rad fahren bei 4,7%. Auf den Trainingsumfang bezogen, schwanken die Schätzungen zwischen 130.000 und 360.000 Trainingsstunden pro Todesfall. Die in der Literatur publizierten Obduktionsergebnisse haben übereinstimmend ergeben, dass es für ca. zwei Drittel solcher plötzlichen Todesfälle eindeutige gesundheitliche Befunde gibt, z.B. Infekte, insbesondere Herzmuskelentzündungen, erworbene oder unerkannte, angeborene Herz- und Gefäßanomalien, Nierenveränderungen bzw. -versagen. In einer Reihe von Fällen wurde bei akuten Organerkrankungen oder Virusinfektionen, entgegen ärztlichem Rat, weitertrainiert.

Bei einem Drittel dagegen waren keinerlei pathologische Befunde nachzuweisen. Ob in diesen Fällen psychische Stress- bzw. Risikofaktoren eine Rolle spielen, ist bisher nicht geklärt. Auf Grund der Analysen stimmen die Autoren darin überein, dass die meisten Betroffenen akute Warnsignale gespürt haben müssen, z.B. belastungsabhängige Brust- oder Oberbauchschmerzen, undefinierte Schmerzen im linken Arm, Übelkeit usw.

8.8 ... Regeneration durch Aquajogging bzw. Aquawalking

Aquajogging/Walking heißt *Laufen bzw. Gehen oder Schreiten im Wasser,* bei dem sich der Sportler mit einer Auftriebsweste oder einem Schwimmgürtel durch das Wasser bewegt. Anders als beim üblichen Walken, bei dem der Körper Schritt für Schritt mit seinem Gewicht belastet wird, schwebt der Körper beim Aquawalking im Wasser ohne jede Bodenberührung. Da das Körpergewicht nicht getragen werden muss, lässt es sich auch bei Beschwerden an Bändern, Sehnen und Gelenken im Wasser gut walken [3].

Erfunden wurde das Aquajogging von einem Vietnam-Veteranen der 70er Jahre, der auf Grund einer Verletzung nicht mehr laufen konnte. Zunächst mit einer Schwimmweste, später mit einem selbst entwickelten Schwimmgürtel experimentierte er mit dem Wasserlaufen. Aquajogging/Walking hat heute sowohl im Breitensport als auch im Hochleistungssport einen festen Platz als Bewegungs- und Regenerationstraining, um z.B. bei Verletzungen oder Gelenkarthrosen die Beweglichkeit und die Kondition zu erhalten. Das Trainingsprogramm im Wasser sollte an das übliche Walking-Training angelehnt sein. Nicht endgültig geklärt ist bislang das Verhältnis von Walking und Aquawalking hinsichtlich der Trainingsreize, da kein linearer Zusammenhang zwischen den Herzfrequenzen und den Laktatwerten beider Trainingsarten zu bestehen scheint [79].

Menschen mit hohem Blutdruck sollten beim Aquawalking wegen des zusätzlichen Wasserdrucks vorsichtig sein. Die deutlich erhöhte Herz-Kreislauf-Belastung kann in solchen Fällen risikoreich sein.

9 ERNÄHRUNG

Zu fast keinen anderen Thema gibt es so viele verschiedene Meinungen, wie zur Ernährung. Dabei gibt es einen ersten Grundsatz, der für alle gilt:

- Wer mehr isst, als er verbraucht, nimmt zu.
- Wer mehr verbraucht, als er isst, nimmt ab.

In diesem Zusammenhang ist bekannt, dass Zunehmen viel einfacher ist als Abnehmen. Der Körper speichert jede zu viel aufgenommene Kalorie in seinen Fettzellen für schlechte Zeiten. Durch Diäten können diese, wie die tägliche Praxis zeigt, zwar geleert, aber nicht entfernt werde. Nach Beendigung der Diät nutzen die Fettzellen zum Leid aller Übergewichtigen jede Chance, ihr verlorenes Fett (plus Sicherheitszuschlag) wieder aufzufüllen. Die genaue Funktion der Fettzellen ist zur Zeit ein bedeutender Forschungsschwerpunkt.

Klarheit besteht dagegen über den Energiebedarf bzw. Energieverbrauch im täglichen Leben und beim Sporttreiben. Durch Walking abnehmen zu wollen, ist, wie Abbildung 65 zeigt, äußerst schwierig und nur mit Trainingseinheiten, die weit über eine Stunde hinausgehen, möglich. Im unteren Teil der Abbildung 65 ist der tägliche Energieverbrauch pro Kilogramm Körpergewicht dargestellt. Der Verbrauch für eine Walking- bzw. Laufstunde im oberen Teil addiert sich zu den Tätigkeitswerten im unteren Bereich hinzu. Das bedeutet für einen im Büro tätigen Menschen, dass er erst mit einer zweistündigen Walking-Einheit im sieben km-Tempo zum Bedarf einer Haushaltstätigkeit aufschließen kann. Im Wochenvergleich, bei dem der Tagesverbrauch mit 7 zu multiplizieren ist, werden die Relationen entsprechend schlechter, wenn nicht täglich trainiert wird – eine leider ehrliche, aber für viele auch frustrierende Bilanz!

Zur Reduzierung des Körpergewichts durch Walking sind mindestens 3-5 Trainingseinheiten pro Woche notwendig, von denen eine mindestens auf zwei Stunden ausgelegt sein muss. Gleichzeitig sollte eine Ernährungsumstellung erfolgen, bei der die Kalorienaufnahme auf den täglichen Kalorienverbrauch abgestimmt ist.

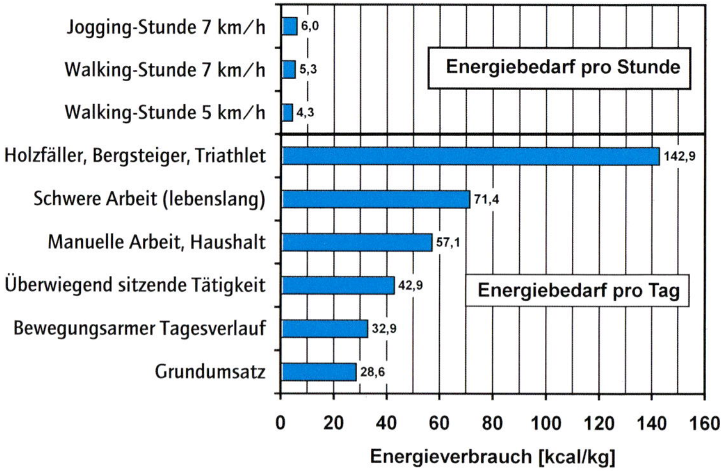

Abb. 65: Täglicher Energiebedarf pro kg-Körpergewicht für verschiedene Tätigkeiten (unten) sowie derjenige eines einstündigen Walking- bzw. Lauftrainings (oben)

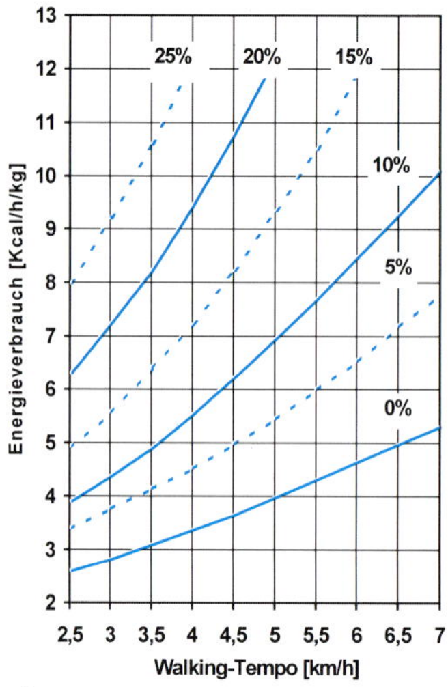

Durch eine Auswahl des Trainingsgeländes mit möglichst vielen Anstiegen lässt sich sowohl der Kalorienverbrauch (s. Abbildung 66) steigern als auch die Kondition verbessern.

Abb. 66: Energieverbrauch pro Kilogramm Körpergewicht für unterschiedliche Geschwindigkeiten und Steigungen

Der Energieverbrauch ist von der Bewegungsgeschwindigkeit abhängig und müsste nach den Gesetzen der Physik ($E = \frac{1}{2} M v^2$) mit dem Quadrat der Geschwindigkeit ansteigen. Die in Abbildung 67 dargestellten Kurvenwerte für das Laufen und Rad fahren gehorchen dieser Voraussetzung in nicht ausreichender Weise, sie sind Mittelwerte verschiedener Literaturangaben und deshalb nur als Orientierungswerte zu betrachten.

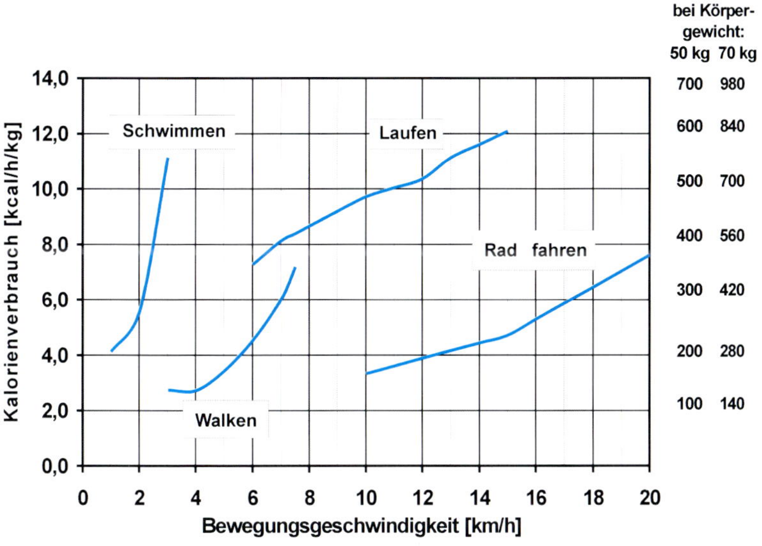

Abb. 67: Einfluss der Bewegungsgeschwindigkeit auf den Energieverbrauch beim Schwimmen, Walken, Laufen und Rad fahren (die Werte für das Laufen und Rad fahren haben orientierenden Charakter).

Ferner besteht bei der Nahrungszusammensetzung für Sportler hinsichtlich Kohlenhydrate, Fett und Eiweiß weit gehende Einigkeit. Sie richtet sich nach den Kraftanteilen der betriebenen Sportart (s. Abbildung 68). Bei den Kraftsportarten spielt Eiweiß als Zellbaustoff eine große Rolle. Im Ausdauerbereich werden Kohlenhydrate mit einem Anteil von 60% als Hauptenergielieferanten benötigt [78]. Diese Forderung bei der Lebensmittelauswahl umzusetzen, scheint für viele Sportler schwierig zu sein.

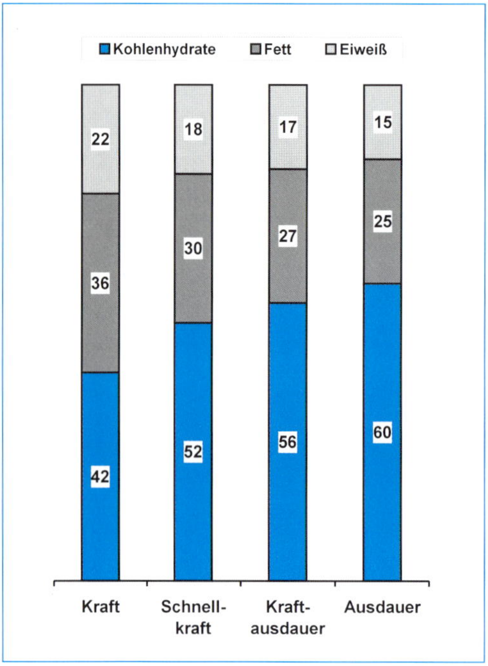

Abb. 68: Nahrungszusammensetzung hinsichtlich Kohlenhydrate, Fette und Eiweiß für Sportarten mit unterschiedlichen Kraftanteilen [78]

Weitere Grundsätze lauten:

- Lieber häufig wenig essen, als wenige Male viel. Der Magen gewöhnt sich an kleine Portionen.
- Bei langsamem Kauen stellt sich das Sättigungsgefühl frühzeitiger ein als bei schnellem Essen.
- Die *hungrigen* Augen, die einen oft zu *mehr* als nötig verführen, können nur mit Vernunft gesättigt werden. Auch hier hilft langsames Essen.
- Die Tageszeit spielt ebenfalls eine Rolle: morgens und mittags gehaltvoll, abends kalorienarm. Alles, was abends nicht mehr verbraucht wird, hebt der Körper für *schlechte Zeiten* auf – und so entstehen die Fettpölsterchen.
- Viel Obst und Salat als vitamin- und ballaststoffreiche bzw. kalorienarme Nahrung.

Anmerkung: Die Einnahme von leistungsfördernden bzw. schmerzhemmenden Mitteln und Medikamenten ist auch im Freizeit- und Breitensport verbreitet und erfüllt dort ebenfalls den Tatbestand des Dopings.

9.1 Hinweise zur Lebensmittelzusammensetzung

Eine ausgewogene Mischkost ohne besondere Zusätze, aber unter Verwendung möglichst vieler frischer Nahrungsbestandteile gilt heute als Basis für eine gesunde Ernährung. Die Möglichkeiten, sie zu realisieren, sind so gut wie nie zuvor, denn das ganze Jahr über steht **frisches** (!) Obst und Gemüse zur Verfügung, d.h. nicht in der weiterverarbeiteten Form als Marmelade, Dosengemüse usw. Mit den frischen Produkten und der breiten Palette an Fleisch-, Fisch- und Getreideprodukten lässt sich normalerweise der gesamte Vitamin-, Mineralstoff- und Spurenelementebedarf abdecken.

Bei der Lebensmittelauswahl sollte deshalb nicht nur auf die grobe Zuordnung hinsichtlich des Kohlenhydrat-, Fett- und Eiweißgehalts geachtet werden, sondern ausschlaggebend müssen die in ihnen enthaltenen Spurenelemente und die Abbaugeschwindigkeit (Bioverfügbarkeit) sein.

Beispiele für Kohlenhydrate

Pro 100 g	Kcal	KH g	Na mg	K mg	Mg mg	Ca mg	Fe mg
Roggenbrot	209	43	425	290	45	45	3
Weißbrot	244	50	540	130	25	60	1
Reis unpoliert	348	75	10	150	155	25	3
Reis poliert	347	78	6	105	65	6	1

KH = Kohlenhydrat, Na = Natrium, K = Kalium, Mg = Magnesium, Ca = Kalzium, Fe = Eisen

Vollkornprodukte (Vollkornbrot, Vollkornnudeln, Naturreis usw.) werden vom Körper wesentlich langsamer abgebaut als Lebensmittel aus Auszugsmehlen (Weißbrot, normale Nudeln, polierter Reis usw.). Der langsamere Abbau der in den Vollkornprodukten enthaltenen Kohlenhydrate hat den Vorteil, dass die Energie länger und gleichmäßiger dem Körper zur Verfügung gestellt wird.

Beispiele für Müslibestandteile

Pro 100 g	Kcal	KH g	Fett g	Na mg	K mg	Mg mg	Ca mg	Fe mg	B_1 mg	C mg
Roggenkörner	266	54	2	40	510	120	65	5	0,4	
Weizenkörner	302	60	2	8	500	145	45	3	0,5	
Haferflocken	364	62	7	5	335	140	55	5	0,6	
Weizenkleie	195	23	5	2	1390	590	45	4	0,7	
Haselnüsse	648	9	62	2	635	155	225	4	0,4	3
Walnüsse	670	12	63	2	545	130	85	3	0,3	3
Mandeln	598	9	54	5-40	835	170	250	4	0,2	1-6
Bananen	90	20	< 1	1	395	35	9	< 1		12
Äpfel	50	11	< 1	3	145	6	7	< 1		12
Feigen frisch	62	13	< 1	2	240	20	55	< 1		3
Feigen getrocknet	272	62	1	40	850	70	165	3,3	0,1	3
Milch 3,5%	66	5	4	50	155	12	120			2
Joghurt 3,5%	69	4	4	50	155	12	120			2

KH = Kohlenhydrat, Na = Natrium, K = Kalium, Mg = Magnesium, Ca = Kalzium, Fe = Eisen, B_1 = Vitamin B_1, C Vitamin C

Fettarme Milch bzw. fettarmer Joghurt unterscheiden sich von den Vollmilchprodukten nur im Fettgehalt.

Bei der Zusammenstellung des Müslis sind den individuellen geschmacklichen Vorlieben keine Grenzen gesetzt. Auch wenn Nüsse und Mandeln sehr hohe Fettanteile habe, sind sie hervorragende Mineralstofflieferanten.

Bei den von der Industrie angebotenen Müsli- bzw. Energieriegeln sollte auf die unterschiedlichen Kohlenhydrat- und Fettgehalte geachtet werden. Sie eignen sich als kurzfristige Energiespender vor und nach lang anhaltender sportlicher Aktivität. Ob sie auch während der Aktivität gegessen werden können, richtet sich nach der Art der Aktivität und den individuellen Voraussetzungen – der eine braucht sie, der andere verträgt keine Nahrungsaufnahme während der Aktivität. Die Aufnahme (Resorption) von Eisen aus pflanzlichen Produkten ist sehr gering. Hier empfehlen sich Fleischprodukte, insbesondere Schweineleber.

Hinweis: Frauen sollten regelmäßig ihren Eisenhaushalt, nicht nur den Hämoglobingehalt, sondern auch das Speichereisen, bestimmen lassen [42]. Eisenmangel ist sehr häufig die Ursache für einen sonst unerklärbaren Leistungsabfall.

9.2 Elektrolytgetränke

Unter normalen Lebensbedingungen gelten die mit der Nahrung und den Getränken aufgenommenen Elektrolytmengen als ausreichend. Bei hoher körperlicher Belastung, insbesondere, wenn sie mit intensiver Schweißbildung und/oder bei hohen Temperaturen stattfindet, ist eine zusätzliche Aufnahme elektrolythaltiger Getränke sinnvoll bzw. notwendig, um die Leistungsfähigkeit zu erhalten. Durch Schwitzen verliert der Körper Kalzium, Magnesium, Natrium usw., die möglichst schnell wieder aufgefüllt werden müssen, z.B. in Form von Mineralwasser, gespritztem Apfelsaft, Mineraldrinks, Fleischbrühe, ungesüßtem oder leicht gesüßtem Tee usw. [16, 62, 71].

Beim Mineralwasser ist auf einen möglichst hohen Gehalt an Magnesium ($Mg > 100$ mg/l), Kalzium ($Ca > 250$ mg/l) sowie auf einen möglichst niedrigen Natriumanteil ($Na < 50$ mg/l) zu achten. Gespritzter Apfelsaft – auch Apfelsaftschorle genannt – ein Gemisch z.B. aus einem Drittel Apfelsaft und zwei Drittel (Mineral-)wasser, ist bei der Verwendung eines naturreinen Apfelsafts eine gute und preiswerte Alternative zu den fertigen Drinks. Ob und welche der von der Industrie in großer Zahl angebotenen

Vitamin-, Elektrolyt- und Energiedrinks für den einzelnen Sportler eine bessere Alternative darstellen, muss jeder für sich selbst erproben – es gibt kein Wundermittel, das bei allen wirkt. **Anmerkung**: Die fertig angebotenen Säfte enthalten meistens unnötig große Zuckermengen. Wer nur ein- oder zweimal in der Woche eine Stunde ein Ausdauertraining betreibt und seinen Flüssigkeitsverlust mit Mineralwasser oder gespritztem Apfelsaft wieder auffüllt, braucht auf Grund des Walking-Trainings keine zusätzliche Elektrolytaufnahme.

An besonders heißen Tagen empfiehlt es sich dagegen, schon vorbeugend, vor dem Walking 0,5-1 l Flüssigkeit, je nach Geschmack und Bekömmlichkeit kohlensäurefreies Mineralwasser, gespritzten Apfelsaft, Tee, Mineraldrinks usw. zu trinken. Bei längeren Trainingseinheiten ist die Magnesiumversorgung besonders gefährdet. Magnesium ist eines unserer wichtigsten Elektrolyte, da es an der einwandfreien Funktion von ca. 350 Vorgängen, vor allem bei der Steuerung und Versorgung der Muskeln, beteiligt ist. Muskelkrämpfe, insbesondere, wenn sie nachts nach einem intensiven Ausdauertraining auftreten, deuten auf einen Magnesium-Mangel hin. Magnesium wird vom Körper nur schwer aufgenommen (resorbiert), deshalb empfiehlt es sich, täglich über einen längeren Zeitraum (2-3 Monate) nur kleine Mengen zu nehmen. Als grobe Faustregel gilt: Wenn die Menge verdoppelt wird, werden nur 20% mehr aufgenommen, und der Rest wieder als teuer bezahlter Urin ausgeschieden. Als einzige dem Autor bekannte Nebenwirkung bei Überdosierung kann Durchfall eintreten. Magnesium ist kein Dopingmittel und in jeder Apotheke in verschiedenen Darreichungsformen erhältlich.

9.3 Bier und sonstige Alkoholika

Bier enthält neben vielen Nährstoffen und Elektrolyten 3,5-6% Alkohol. Als Durstlöscher wird es von vielen Sportlern nach einer Trainingseinheit sehr geschätzt. Dennoch gilt zu bedenken, dass die alkoholisierende Wirkung nach einem Training umso stärker ist, je intensiver das vorausgegangene Training war. Schon geringe Mengen reichen aus, um Regenerationszeiten zu verlängern und die Verkehrstüchtigkeit einzuschränken. Einem Glas Wein pro Tag, insbesondere Rotwein, wird vor allem in französischen Publikationen lebensverlängernde Wirkung zugesprochen. Inwieweit diese Aussagen wissenschaftlichen Nachprüfungen standhalten, vermag der Autor nicht zu sagen. Gesichert ist jedoch, dass jede größere Menge ebenso wie der Genuss *harter* Alkoholika leistungsmindernd wirkt.

9.4 Diäten

Diäten und Walking? In dieser Frage müssen besonders die Damen angesprochen werden, da sie mit Diäten mehr experimentieren als die Männer. Manche Walkerin verspricht sich einen optimalen Abnehmeffekt bei **NULL-Diät + Walking**. Hier ist Vorsicht geboten. Es funktioniert nur selten, denn woher soll die Energie zum Walking kommen, wenn die Energiespeicher durch die NULL-Diät leer sind (ein Auto mit leerem Benzintank kann auch nicht fahren)? Der Autor hat beim LAUF-TREFF mehrfach erlebt, dass bei *NULL-Diät-Läuferinnen* nach einer halben Stunde nichts mehr ging und ihnen sogar schwarz vor den Augen wurde. Sie waren einfach leer gebrannt. Dies gilt wiederum in besonderem Maß für Anfängerinnen, die nur über sehr geringe Energiedepots verfügen. Ob es bei dem so genannten **Heil-Fasten** zu Leistungseinbrüchen kommt, muss jeder Walker selbst ausprobieren.

Vorsicht ist auch bei denjenigen Diäten geboten, bei denen dem Körper einseitig bestimmte Nährstoffe vorenthalten oder sogar entzogen werden. Dazu gehören u.a. Entwässerungs- oder Entschlackungstees. Durch sie werden dem Körper oft wichtige Mineralstoffe, z.B. Kalzium, Kalium, Magnesium usw. entzogen, über deren Zusammenwirken heute noch sehr wenig bekannt ist, deren ausgewogenes Verhältnis aber für eine einwandfreie Muskelfunktion sorgt.

9.5 Ideal-, Normal-, Übergewicht – Body-Mass-Index (BMI)

Das Körpergewicht lässt sich bekanntermaßen sehr einfach mit einer Waage bestimmen. Die Bewertung, ob es sich dabei um Ideal-, Normal- oder Übergewicht handelt, wird zur Zeit entweder nach der BROCA-Formel oder nach dem Body-Mass-Index (BMI) vorgenommen.

- **Normalgewicht nach BROCA:**

Normalgewicht [kg] = Körpergröße [cm] – 100

Beispiel: Körpergröße: 175 cm – 100 = 75 kg

Body-Mass-Index

$$\text{BMI} = \frac{\text{Körpergewicht [kg]}}{(\text{Körpergröße [m]})^2}$$

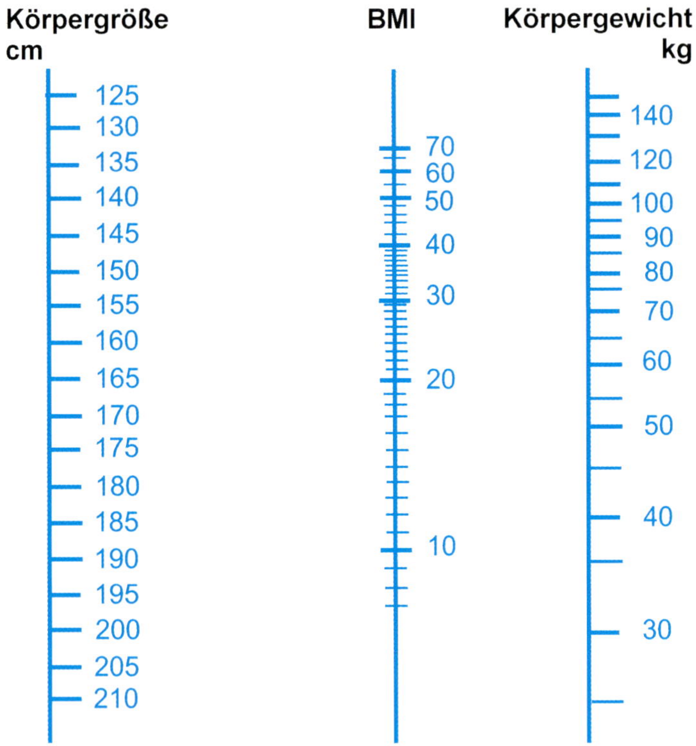

BMI	< 18:	untergewichtig
	18-25:	normalgewichtig
	25-30:	leichtes Übergewicht
	> 30:	übergewichtig

Abb. 69: Grafische Ermittlung des Body-Mass-Index [17]

- **Idealgewicht nach dem BROCA-Index:**

Männer: Idealgewicht [kg] = Körpergröße [cm] – 100 – 10%
Frauen: Idealgewicht [kg] = Körpergröße [cm] – 100 – 15%

Beim BROCA-Index wird zwischen Frauen und Männer unterschieden, wobei wegen des höheren Fettanteils bei den Frauen und der größeren Muskelmassen bei den Männern für das Idealgewicht bei den Männern 10% und bei den Frauen 15% vom Normalgewicht abgezogen werden.

Beispiele:	Mann	Frau
Körpergröße:	175 cm	160 cm
Idealgewicht:	67,5 kg	51 kg
IST-Gewicht:	70 kg	50 kg
Differenz:	+ 2,5 kg	– 1,0 kg

- **Body-Mass-Index:**

Bei der Berechnung des Body-Mass-Index (BMI) wird die Körpergröße stärker einbezogen, dafür bleibt das Geschlecht unberücksichtigt. Der BMI kann sowohl mit der nachfolgenden Formel berechnet als auch grafisch aus Abbildung 69 ermittelt werden. Dazu wird eine Verbindungslinie zwischen der Körpergröße (links) und dem Körpergewicht (rechts) gezogen. Die Schnittstelle mit der BMI-Achse in der Mitte ergibt den BMI-Wert.

$$\textbf{Body-Mass-Index} = \frac{\textbf{Körpergewicht [kg]}}{\textbf{(Körpergröße [m])2}}$$

Normwerte:

< 18:	untergewichtig
18-25:	normalgewichtig
26-30:	leicht übergewichtig
> 30:	übergewichtig

Beispiel:

Körpergewicht:	70 kg
Körpergröße:	175 cm
BMI:	22,9 (normalgewichtig)

10 KLEIDUNG

Nicht das **Darüber**, sondern das **Darunter** ist das Wichtigere. Zum Walking bietet sich entweder Unterwäsche aus reiner Baumwolle – bei den Damen bis hin zum BH – oder solche aus Mikrofasern an. Baumwolle saugt den Schweiß gut auf und verringert die Gefahr des Wundscheuerns unter den Achseln und vor allem an den Brustwarzen – ein Problem, das Frauen und Männer in gleicher Weise betrifft. Mikrofasern geben den Schweiß nach außen ab und erscheinen auf der Haut trocken. Dadurch vermindert sich das unangenehme Kältegefühl der nass geschwitzten Kleidung. Werden mehrere Kleidungsstücke übereinander getragen, so sollten sie aufeinander abgestimmt sein. Das ist umso wichtiger, je stärker der Sportler schwitzt!

Wichtig ist, dass die Kleidung locker und luftig ist. Der lockere Sitz schützt vor zu großer Wärmeabgabe. Die T-Shirts und Sweatshirts sollen aus Baumwolle bzw. Mikrofasern sein. Der gute alte Trainingsanzug aus Mischgewebe ist heute durch Leggings aus Mikrofasern oder Wetterjacken aus GORE-TEX o.Ä. abgelöst. Jacken sollten eine Kapuze und vorne einen Reißverschluss haben, der, je nach Bedarf, auf- oder zugemacht werden kann. Zumindest eine Tasche muss einen Verschluss haben, damit die Auto- bzw. Hausschlüssel nicht verloren gehen.

Nylonanoraks bieten nur bei starkem Wind, insbesondere beim Walking über freies Feld, einen guter, Schutz, um nicht auszukühlen. Schon beim Regen hält der Autor die normale Trainingsjacke für besser als die Nylonanoraks, denn unter ihnen entsteht leicht ein Wärmestau! Warm halten und warm sein ist beim Walking wichtig, aber für eine Schwitzkur ist die Sauna der bessere Ort; beim Walking bringt sie keine Vorteile. Schwitzen bedeutet Wasserverlust, aber keine wirkliche Gewichtsreduzierung, es kostet nur unnötig viel Kraft und gleichzeitig gehen mehr wertvolle Salze verloren als nötig.

Im Training ist es empfehlenswert, sich etwas wärmer anzuziehen als im Wettkampf, da der Körper durch die höhere Wettkampfleistung mehr Wärme bei der Energieumsetzung erzeugt. Im Sommer bei Temperaturen über 20° C: kurze Hosen und kurzärmeliges T-Shirt oder Trägerhemd. Unter 10° C lange Hosen und Sweatshirts. Wenn das Thermometer unter den Gefrierpunkt sinkt, sind Handschuhe, Mütze und lange

Unterhosen keine Schande. Sinkt das Thermometer weiter, kann es zweckmäßig sein, in der ersten Viertelstunde einen Schal vor dem Mund zur Erhöhung der Atemtemperatur zu tragen. Danach wird die Lufttemperatur durch den Körper so weit vorgewärmt, dass sie für die Atmung ausreichend warm ist.

Ein Augenmerk sollte auch auf die Socken gelegt werden. Doch welches Gewebe für den Einzelnen das richtige ist, muss jeder selbst ausprobieren. Die einen tragen nur Baumwolle, andere bevorzugen Mischgewebe und die Dritten schwören auf Frotteesocken einer bestimmten Firma, die ihre Modelle sogar mit *rechts* und *links* gekennzeichnet haben, damit sie fußgerecht angezogen werden können.

Hinweis für die Frauen: Die Fa. TRIUMPH bietet z.Z. einen BH (Modell *Pulsebeat*, 35,- €) an, in den die Sender für die Herzfrequenzmessung in den unteren Teil eingeschoben werden können.

Wichtig: Jeder Walker schwitzt während einer Trainings- oder Wettkampfeinheit mehr oder minder stark. Mit der Beendigung der körperlichen Aktivität endet die bei der Energieumsetzung anfallende Wärmeerzeugung. Es kommt jetzt zum Umkehreffekt. Die feuchte Kleidung entzieht von diesem Augenblick an dem Körper Wärme und kann lokale Unterkühlungen verursachen. Das Immunsystem wird dadurch zusätzlich belastet und kann gegebenenfalls. die Abwehr von Infektionen nicht mehr 100%ig wahrnehmen. Erkältungen sind die Folgen. Deshalb empfiehlt der Autor jedem, sofort nach Beendigung der körperlichen Aktivität die feuchte Oberbekleidung gegen trockene Kleidung zu wechseln. Auch für die Damen findet sich immer ein diskreter Platz, an dem dies möglich ist.

10.1 Kleidung bei Dunkelheit

Wer bei **Dunkelheit** walken muss – was vor allem im Winterhalbjahr oft nicht zu vermeiden ist – sollte **schneeweiße** Oberbekleidung tragen, damit er von Entgegenkommenden frühzeitig erkannt wird und nicht mit ihnen zusammenprallt. Dies gilt es, beim Kauf der nächsten Trainingsjacke zu berücksichtigen, da es weiße Jacken oft nur im Frühjahr oder Sommer gibt. Ersatzweise hilft auch ein weißes Trägerhemd (Herrenunterhemd) über dem dunklen T- oder Sweatshirt. Da das menschliche Auge in der Dunkelheit nur bedingt Farben wahrnehmen kann, wird gelbe oder orangefarbene Oberbekleidung als grau interpretiert und ist auf Grund ihres schlechten Lichtreflexionsgrades für das menschliche Auge dunkler als weiße Oberbekleidung!

Wer auf Straßen mit Autoverkehr walken muss, sollte unbedingt Reflexionsstreifen an den Oberarmen, Beinen und auf dem Rücken tragen – auf optimale Ausrichtung für die übrigen Verkehrsteilnehmer achten! Die von einigen Walkern benutzten Blinkleuchten sind für Einzelwalker gut geeignet. Sie sind aber kein Ersatz für die Reflexionsstreifen, sie sollen diese ergänzen. Beim Walking in einer Gruppe stören die Blinklampen die Mitwalker.

Eine kleine Taschenlampe sollte immer mitgeführt werden.

11 SCHUHE

Zum Walking wird zur Zeit vom festen Laufschuh bis zu weichen Freizeitschuhen eine breite Palette an geeignetem und ungeeignetem Schuhwerk getragen. Dies ist darauf zurückzuführen, dass für den Walking-Bereich ein neues Teilnehmerklientel erschlossen wurde, bei dem das Bewusstsein für die Notwendigkeit zum Tragen des geeigneten und einwandfrei stützenden Schuhs noch nicht so ausgeprägt ist wie bei den Läufern. Hinzu kommt, dass nur ein Teil der großen Lauf-/Jogging-Schuhhersteller heute spezielle Walking-Modelle anbietet.

Letzteres hat mehrere Gründe:

- Nach heutigen Erkenntnissen eignet sich der größte Teil der vorhandenen Jogging-Modelle auch zum Walken. Aus diesem Grund wird im Folgenden sehr oft von Lauf- bzw. Walking-Modellen gesprochen.
- Der Fachhandel sieht sich aus logistischen und Kapazitätsgründen nur in Ausnahmefällen in der Lage, noch ein weiteres Schuhsortiment aufzunehmen. Und wenn er es tut, geht es zu Lasten des Jogging-Sortiments.
- Die angebotenen Walking-Modelle sind wesentlich dezenter gestaltet als die häufig grellfarbigen Jogging-Modelle, damit sie auch für die Freizeit akzeptiert werden.

Im aktuellen Lauf-/Walking-Schuhprogramm werden zur Zeit ca. 300 Modelle angeboten, die sich grob in vier Kategorien einteilen lassen, wobei die einzelnen Hersteller unterschiedliche Bezeichnungen wählen:

1. Wettkampfmodelle: *Racing, Lightweight*
2. Leichte Trainingsmodelle: *Lightweight-Trainer, Cushion*
3. Stützende Trainingsmodelle: *Stable-Cushion, Stability, Support, Motion-Control*
4. Gelände-/Wintermodelle: *Off-Road, Trail*

Doch welcher ist für den Einzelnen der Richtige? Qualifizierte fachliche Beratung ist die Ausnahme und nur in wenigen Spezialgeschäften zu finden. Selbst für Spezialisten ist es sehr schwierig, die Übersicht über die einzelnen Modelle zu behalten, da die Hersteller zwei- bis dreimal im Jahr die Modellpalette wechseln.

Als erschwerend für den Überblick kommt hinzu, dass häufig Hersteller den Modellnamen bestehen lassen, aber in der nächsten Serie einen völlig neu gestalteten Schuh liefern, bei dem nicht ein einziges Detail mit denen des Vorgängers identisch ist. In diesen Fällen sprechen Hersteller gerne von *Weiterentwicklung*. Doch so etwas hat weder etwas mit Entwicklung noch mit Forschung zu tun. Der Designer hat sich etwas Neues einfallen lassen und der Sportler darf ausprobieren, ob bzw. wie der neue Schuh bei ihm funktioniert.

Als Folge der fehlenden Beratung tragen nicht nur im Breitensportbereich, sondern auch im Leistungs- und Hochleistungsbereich nach wie vor Läufer wie Walker für sie ungeeignete Schuhe. Wie häufig das vorkommt, davon kann sich jeder selbst überzeugen, wenn er bei einer Volkslaufveranstaltung oder bei einem Marathon die Aktiven nicht von vorne, sondern deren Füße von hinten beobachtet. Das Tragen eines ungeeigneten Schuhs kostet immer Kraft und Zeit. Häufig ist dies sogar die unerkannte Ursache für Überlastungsbeschwerden (s. Abbildung 53, S. 108). In den folgenden Abschnitten wird deshalb erst auf bestimmte Funktionen und Eigenschaften des Schuhs eingegangen und im Abschnitt 11.2 werden Tipps zum Schuhkauf gegeben.

11.1 Funktion und Eigenschaften der Walking-Schuhe

Der Schuh ist das wichtigste *Kleidungsstück* der Walker und Läufer [20, 27]. Denn sowohl der Sportler als auch der Schuh muss den Gesetzen der Physik folgen, die besagen, dass jede Kraft eine Gegenkraft auslöst. Das bedeutet, dass jede Kraft, die auf den Schuh bzw. den Boden einwirkt, gleichzeitig auch auf den Körper und damit auf die Muskeln, Sehnen, Bänder und Gelenke wirkt. Das Verhalten des Schuhs beeinflusst bei dieser Kraftübertragung in entscheidender Weise das gesamte Skelettsystem und damit die Gesundheit:

- Der Schuh ist die Verbindung zwischen dem Körper und dem Boden.
- Der Schuh leitet alle mechanischen Kräfte in den Körper ein.
- Der Schuh beeinflusst die Körperstatik.
- Schuhbedingte Fehlbelastungen beeinträchtigen die Gesundheit.

Der Schuh wird beim Walking Schritt für Schritt mit dem Gewicht des Körpers belastet, also mit 40-100 kg pro Schritt. Diesen Belastungen muss Rechnung getragen werden. Ein für den Einzelnen zu weicher Schuh, d.h. ein Schuh mit zu geringer Stabilität, provoziert zwangsläufig Fehlstellungen, insbesondere ein Wegknicken nach innen, *Pronation* genannt (s. Abbildung 70 links).

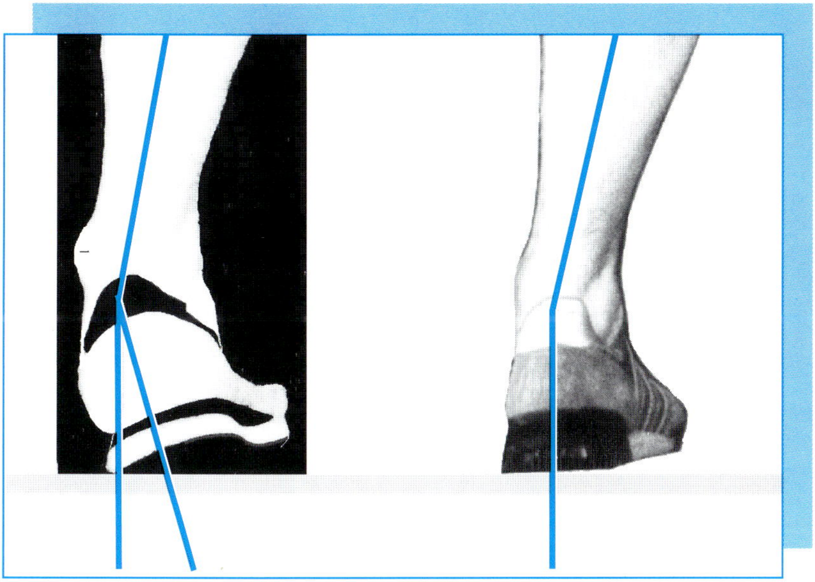

Abb. 70: Links: Vom zu weichen Schuhen verursachte Überpronation. Rechts: Der gleiche Sportler im Schuh mit einer für ihn einwandfreien Stützfunktion

11.1.1 Lebensdauer

Nicht nur der von Anfang an zu weich gewählte Schuh provoziert Fehlbelastungen, sondern auch derjenige mit einer weich getretenen Zwischensohle oder schief gelaufenen Absätzen (Abbildung 71). Bei einer Schrittlänge von 0,50 m sind das beim Walking pro Kilometer 1.000 Belastungen des rechten bzw. linken Schuhs. Gute Schuhe halten das ca. 1.000 km aus. Viele tun es nicht. Der Autor hat genügend Beispiele, insbesondere im Bereich *Softies*, kennen gelernt, die sich schon nach 50-100 km unkontrolliert deformierten.

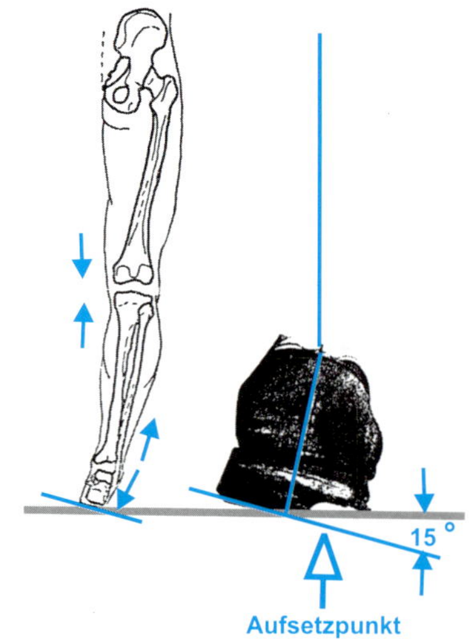

Abb. 71: Ein schief gelaufener Absatz ist wie Walking auf einer schiefen Ebene von z.B. 15°.

Der Verschleiß eines Schuhs vollzieht sich normalerweise langsam und für den Walker kaum bemerkbar – dies ist heimtückisch. Je stärker der Verschleiß wird, umso stärker werden auch die Fehlbelastungen, die dann eines Tages zu schmerzhaften Überlastungsreaktionen der Muskeln, Sehnen, Bänder oder Gelenke führen.

Schmerzsignale – das sei hier noch einmal wiederholt – verkünden immer, dass etwas nicht stimmt. Es ist aber bisher noch die Ausnahme, dass der Walker bzw. der Arzt die Ursache seiner Schmerzen, z.B. im Knie oder Rücken, auf schiefgelaufene Absätze oder weich getretene Keilsohlen seiner Schuhe zurückführt.

Solche Zusammenhänge sind den Walkern, aber auch den Ärzten nur selten bekannt. Der behandelnde Arzt hat kaum eine Chance, die Ursachen, d.h., die Defekte an den Schuhen zu erkennen. Er bekommt sie normalerweise nicht zu sehen. Meist weiß er noch nicht einmal, dass, und vor allem wie viel, sein Patient walkt, weil dieser ihm nur die Symptome, nämlich die Schmerzen beschreibt, nicht aber mögliche Ursachen (s.a. Abbildung 71).

Vorbeugen kann der Sportler dadurch, dass er nicht nur seine Walking-Schuhe regelmäßig auf Defekte überprüft, sondern sie auch bei jedem Einsatz wechselt, um dadurch monotone (jedes Mal gleiche) Fehlbelastungen zu vermeiden. Dabei spielt es keine große Rolle, ob jedes Mal ein anderes Modell oder vom gleichen Modell ein anderes Paar getragen wird.

Als Faustregel gilt, für jeden Walking-Tag pro Woche ein anderes Paar Schuhe. Dazu benötigt der Einzelne in der Summe nicht mehr Schuhe, da jedes einzelne Paar entsprechend länger getragen werden kann.

11.1.2 Führen – Stützen – Dämpfen

Der Autor befasst sich seit den 70er Jahren mit dem Testen und den Eigenschaften von Lauf-/Walking-Schuhen [24, 27] und hat folgende Forderungen formuliert:

Der Schuh muss:
- den Fuß einwandfrei führen.
- den (Knick-)Fuß stützen.
- den Aufsetzstoß dämpfen.

Der Schuh darf nicht:
- die Abrollbewegung und die Abdruckkraft des Fußes einschränken.

Der Schuh soll:
- den Fuß gegen durchdrückende Steine, Schmutz und Feuchtigkeit schützen.

Führen

Führen – Stützen – Dämpfen, so muss die richtige Rangfolge lauten. Warum?
Der Schuh übernimmt vom ersten Bodenkontakt an die Führung des Fußes. Er steuert damit in entscheidender Weise die Abrollbewegung des Fußes vom ersten Aufsetzen bis zum letzten Abstoß (Abbildung 72). Die gute Fußführung ist eine zwingende Voraussetzung für eine einwandfreie Abrollbewegung. Dazu sind u.a. eine gute Passform, ein einwandfreier Fersensitz (Fersenfassung) und eine korrekte Schnürung notwendig. Der gute Schuh führt den Fuß, der schlechte verführt ihn!

Stützen

Die meisten Walker setzen mit der Außenkante der Ferse auf (Abbildung 72). Dann kippt der Fuß nach innen in die Stützphase. Je langsamer er das tut, umso geringer sind die auf den Körper einwirkenden Stoßbelastungen.

Die Kippbewegung nach innen wird als **Pronation** bezeichnet. Pronationswinkel von 0-5° sind normal (Abbildung 73 links: im Stand barfuß). Bei Winkeln von 3-5° ergibt sich eine gute Eigendämpfung des Fußes gegen die Stoßbelastung. Bei größeren Winkeln wird von **Überpronation** bzw. **Knickfußstellung** gesprochen, die auf Dauer zu Überlastungen in den Knie- und Hüftgelenken führt (s. Abbildung 53, S. 108).

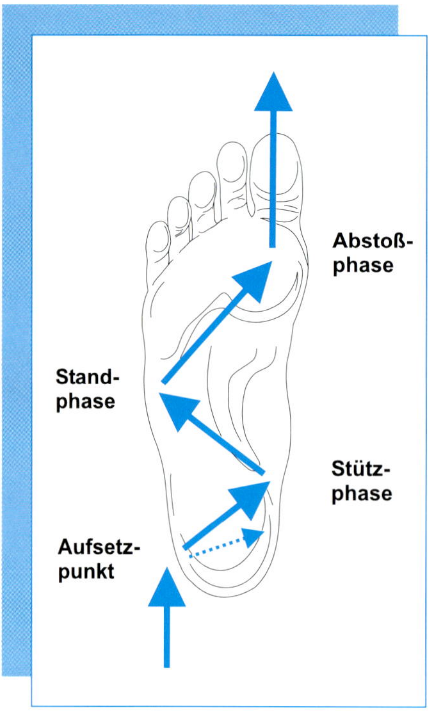

Abb. 72: Abrollweg des Fußes beim Aufsetzen mit der Ferse

Kommt ein Patient mit solchen Beschwerden zu seinem Arzt, wird er ihn nur in Ausnahmefällen bitten, den Walking-Schuh, den er in der letzten Zeit am häufigsten getragen hat, anzuziehen. Täte es der Arzt, würde er verblüfft feststellen, dass sich der Pronationswinkel, der barfuß als normal bezeichnet wird, bei seinem Patienten mit dem zu weichen, d.h. instabilen Schuh, bereits im Stand auf das Doppelte verstärkt hat (Abbildung 73 Mitte). Aus einer normalen Pronation wird eine Überpronation. Zur richtigen Beurteilung käme der Arzt aber erst, wenn er seinen Patienten beim Walking bzw. beim Laufen beobachtete, denn dort kommt die erhöhte, die dynamische Belastung, hinzu. Durch sie kann sich der Pronationswinkel auf das Dreifache erhöhen (Abbildung 73 rechts).

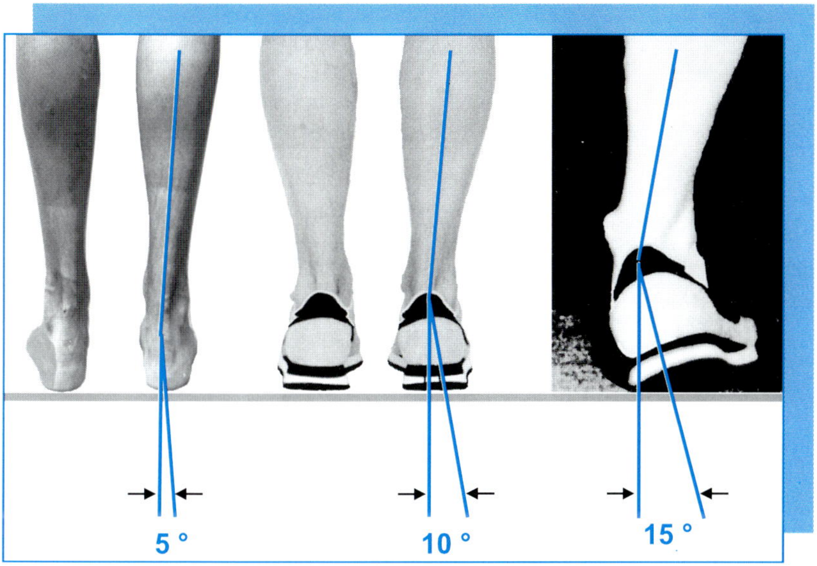

Abb. 73: Links: Im Stand barfuß mit normaler Pronation (5°). Mitte: Bereits im Stand schuhbedingte Pronationsverstärkung von 5° auf 10°. Rechts: Bei dynamischer Belastung mit v = 12 km/h schuhbedingte Überpronation (15°)

Erstaunlicherweise werden bei diesen starken Fehlbelastungen nur selten Beschwerden im Sprunggelenkbereich beobachtet. Das Knie dagegen ist bei solchen Fehlbelastungen besonders gefährdet (Abbildung 53, S. 108). Deshalb sollten bei Kniebeschwerden – nicht nur des Walkers – immer der Zustand der Schuhe bzw. die Kombination Fuß-Schuh in die Abklärung der Ursachen mit einbezogen werden. Eine Überpronation kann durch die Stützkeile, die in den Stabilmodellen eingebaut sind, kompensiert werden. Die Wahl eines gut stützenden Walking-/Laufschuhs hat gegenüber einer stützenden Einlage den Vorteil, dass der gesamte Schuhaufbau auf die erhöhte Stützfunktion abgestimmt ist. Stützende Einlagen setzen einen festen Schuhboden voraus, bei einem weichen Boden sind sie nutzlos! Die Palette der angebotenen Schuhe mit Stützkeilen ist sehr differenziert, sie reicht von kleinen Keilen für leichte Walker mit geringer Überpronation bis zu den Extremmodellen für Übergewichtige mit ausgeprägter Überpronation (s. Abbildung 74). Es sollte bei der Stützfunktion eines Schuhs unbedingt beachtet werden, dass auch hier die optimale und nicht die maximale Stützung, das Auswahlkriterium sein muss.

Dämpfen

Dämpfung – was ist das? Alle verwenden diesen physikalischen Begriff. Seine exakte Definition kennen nur die wenigsten. Die meisten verwenden ihn – völlig unphysikalisch – als angenehmes Gefühl beim Aufsetzen. – Dämpfung im Walking-Schuh bedeutet:

Vernichtung von Bewegungsenergie (durch Umwandlung in Wärme)

Abb. 74: Stützkeile gibt es in allen Abstufungen von klein bis groß. Die Auswahl des Modells richtet sich nach dem Walking-Tempo, Gewicht und Grad der Überpronation bzw. dem Korrekturbedarf des Walkers.

Der Schuhboden, bestehend aus einer Zwischensohle und der Laufsohle, soll die hohen Stoßbelastungen in der Aufsetzphase dämpfen, nicht aber die körpereigene Muskelelastizität in der Oberschenkel- und Wadenmuskulatur beeinträchtigen. Um dies zu erreichen, muss die Festigkeit des Schuhs auf die individuellen Walking-Bedingungen, d.h. auf Walking-Tempo, Körpergewicht, Aufsetzpunkt, Bodenverhältnisse usw, abgestimmt sein [24, 27, 91].

In der Aufsetzphase wirkt die Körpermasse als äußere Kraft auf die Ober- und Unterschenkelmuskulatur ein. Sie baut dadurch ein körpereigenes Elastizitätspotenzial auf, indem die vorgespannte Muskulatur in der Aufsetzphase gedehnt wird. Freigegeben, und damit aktiv genutzt werden kann diese Energiekomponente beim Strecken des Beins in der Abdruckphase. Sind in den Schuhboden Dämpfungselemente (s.a. Abbildung 75) eingebaut, führen sie zu zeitlichen Verzögerungen und damit zu einem Spannungsabbau im Muskel bzw. zu einem Auseinandergleiten des Myosins und der Aktinfäden (s. Abbildung 47 C/D, S. 99). NIGG [68, 69, 85] hat nachgewiesen, dass dadurch bis zu einem Drittel der Muskelelastizität verloren gehen kann. – Das in Abbildung 75 abgebildete Modell ist nicht grundsätzlich ungeeignet. Es kann, z.B. für einen älteren Herrn, der sehr langsam auf Beton walken muss und bei seinem langsamen Tempo nicht außen, sondern in der Mitte des Absatzes aufsetzt, der richtige Schuh sein. Er tritt den Schuh unter diesen Bedingungen nicht zusammen. Dies steht aber den grundsätzlichen Aussagen nicht entgegen.

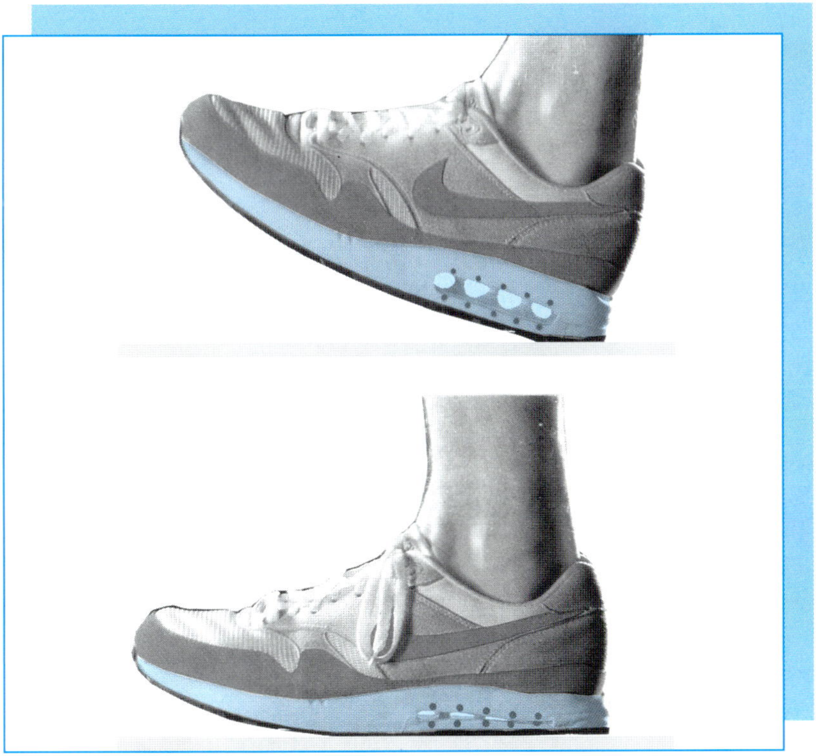

Abb. 75: Mit diesen Fotos warb ein Hersteller für das gute Dämpfungsverhalten eines seiner Modelle. Doch eine derart durchgetretene „Feder" führt zu großen Elastizitätsverlusten in der Muskulatur und verschlechtert gleichzeitig die Fußführung, da der Fuß nach allen Richtungen wegsacken kann.

Um zu verhindern, dass der Fuß bei einer zu starken Dämpfung (Beispiel: Abbildung 75) zu lange in der Stütz- und Standphase ruht, ist eine gute Abstimmung zwischen der Schrittfrequenz des Walkers und dem Dämpfungsverhalten des Schuhs Voraussetzung. Die Anforderung an die Dämpfungseigenschaft heißt heute deshalb: „Keine Energievernichtung durch den Schuh" [85], damit das kinetische Energiepotenzial der Muskulatur voll genutzt werden kann und nicht bis zu 20-30% pro Schritt verloren geht, denn auch hier sind vorzeitige Ermüdung und schlechte Wettkampfzeiten die Folge.

Unter diesen Gesichtspunkten wäre es doch sinnvoller, barfuß, d.h. ohne Schuhe, zu walken. Das Tragen eines Schuhs kostet, wie NIGG nachgewiesen hat, im Optimalfall mindestens 5% Energie [85], in ungünstigen Fällen sogar 30% und mehr. Die Verluste bzw. der Energiemehrbedarf für den Schuh setzten sich wie folgt zusammen:

- Hebearbeit für den Schuh: 0,1% pro 100 g-Schuhgewicht
- Beschleunigungsarbeit des Schuhs: 0,5-1,0%
- Hebearbeit für den Körperschwerpunkt: 1% pro 5 mm absinken
- Stabilisierungsarbeit der Gelenke: 1%
- Elastische/viskoelastische Verluste: 2%

In der Werbung wird dem Schuhgewicht eine Bedeutung zugemessen, die, wie diese Untersuchung zeigt, in keiner Weise zutrifft. Die Hebearbeit für den Schuh beträgt pro 100 g-Schuhgewicht nur ca. 0,1% der benötigten Gesamtenergie. Der Stützfunktion des Schuhs kommt dagegen die zehnfache Bedeutung zu. Für die Hebearbeit des tiefer absinkenden Körperschwerpunkts um 5 mm muss in einem zu weichen Schuh bereits 0,5-1% Energie mehr aufgewandt werden. Die tägliche Praxis zeigt auch bei den Walkern, dass viele von ihnen in ihren zu weichen Schuhen 0,5 cm und mehr absinken. Sie müssen durch ihre falsche Schuhwahl Leistungsverluste hinnehmen.

In diesem Zusammenhang soll auf den markigen Werbespruch *Energy Return*, kurz eingegangen werden. Eine Rückgabe der Stoßenergie, die der Körper beim Aufsetzen in den Aufsetzbereich abgibt, müsste im Schuhboden nach vorne in den Abdruckbereich geleitet werden, um wirksam zu sein. Für eine derartige Impulsweiterleitung gibt es bisher keine technische Lösung. Der Schuhboden ist als Dämpfungselement konstruiert und bewirkt das Gegenteil!

Der langsam walkende Anfänger belastet, auch wenn er übergewichtig ist, seinen Schuh wegen seines langsameren Tempos wesentlich geringer als der Trainierte. Je höher das Walking-Tempo und je höher das Gewicht, desto fester bzw. stabiler (härter) muss der Schuh sein. Beim Kauf im Geschäft darf er sich nicht so angenehm weich anfühlen, wie es das Gefühl beim Stehen oder Gehen suggerieren will oder die Werbung empfiehlt.

Aufsetz-, Stand- und Abdruckphase

In der Aufsetzphase (s. Abbildung 72) baut sich, wie im Beispiel eines Belastungsmodells (Abbildung 76) von CAVANAGH [18] dargestellt ist, innerhalb von 32 ms eine Kraftspitze im Rückfuß auf, die als Stoß vom Boden aus auf den Körper einwirkt. Je kürzer dieser Zeitraum (gestrichelt in Abbildung 72) ist, umso härter ist der Schuh, je länger, umso stärker die Dämpfung. Die Standphase ist, von der Kraftrichtung aus betrachtet, die neutrale Phase. Sie wird nach gut einem Drittel der gesamten Bodenkontaktzeit erreicht.

Während es für den Walking-Schuh gleichgültig ist, von wo aus die Druckbelastung ausgelöst wird – auf ihn wirken sie in gleicher Weise von oben wie von unten ein – muss beim menschlichen Körper exakt zwischen der Stoßbelastung in der Aufsetzphase im Rückfuß (Stoßrichtung vom Boden in den Körper) und den Abdruckkräften in der Abdruckphase im Vorfuß (Druckrichtung vom Körper auf den Boden) unterschieden werden. Die Stoßbelastungen, die auf den Körper einwirken, gilt es zu dämpfen. Die Sportschuhhersteller verwenden dazu die verschiedensten Dämpfungssysteme (Luft-, Gel-, Wabenkissen usw.). – Alternativvorschlag des Autors: **„Mit einem festen Schuh *weich* walken"**, d.h. mit 70-80% der maximal möglichen Geschwindigkeit die eigene Muskelelastizität voll nutzen.

Entscheidend für das Walking-Tempo ist, dass die gesamte Abdruckkraft in einen Impuls für den nächsten Schritt umgesetzt werden kann und nicht durch Dämpfungselemente im Vorfußbodenbereich des Schuhs vermindert wird (s.a. Abbildung 59, S. 118). Abdruckkräfte zu dämpfen, d.h. sie zu vermindern, ist aus physikalischer Sicht Unsinn, es kostet den Walker Kraft und Zeit! – Dennoch tut es eine ganze Branche und baut dort Luft-, Gel-, Wabenkissen usw. ein. Eine wissenschaftliche Studie, die aus Wettbewerbsgründen nicht zitiert werden darf, hat das sehr detailliert nachgewiesen.

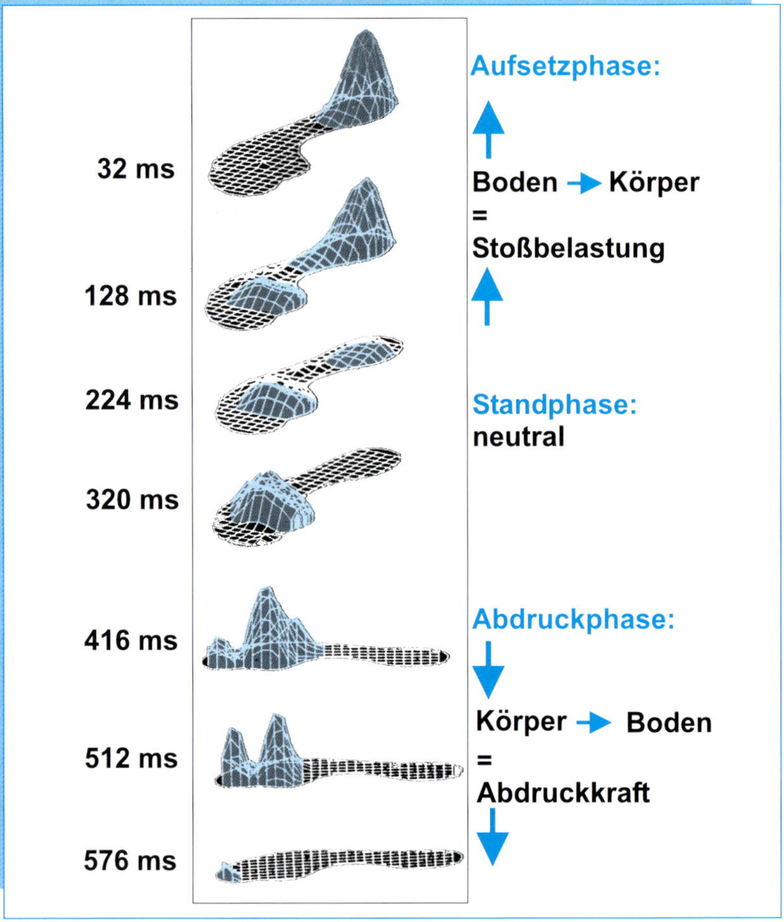

Abb. 76: Innerhalb von 32 ms baut sich in der Landephase eine Kraftspitze im Rückfuß auf, die als Stoß vom Boden aus auf den Körper einwirkt. Je kürzer dieser Zeitraum, umso härter ist der Schuh, je langsamer, umso besser die Dämpfung. Danach erfolgt eine Verlagerung vom Rückfuß in den Vorfuß bei einem gleichzeitigen Wechsel der Kraftrichtung. Nach 416 ms erreicht die Abdruckkraft im Ballenbereich ihr Maximum. Entscheidend für das Walking-Tempo ist, dass diese Kraft ausschließlich in einen Impuls für den nächsten Schritt umgesetzt werden kann und nicht durch Dämpfungselemente im Vorfußbodenbereich des Schuhs vermindert wird.

Flexibilität im Vorfußbereich des Schuhs

Der Walking-Schuh soll im Vorfußbereich eine einwandfreie Abrollbewegung des Fußes gewährleisten. Dazu benötigt er neben der Festigkeit gleichzeitig Flexibilität.

Dies ist kein Widerspruch. Die Festigkeit ergibt sich aus der Zwischensohle. Die Flexibilität, d.h. die Knicklinie des Schuhs im Ballenbereich, wird durch die Formgebung der Laufsohle und/oder durch 2-3 schmale Schlitze in der Zwischensohle bestimmt. Ist die Sohle zu steif, wird der Fuß über den Ballen hinweggehebelt und gleichzeitig die Kraftübertragung vom Fuß zum Boden reduziert. – Eine unflexible Sohle im Vorfußbereich ist nur bei versteiften Zehengrundgelenken, die nicht mehr bewegt werden können bzw. dürfen, die richtige Alternative, um schmerzfrei walken zu können. In diesen Fällen sollte ein Schuh mit einer ausgeprägten Rolle, d.h. mit einer starke Abrundung der Zwischensohle zur Schuhspitze hin, bevorzugt werden. Zu weiche Zwischensohlen vermindern die Kraftübertragung vom Fuß auf den Boden und beeinträchtigen die Richtungsstabilität in der Abdruckphase. Der feste Sohlenaufbau im Vorfuß hat ferner die Aufgabe, den Fuß gegen durchdrückende spitze Steine zu schützen.

11.2 Tipps zum Schuhkauf

Fehlkäufe lassen sich zwar nicht völlig vermeiden, auch nicht durch die Beratung erfahrener Experten. Dennoch lässt sich das Risiko durch Vorüberlegungen und konsequenten Check bei der Passform auf ein Minimum reduzieren. Vor einem Kauf sollte der Käufer sich folgende Fragen beantworten:

1. Auf welchen Untergründen will ich ihn tragen: auf der Straße (Asphalt), auf ebenen, festen oder unebenen bzw. schotterreichen Wegen, bei Nässe, Schnee und/oder Eis?
2. Welche Anforderungen muss ich an das Modell hinsichtlich Dämpfung und Fußführung stellen bzw. welchen Belastungen (Walking-Tempo/Körpergewicht) muss der Schuh standhalten?
3. Habe ich Fußfehlstellungen, die zu berücksichtigen sind, z.B. Knickfußstellungen?
4. Was muss ich für die richtige Passform berücksichtigen?
5. Wo erhalte ich eine qualifizierte Beratung, z.B. eine Laufbandanalyse?
6. Welche Erfahrung habe ich mit meinen bisherigen Schuhen gemacht?
7. Preis – wie viel muss ich für meinen Sportschuh zum Walken ausgeben?

11.2.1 Untergründe

Der größte Teil der Lauf-/Walking-Schuhe ist speziell auf die Bedingungen der USA, dem 10 mal größeren Lauf-/Walking-Schuhmarkt, d.h. für das Laufen/ Walken auf Asphalt, konstruiert. Diese Modelle haben im Allgemeinen eine geringere Stützwirkung und sind zum Training auf den unebenen Wald- und Feldwegen nur bedingt geeignet, da sich dort die Belastung z.B. auf den Gefällstrecken oder in Kurven verdoppeln kann. Hinzu kommt, dass diese Modelle häufig im Vorfußbereich nicht genügend Schutz gegen durchdrückende, spitze Steine bieten.

In Deutschland wird zu 66% auf unebenen Feld-, Hart- und Waldwegen gewalkt, in den USA dagegen überwiegend auf ebenen Asphalt- und Betonwegen. Diese Belastungsunterschiede erklären auch, warum bestimmte Modelle in den USA bei Schuhtests gute Beurteilungen erhalten haben und in Deutschland für deutsche Verhältnisse als ungeeignet eingestuft werden.

Schuhe, die für unebene Wege konzipiert sind, können normalerweise auch problemlos auf der Straße getragen werden. Die Cross- bzw. Off-Road-Modelle sind überwiegend auf die speziellen Bodenverhältnisse bei extrem unebenem Untergrund abgestimmt.

Hinweis: Bei der Bezeichnung *Crosstrainingsschuhe* handelt es sich nicht um Crosslaufmodelle, sondern um Allround-Trainingsschuhe für den Einsatz quer (= cross) in allen (vielen) Sportarten.

Nasser Untergrund: Auf nassem Asphalt greift feines Profil besser als grobes, für nasses Gelände sind grobe Stollen geeigneter.

11.2.2 Belastung

Wie stabil der Schuh sein muss, richtet sich nach dem Walking-Tempo, dem Körpergewicht und der Frage, ob eine Überpronation vorliegt, die kompensiert werden muss bzw. soll. Auch hier ist eine Optimierung und keine Maximierung anzustreben. Ein Überkorrektur führt ebenso zu Fehlbelastungen wie die fehlende.

11.2.3 Passformkriterien

Bei der Passform sollte wie folgt vorgegangen werden, wobei der Autor weiß, dass die psychologische Komponente, die u.a. Lieblingsmarke, Aussehen und Preis beinhaltet, nicht völlig unterdrückt werden kann.

- Leistenform
- Zehenlänge/Ballenknicklinie
- Schuhlänge (Fuß + 1 cm)
- Zehenfreiraum/Weite
- Fersensitz/-halt
- Knöchelfreiheit
- Schnürung.

Leistenform

Unterschieden wird zwischen geraden und gebogenen Leisten, was durch Betrachten der Schuhe von unten bzw. durch Herausnehmen der Einlegesohlen einfach zu erkennen ist. Leicht gebogene Leisten entsprechen der überwiegenden Mehrheit der Menschen in Mitteleuropa. Die Leisten der meisten Extremstabilschuhe sind fast gerade.

Ballenknicklinie

Es gibt Walker mit sehr kurzen und andere mit sehr langen Zehen (Abbildung 77). Dementsprechend muss die Ballenknicklinie des Schuhs weiter vorne oder weiter hinten liegen (Abbildung 78). Wenn Fuß- und Schuhknicklinie nicht übereinstimmen, dann arbeitet der Schuh gegen den Fuß [26]. Es kommt häufig zu sehr schmerzhaften Überlastungen im Quergewölbe. Ihnen mit Spreizfußpelotten oder Einlagen begegnen zu wollen, bleibt erfolglos. – Diese Erkenntnis ist das Ergebnis einer über zehnjährigen Analyse des Autors von geeigneten bzw. nicht geeigneten Sportschuhen für eine Walkerin mit kurzen Zehen und Spreizfüßen. Dieser Zusammenhang ist aber trotz vielfacher Publikation fast keinem Schuhverkäufer und nur wenigen Experten bekannt!

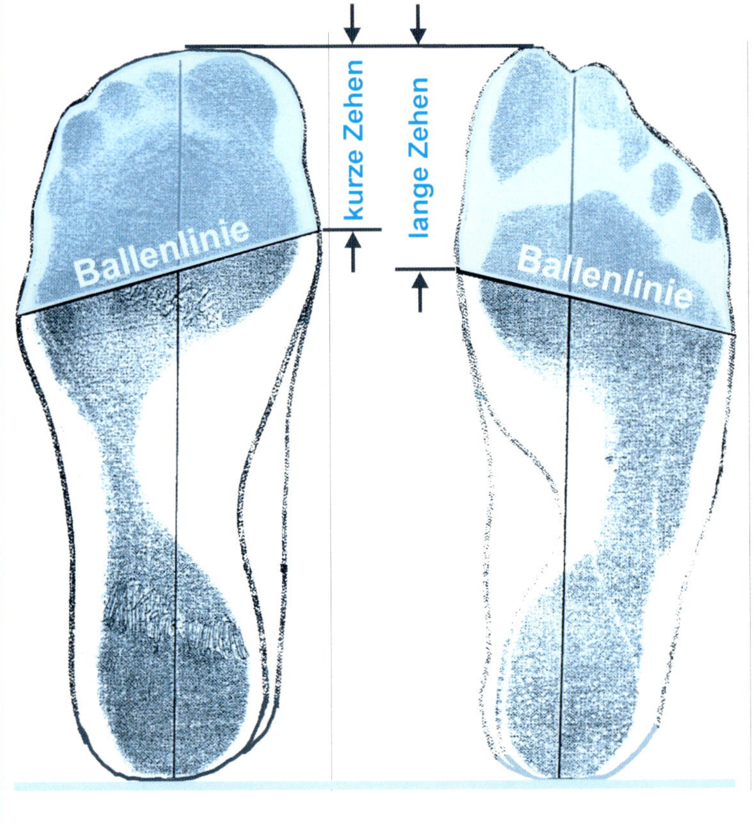

Abb. 77: Beide Füße sind gleich lang. Im Vorfuß sind die unterschiedlichen Zehenlängen deutlich zu erkennen. Bei der Schuhauswahl müssen diese Unterschiede berücksichtigt werden. Bei kurzen Zehen (links) benötigen Sie einen Schuh mit einer weit vorne liegenden Knicklinie, für den rechten muss die Knicklinie weit hinten liegen (s. Abbildung 78).

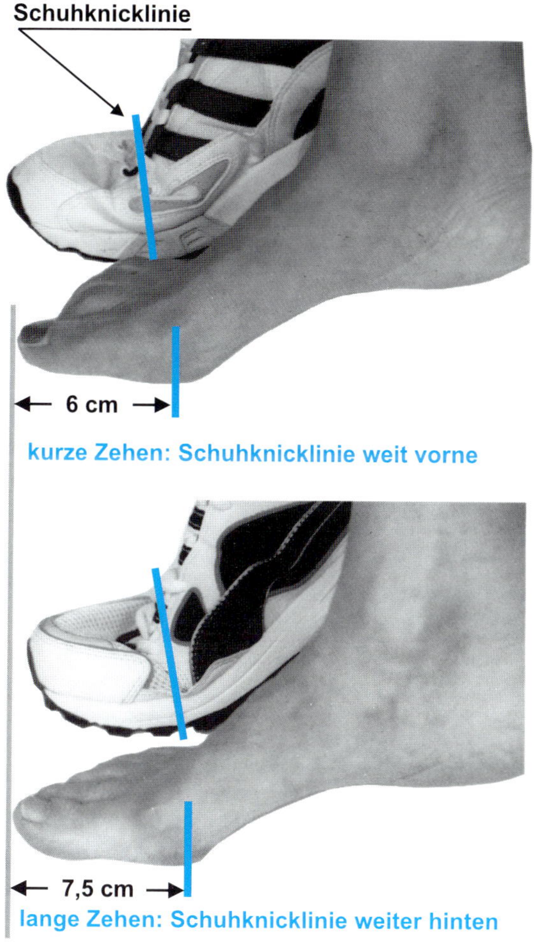

Abb. 78: Oben: Die Knicklinie muss den langen Zehen entsprechend weiter hinten liegen. Unten: Die Knicklinie liegt zehengerecht sehr weit vorne.

Die Ermittlung der Schuhknicklinie ist denkbar einfach. Der Schuh wird waagerecht zwischen die offenen Handflächen genommen und die Hände etwas zusammengedrückt. Die Schuhsohle knickt an ihrer Knicklinie.

Schuhlänge

Vorbemerkung: Für die Größen und Weiten bei Sportschuhen gibt es weder verbindliche Normen noch Richtlinien. Die Schuhgrößenangaben sind Hausnummern – sie werden in der Regel um 1-2 Nummern kleiner deklariert als beim normalen Straßenschuh! Die Praxis ist noch schlimmer: Die Größenangaben schwanken nicht nur von Hersteller zu Hersteller, sondern bei den Herstellern häufig von Modell zu Modell. – Die Damen sollten deshalb nicht überrascht sein, wenn der passende Lauf- bzw. Walking-Schuh zwei Nummer größer deklariert ist als ihr Tagesschuh.

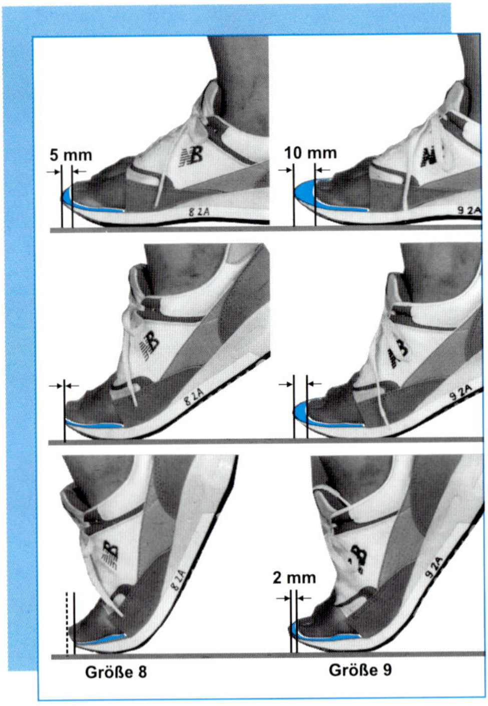

Zum Finden der richtigen Länge wird der Fuß auf die herausgenommene Einlegesohle gestellt. Vor dem längsten Zeh sollten noch ca. 1 cm Platz sein.

Neue Lauf-/Walking-Schuhe werden am besten am Nachmittag anprobiert. Zu diesem Zeitpunkt sind die Füße größer als am Morgen. Im Schuh muss vor den Zehen mindestens (!) eine Daumenbreite (1 cm) Platz sein, damit der Fuß beim Abrollen ungehindert nach vorne rutschen kann (Abbildung 79).

Abb. 79: Links: Bei nur 5 mm Freiraum rutscht der Fuß beim Abrollen so weit nach vorne, dass die Zehen 2 mm über die Schuhspitze hinausgehen bzw. im Normalfall vorne gegen die Schuhkappe stoßen.
Rechts: Die Zehen haben ausreichend Platz und können, ohne anzustoßen, nach vorne rutschen.

Blaue Zehennägel sind die Folge von Platzmangel und ein sichtbares Zeichen für zu kurze Schuhe. – Spreizfüße haben ihre Ursache in zu kurzen Schuhen, insbesondere aus Kinder- und Jugendjahren. – Auch heute trägt jedes zweite Kind klaglos Schuhe, die ihm 1 bis 2 Größen zu klein sind. Der Kinderfuß ist so weich, dass er sich problemlos anpasst, aber der Spreizfuß ist die Dauerfolge.

Zehenfreiraum und Schuhweite

Die Weite muss ebenso stimmen wie die Länge. Der Vorfuß und insbesondere die Zehen brauchen auch in der Weite genügend Platz. Im Mittelfußbereich dagegen muss der Schuh fest sitzen. Ein Hersteller, NEW BALANCE, bietet deshalb seine Modelle in unterschiedlichen Weiten an (Abbildung 80). Bei allen anderen Herstellern muss man durch Anprobieren feststellen, ob der Schuh schmal oder weit geschnitten ist. – Für sehr viel Modelle gilt: sie sind zu weit für die Füße bei uns in Mitteleuropa.

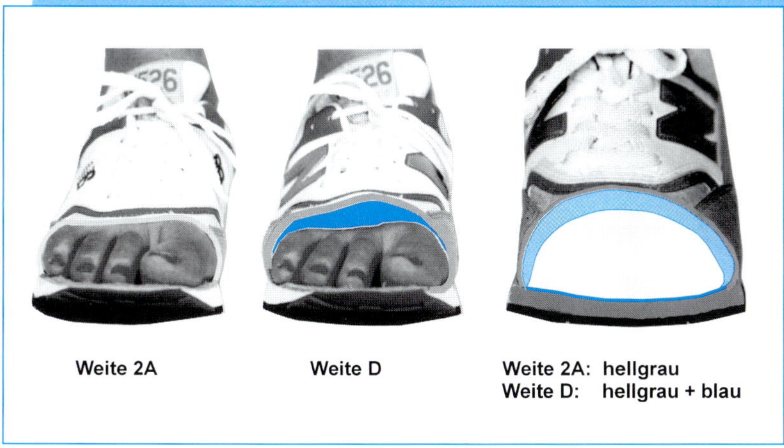

Abb. 80: Links: Im Schuh mit Weite 2A findet dieser schlanken Fuß seine einwandfreie Passform.
Mitte: Für den gleichen Fuß ist die Weite D deutlich zu weit.
Rechts: Der helle Bereich kennzeichnet das Volumen der Zehenbox der Weite 2A, der blaue Bereich zeigt, wie viel mehr an Volumen eine D-Weite bietet.

Fersensitz/-halt

Die Ferse soll von Anfang an einwandfrei sitzen. Der Fuß wird von der Ferse aus geführt. Wird die Ferse dort nicht einwandfrei gehalten, kann der Fuß im Schuh hin- und herwackeln. Mit festerem Schnüren lässt sich ein schlechter Fersensitz nur bedingt korrigieren. Vorsicht geboten ist bei sehr harten Hinterkappen, die immer wieder in Mode sind.

Bei Walkern mit sehr stark ausgebildeten Fersenbeinen kann es durch sie leicht zu schmerzhaften Druckstellen kommen. Ob die Ferse fest sitzt, lässt sich entsprechend Abbildung 81 leicht testen.

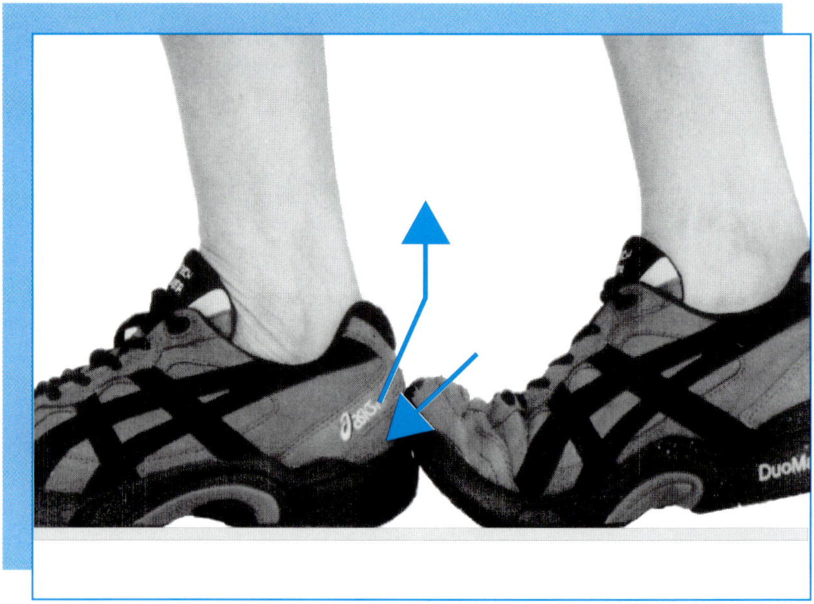

Abb. 81: Prüfung des Fersensitzes. Schuhe einwandfrei schnüren. Mit dem rechten Schuh den linken Schuh am Boden arretieren und mit dem linken Fuß versuchen, aus dem geschnürten Schuh zu schlupfen. Anschließend Wiederholung mit den anderen Schuh

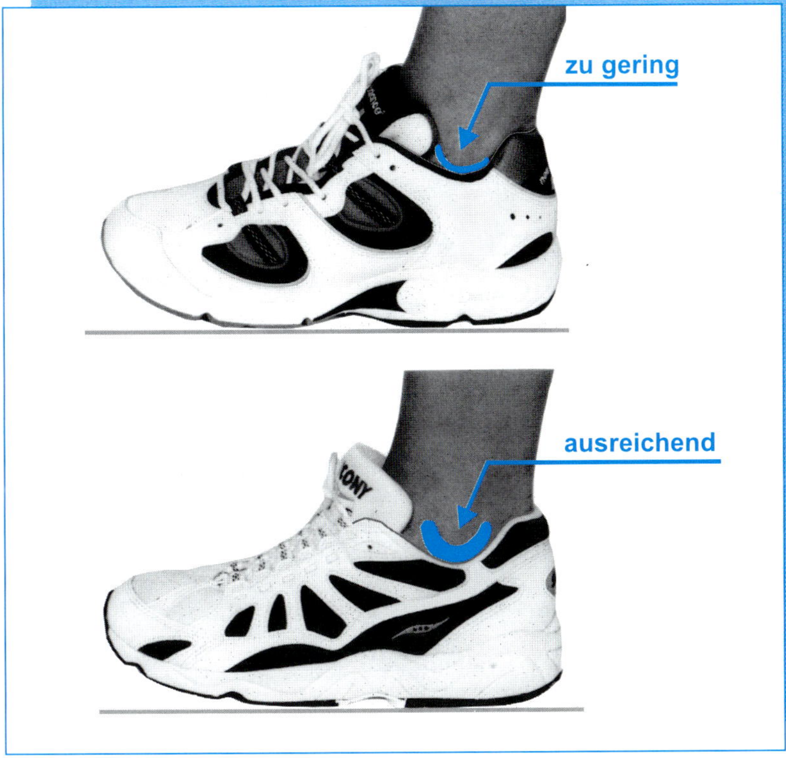

Abb. 82: Knöchelfreiheit. Der Abstand zwischen Knöchelunterkante und Schaft sollte mindestens 3 mm betragen.

Knöchelfreiheit

Ungenügende Knöchelfreiheit gehört zu den versteckten Mängeln. Sie betrifft die kleineren Damenmodelle häufiger als die größeren Herrenschuhe. Ausreichend ist die Knöchelfreiheit, wenn der Abstand zwischen Knöchelunterkante und Schaft ≥ 3 mm beträgt. Ist er kleiner, empfiehlt es sich, die Einlegesohle herauszunehmen und ohne Einlegesohle zu prüfen, ob es zum Kontakt zwischen Knöchel und Schuhkante kommt. Ist er vorhanden, besteht die Gefahr, dass es nach wenigen Kilometern beim Walken auch zu diesem, dann schmerzhaft werdenden Kontakt kommt, wenn die Zellstruktur der geschäumten Einlegesohle zusammengetreten ist.

Abb. 83: Der Zwischenknoten

Schnürung

Der Schuh führt den Fuß (s. Kapitel 11.1.2 „Führen“). Diese Aufgabe kann er nur wahrnehmen, wenn der Sitz des Fußes durch eine einwandfreie Schnürung gewährleistet ist. In einem ungenügend geschnürten Schuh rutscht der Fuß hin und her, er findet keinen Halt, was zwangsläufig zu Überlastungen bei Bändern, Sehnen, Muskeln und Gelenken führt. – Der Autor hat im Rahmen seiner Laufschuhberatung zigmal nur in die Schnürung gegriffen, sie festgezogen und die Beschwerden waren beseitigt.

Die konventionelle Lochschnürung lässt die individuellste Schnürung zu. Die Ghilly-Schnürung mit den großen Kunststofffösen ist einfacher und schneller zu handhaben – bei sehr hohem Rist kann es Probleme geben.

Bei manchen Fußformen kann es wünschenswert sein, den Schuh zwischen Vorfuß- und Ristbereich unterschiedlich eng zu schnüren. Durch einen Zwischenknoten (Abbildung 83) lässt sich das einfach realisieren.

11.2.4 Beratung, Laufbandanalysen, Einlagen

Eine qualifizierte Beratung erhält man leider nur in wenigen Sportgeschäften. Wo diese zu finden sind, ist Insider-Wissen. Allgemeine Empfehlungen sind nicht möglich. Ob ein Schuh, der sich im Geschäft gut am Fuß anfühlte, wirklich zum Fuß passt, weiß der Walker erst, wenn er ihn 1-2 Stunden getragen hat. Eine gute Hilfe kann – sofern möglich – ein Laufbandtest von mindestens einer halben, besser einer ganzen Stunde sein. Die Kontrolle der Stützwirkung eines Schuhs auf dem Laufband ist immer eine wertvolle Hilfe. Sie setzt sehr viel Erfahrung voraus und ist nur in Kombination mit einer Videozeitlupenanalyse sinnvoll. Fehlt Letztere, ist der Nutzen gering.

Anmerkung: Eine Überpronation lässt sich heute auch ohne Einlagen mit der breiten Palette der Stabilschuhe korrigieren (s. Abbildung 74, S. 166). Orthopädische Einlagen sind nach wie vor bei Spreizfußproblemen notwendig, die als Ganzeinlagen in den Walking-Schuh eingepasst werden müssen. Die korrekte Lage der Spreizfußpelotte ist nicht immer bei der ersten Ausführung zu finden; eine zweite oder dritte Korrektur sollte deshalb nicht gescheut werden.

11.2.5 Erfahrung mit bisherigen Walking-Schuhen

Neu bedeutet Ungewissheit und Risiko. Bewährt heißt, auf guten Erfahrungen aufzubauen. Letzteres heißt – insbesondere bei Walkern mit Fußproblemen – auf Lauf-/Walking-Schuhe bzw. Leistenformen, mit denen sie gute Erfahrungen gemacht haben, zurückzugreifen. Auch so können viele und vor allem teure Fehlinvestitionen vermieden werden.

11.2.6 Preis

Das Lauf-/Walking-Schuhangebot umfasst heute ca. 300 aktuelle Modelle, d.h. Schuhe, die z.Z. von den Herstellern gefertigt werden. Daneben gibt es eine gleich große Zahl so genannter Auslaufmodelle. Der Handel deklariert seine Auslaufmodelle immer nur sehr zögernd, da dies für ihn gleichzeitig mit Preisreduzierungen verbunden ist. Lauf-/Walking-Schuhe kosten heute zwischen 75-150,- €. Der Preis der Schuhe ist aber nicht unbedingt mit seiner Qualität gleichzusetzen. Teure Schuhe können, aber sie müssen nicht die besseren sein. – Oft sind sie ein Imagesymbol des Trägers oder des Herstellers.

Bei den Billigangeboten muss zwischen zwei bzw. drei Gruppen unterschieden werden. Bei den von Anfang an billigen Lauf-/Walking-Schuhen, d.h. unter 75,- €, gibt es nur einzelne zum Walken geeignete Modelle. Bei preisreduzierten Auslaufmodellen gibt es viele gute Angebote, aber auch manch ungeeignetes Modell. Nicht jeder billige Schuh ist auch preiswert!

12 DEHN- UND KRÄFTIGUNGS-ÜBUNGEN FÜR WALKER

Die kleine Auswahl der aufgezeigten Dehn- und Kräftigungsübungen soll die Leser anregen, ihr Walking-Training durch eine gezielte Gymnastik zu ergänzen. Alle Übungen können zu Hause ausgeführt werden. In der Anfangszeit kann es empfehlenswert sein, diese Übungen unter Anleitung eines qualifizierten Übungsleiters durchzuführen, um Ausweichbewegungen zu vermeiden und zu lernen, wie die Gesäßmuskulatur und bei den Frauen zusätzlich die Beckenbodenmuskulatur zu spannen ist. Die empfohlenen Haltezeiten und Wiederholungen müssen nicht vom ersten Mal an erreicht werden. Sie sind eine Zielvorstellung.

D_01: **Dehnung und Streckung der Brustmuskulatur:** Zwischen eine Tür stellen, einen Arm in der Hochhalte hinter den Türstock, den anderen in der Tiefhalte vor den Türstock führen. Oberkörper so weit nach vorne neigen, bis ein Dehngefühl im Rücken eintritt. Gesäß- und Bauchmuskulatur anspannen.

D_02: **Dehnung der Nackenmuskulatur:** Beide Hände in den Nacken legen und den Kopf nach vorne ziehen und ca. 30 s halten bzw. die Dehnung langsam verstärken.

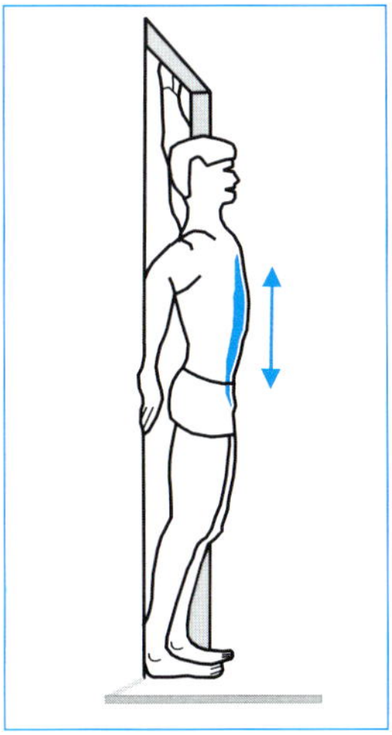

D_01

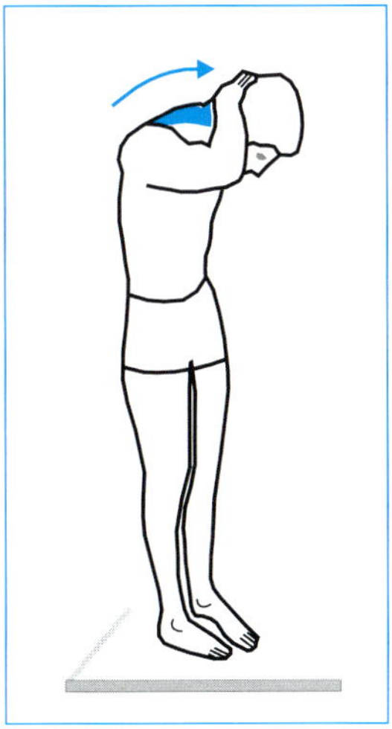

D_02

D_03: **Dehnung der seitlichen Halsmuskulatur:** Mit der rechten (linken) Hand den Kopf nach rechts (links) ziehen und ca. 30 s halten und die Dehnung langsam verstärken. Den Blick gerade halten und den Kopf nicht verdrehen.

D_04: **Dehnung des Achselbereichs:** Linke (rechte) Hand hinter den Kopf zwischen die Schulterblätter legen und mit der rechten (linken) Hand den Druck verstärken und ca. 30 s halten.

D_05: **Dehnen des Oberschenkelmuskels im Stehen:** Aufrecht stehen, nicht im Becken seitlich oder nach unten ausweichen und die linke (rechte) Ferse ans Gesäß ziehen und 30 s halten. Die Knie sollen sich dabei nebeneinander berühren. Dreimal wiederholen.

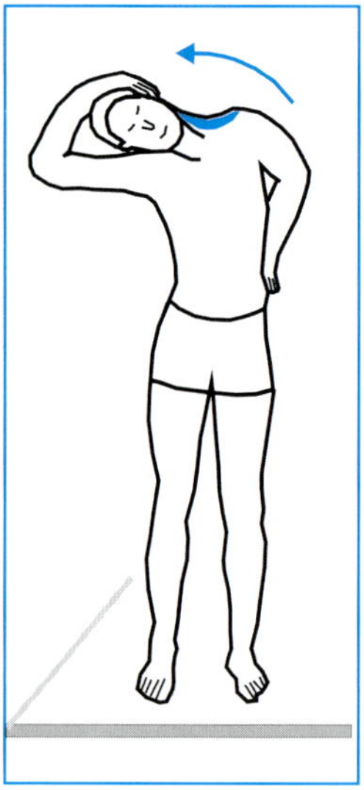
D_03

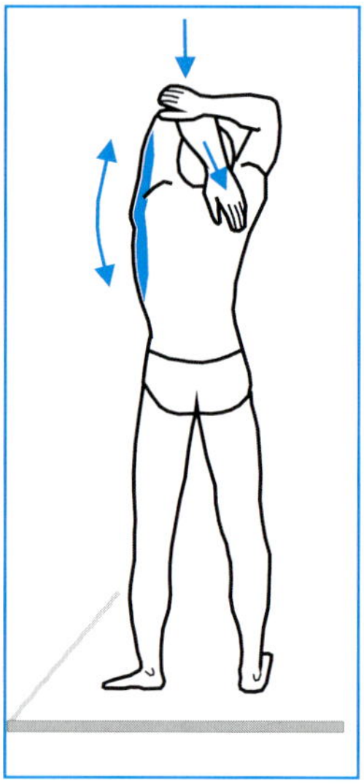
D_04

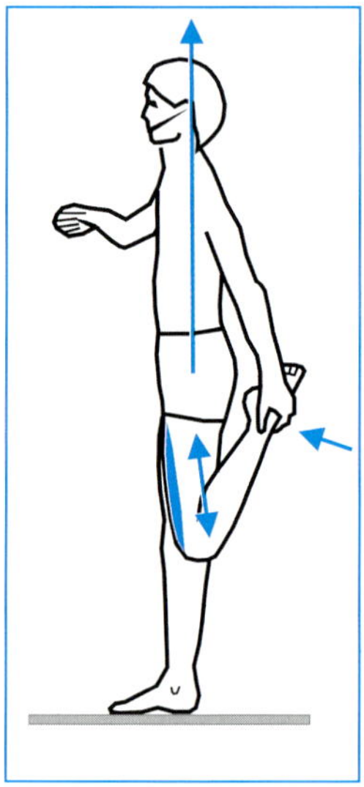
D_05

D_06: **Dehnen des Oberschenkelmuskels im Liegen** (im Liegen ist die Gefahr der Ausweichbewegung geringer als im Stehen): Becken fest auf den Boden drücken und mit der rechten oder linken Hand die linke (rechte) Ferse ans Gesäß ziehen und 30 s halten.

D_07: **Dehnung der Unterschenkel- und Wadenmuskulatur im Sitzen:** Zusätzlich wird auch der Lendenwirbelbereich gedehnt. Die Dehnung ca. 30 s halten, mehrfach wiederholen und jedes Mal etwas verstärken.

D_08: Die gleiche Übung wie D_07, jedoch mit gespreizten Beinen.

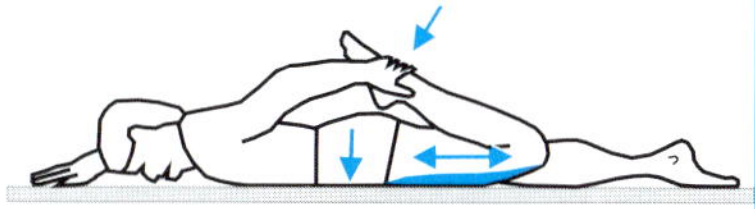

D_06

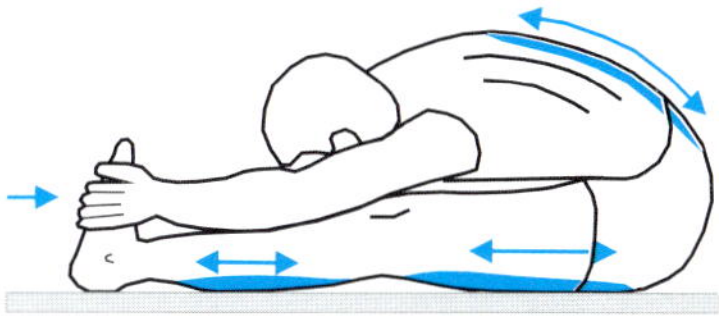

D_07

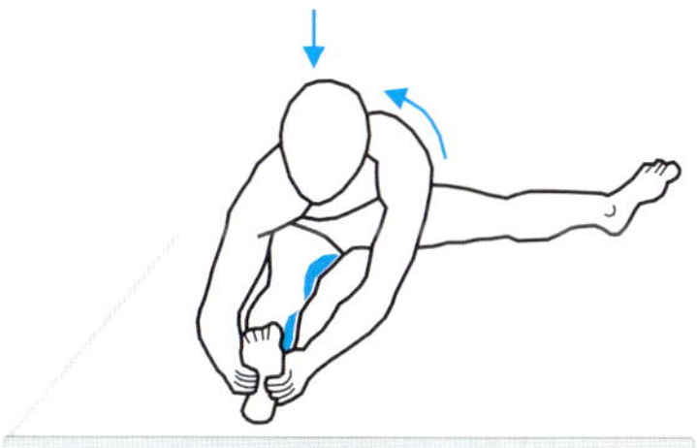

D_08

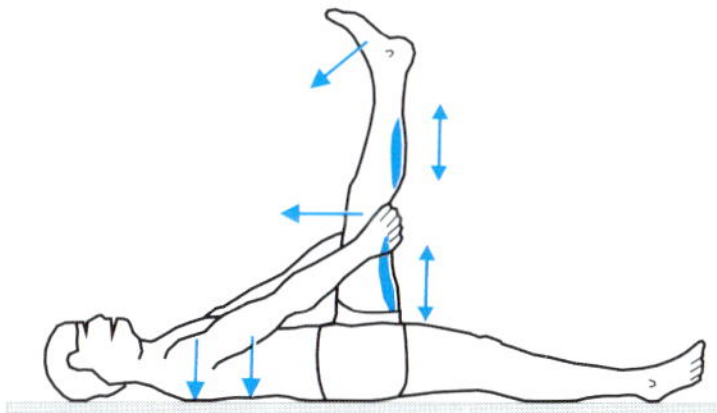

D_09

D_09: **Dehnung der Unterschenkel- und Wadenmuskulatur im Liegen:** Den Rücken fest auf den Boden drücken, den angewinkelten Fuß zur Decke strecken, Knie durchdrücken, Fuß anflexen. Das andere Bein bis in die Zehen gestreckt auf den Boden drücken. Die Dehnung ca. 30 s halten, mehrfach wiederholen und jedes Mal etwas verstärken.

D_10: **Gleichzeitige Dehnung der Ober-, Unterschenkel- und Gesäßmuskulatur im Liegen:** Ein Bein gebeugt an die Brust ziehen, das andere Bein bis in die Zehen gestreckt auf den Boden drücken. Die Dehnung ca. 30 s halten, mehrfach wiederholen und jedes mal etwas verstärken.

D_11: **Dehnen der unteren Rücken- und seitlichen Rumpfmuskulatur:** Linken (rechten) Arm zur Seite ablegen, rechtes (linkes) Bein locker strecken. Das andere Bein in Hüfte und Knie rechtwinklig abbeugen und über das gestreckte Bein in Richtung Boden absinken lassen. Mit der Hand noch näher zum Boden drücken und zur Brust hinziehen. Die Schulter fest auf den Boden drücken, sie soll sich nicht lösen. Mehrfach die Seite wechseln und ca. 30 s halten.

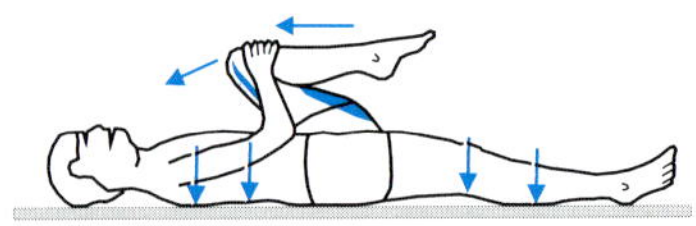

D_10

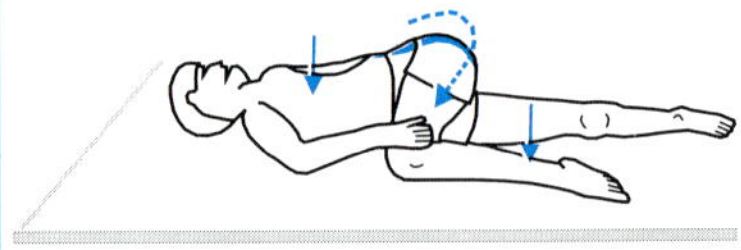

D_11

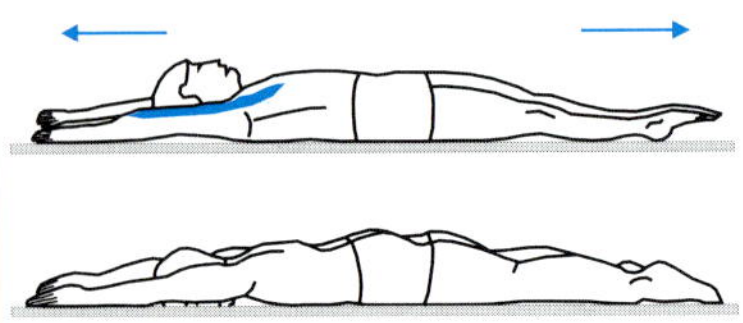

D_12

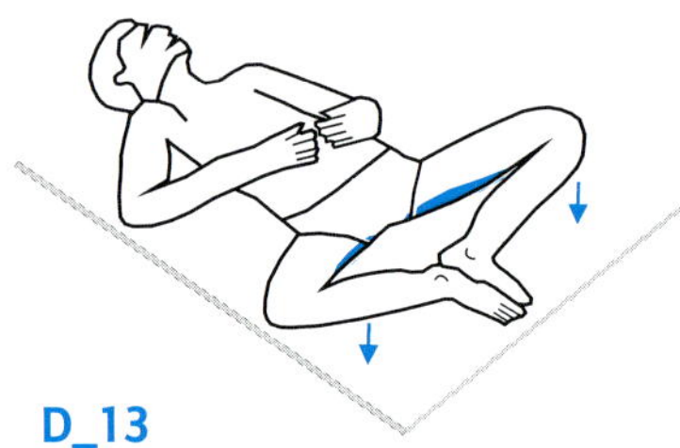

D_13

D_12: **Dehnen und Strecken des ganzen Körpers:** Arme und Beine maximal stecken. Streckung 20-30 s halten und nach und nach verstärken. Zuerst beide Arme und Beine gleichzeitig, dann rechter Arm und rechtes Bein zusammen, dann links und in der Diagonalen.

D_13: **Dehnen der inneren Oberschenkel im Liegen:** Fußsohlen gegeneinander legen und Knie nach außen fallen lassen. Die Dehnung ca. 30 s halten, mehrfach wiederholen und jedes Mal etwas verstärken.

D_14: **Dehnen der inneren Oberschenkel im Sitzen:** Fußsohlen aneinander legen und Knie nach außen fallen lassen. Die Dehnung ca. 30 s halten, mehrfach wiederholen und jedes Mal etwas verstärken.

D_15: **Dehnen der Gesäßmuskulatur und Bewegen der Wirbelsäule:** Die angewinkelten Beine an die Brust ziehen. Die Dehnung ca. 30 s halten. Dann mehrfach nach rechts und links, sowie vor und zurück auf der Wirbelsäule hin- und herrollen.

D_16: **Dehnung der Wirbelsäule:** Die Wirbelsäule mehrfach nach oben drücken und jeweils 30 s halten.

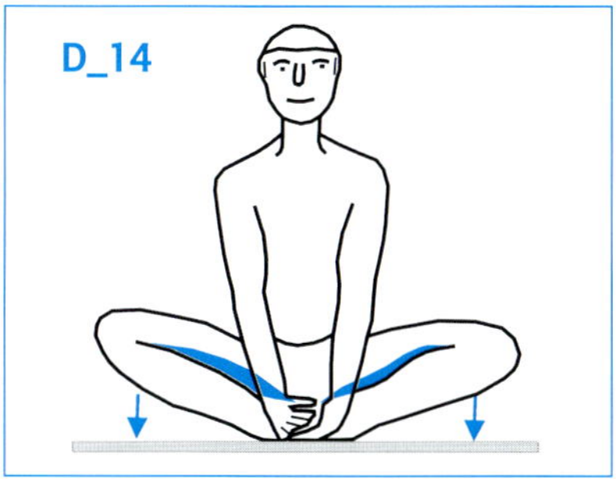

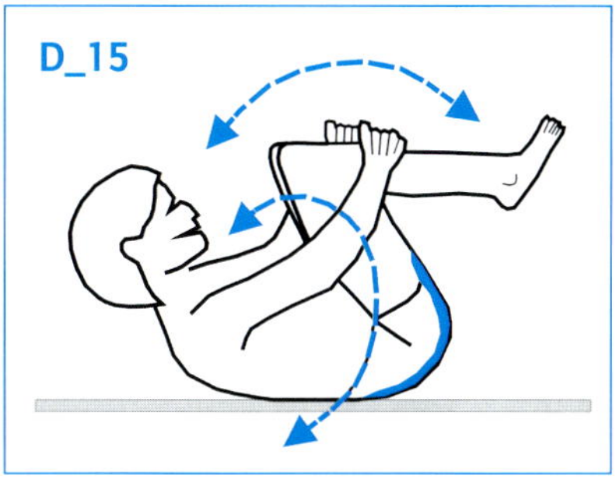

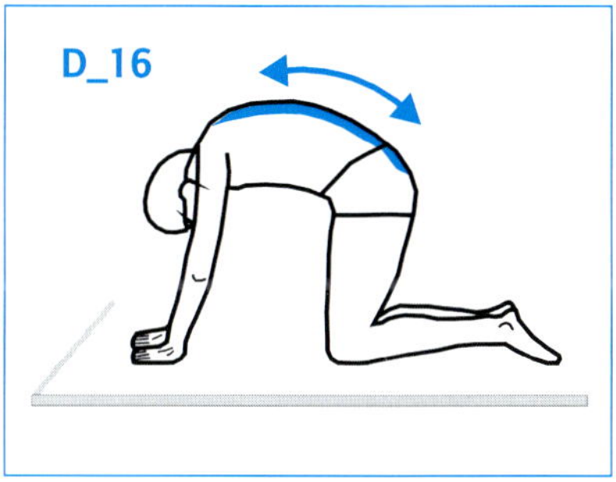

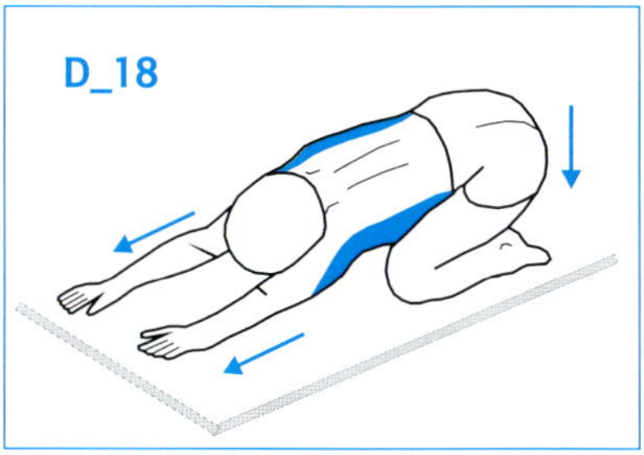

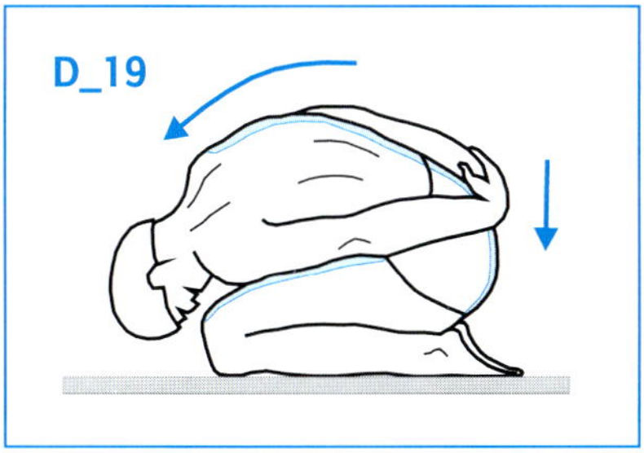

D_17: **Lockerung der Wirbelsäule:** Die Wirbelsäule mehrfach nach unten drücken und jeweils 30 s halten.

D_18: **Streckung des Rückens und der Arme:** Arme mit gestrecktem Rücken auf dem Boden nach vorne schieben, das Gesäß auf den Fersen absetzen. Die Dehnung ca. 30-40 s halten.

D_19: **Dehnen von Rücken und Halswirbel:** In der Froschhaltung den Rücken nach oben drücken und bis zu den Halswirbeln dehnen. Die Dehnung ca. 30-40 s halten.

K_01: **Kräftigen der Rücken- und hinteren Oberschenkelmuskulatur:** Bauch- und Gesäßmuskulatur fest anspannen und auf den Boden drücken. Das gestreckte Bein erst links, dann rechts anheben und 30 s halten oder 40 mal in kleinen Amplituden, ohne abzusetzen, auf- und abschwingen.

K_02: **Kräftigen der Rücken und Oberarmmuskulatur:** Bauch- und Gesäßmuskulatur fest anspannen und auf den Boden drücken. Mit leicht angehobenem Kopf die Arme im Wechsel 20-mal strecken und anziehen.

K_03: **Kräftigen der Rücken- und Oberarmmuskulatur:** Bauch- und Gesäßmuskulatur fest anspannen und auf den Boden drücken. Die gestreckten Arme mit nach oben gerichteten Daumen im Wechsel 30-40 mal in kleinen Amplituden, ohne abzusetzen, auf- und abschwingen.

K_04: **Kräftigung der Bauchmuskeln sowie der Ab- und Adduktoren:** Den gestreckten Körper mit gespannter Bauch- und Gesäßmuskulatur auf den rechten bzw. linken Ellbogen abstützen und 30 s halten.

K_01

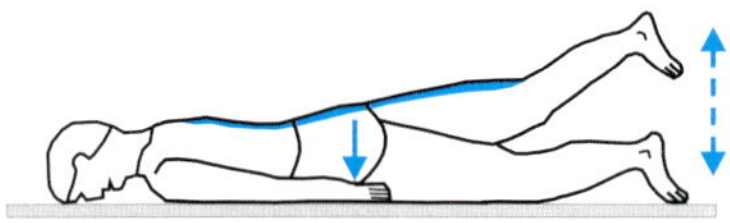

K_02

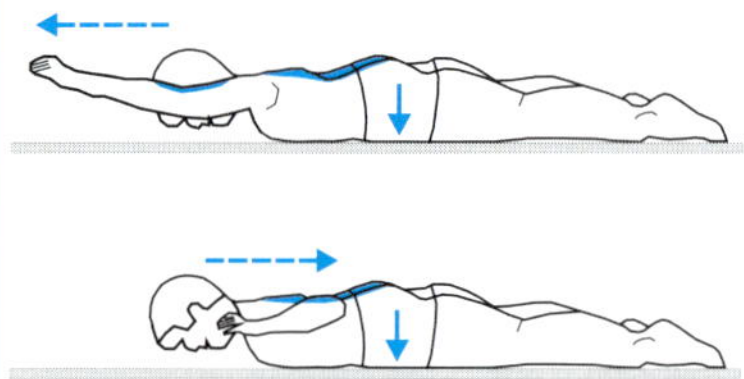

K_03

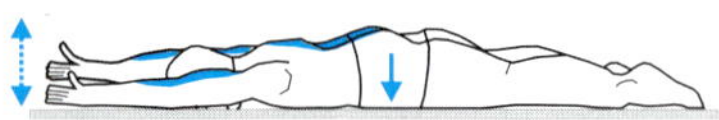

K_04

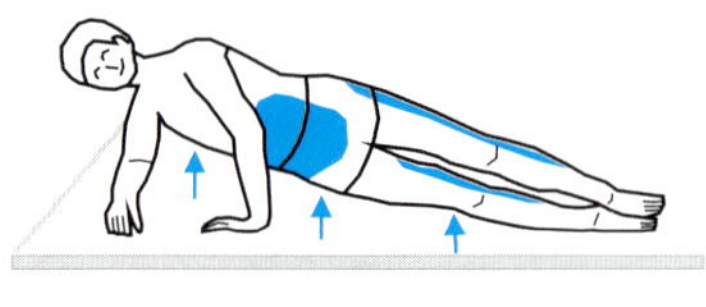

K_05: Wie Abbildung K_04, zusätzlich den freien Arm nach oben strecken und 30 s halten.

K_06: Wie Abbildung K_05, zusätzlich das obere Bein nach oben strecken
- und 30 s halten.
- oder 30 mal in kleinen Amplituden auf- und abschwingen.
- oder 30 mal in kleinen Amplituden nach außen und innen drehen.
- oder den Fuß im Wechsel vor und hinter das untere Bein zum Boden absenken, aber nur auftippen. 20 Wiederholungen.

K_07: **Kräftigen der Rücken-, Bauch- und hinteren Oberschenkelmuskulatur:** Vom Vierfüßlerstand ausgehend Bauch- und Gesäßmuskulatur fest anspannen. Linken (rechten) Arm und rechtes (linkes) Bein strecken. Nicht ins Hohlkreuz fallen. 30 s halten oder 30 mal in kleinen Amplituden auf- und abschwingen.

K_08: Wie Abbildung K_07. Das gestreckte Bein nach oben abwinkeln und 30 mal in kleinen Amplituden auf- und abschwingen.

K_05

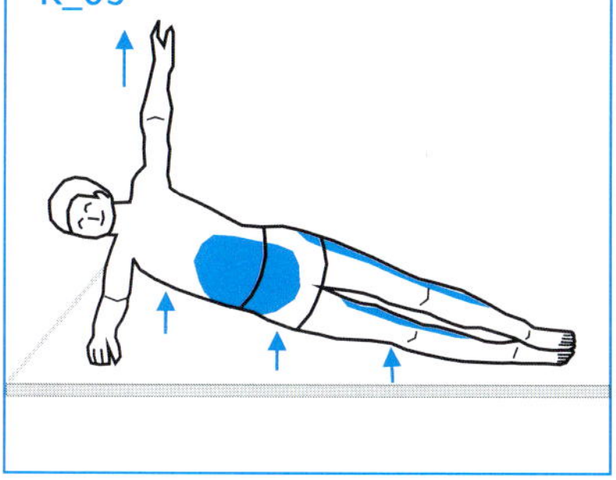

K_06

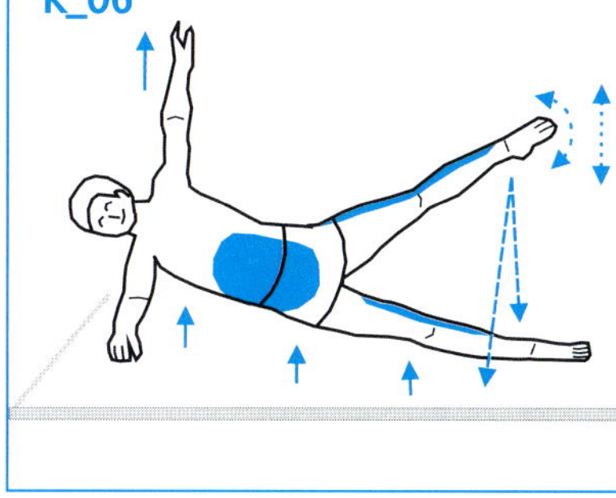

K_07

K_08

K_09: **Kräftigen der Rücken-, Bauch- und Oberschenkelmuskulatur:** Vom Vierfüßlerstand ausgehend, linken (rechten) Ellbogen und rechtes (linkes) Knie zusammenführen und 30 s halten. Fünf Wiederholungen auf jeder Seite. Diese Übung lässt sich gut mit K_06 kombinieren.

K_10: **Kräftigen der Bauchmuskulatur:** In Rückenlage Knie- und Hüftgelenke rechtwinklig beugen und die Arme waagerecht nach vorne strecken. Unterschenkel können auf einer Bank oder einem Stuhl liegen. Oberkörper langsam anheben und wieder absenken, ohne den Boden zu berühren. Die Hände zu den Füßen drücken. 30 Wiederholungen.

K_11: **Kräftigen der Bauchmuskulatur:** Gleiche Ausführung wie K_10, jedoch mit gekreuzten Armen vor dem Körper.

K_12: **Kräftigen der schrägen Bauchmuskulatur:** Gleiche Ausgangsstellung – Oberkörper aufrichten, dabei zunächst die rechte Schulter vom Boden lösen und die Hände am linken Oberschenkel vorbeiführen. Zurückgehen in die Ausgangslage, dann die linke Schulter vom Boden lösen und die Hände am rechten Oberschenkel vorbeiführen. 20 Wiederholungen je Seite.

K_09

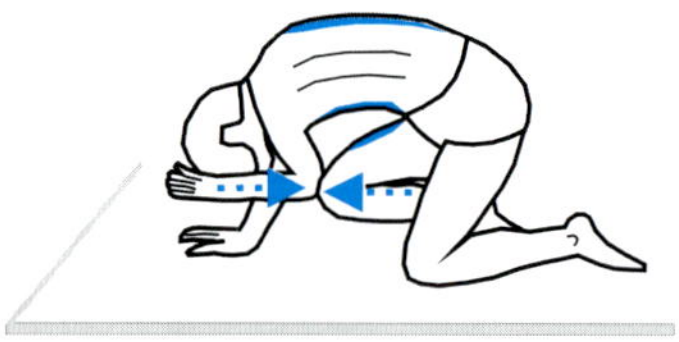

K_10

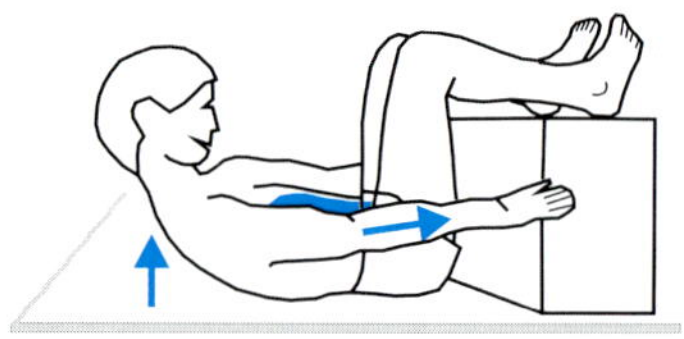

K_11

K_12

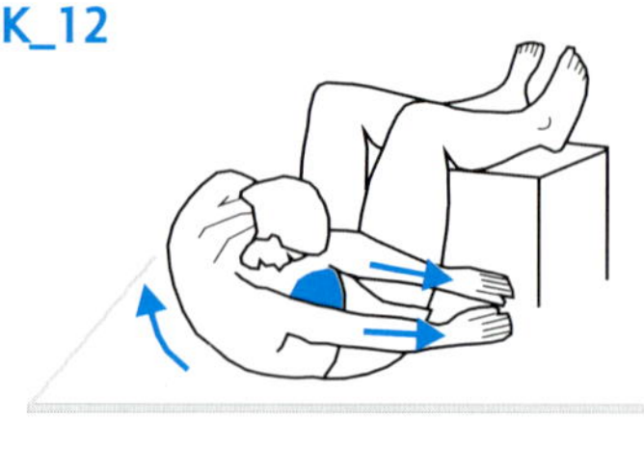

K_13: **Kräftigen der Bauchmuskulatur:** Beine anwinkeln und Arme neben dem Körper fest auf den Boden pressen. Oberschenkel in Richtung Brustkorb ziehen und das Gesäß von Boden heben und 10 s halten. Beim Absenken des Gesäßes Wirbel für Wirbel langsam abrollen. 20 Wiederholungen.

K_14: **Kräftigen der Bauch- und Beckenbodenmuskulatur:** Knie- und Hüftgelenke rechtwinkelig beugen und die Arme neben dem Körper fest auf den Boden pressen. Kopf leicht anheben und Knie nach oben führen, ohne dass sich die Oberschenkel in Richtung Brust bewegen. Das Gesäß sollte vom Boden gelöst werden. Möglichst 10 s halten. Zehn Wiederholungen.

K_15 **Kräftigen der Bauch- und Oberschenkelmuskulatur:** In Rückenlage die nicht ganz rechwinklig angebeugten Knie auf den Boden stellen und das Gesäß nach oben drücken und 15 s halten. 20 Wiederholungen.

K_16: **Kräftigen der Bauch- und Oberschenkelmuskulatur:** Ausgangslage wie K_15, erst den rechten, dann den linken Fuß strecken und 15 s halten. Drei Wiederholungen je Seite. Mit dem Anheben des Beins das Becken nicht absinken lassen.

K_13

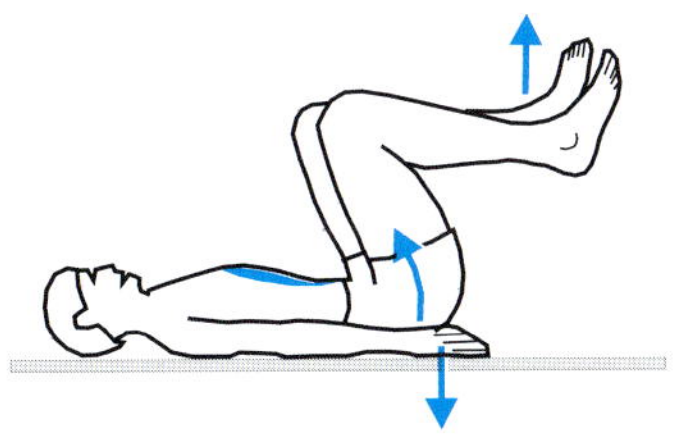

K_14

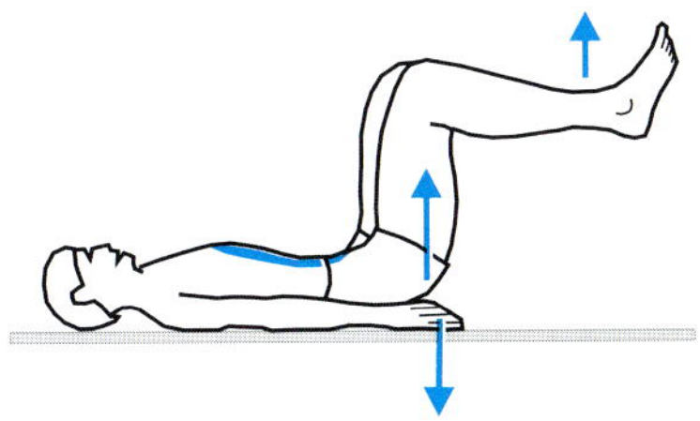

K_15

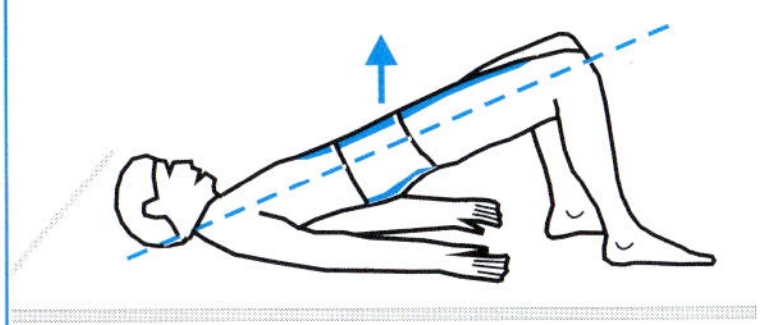

K_16

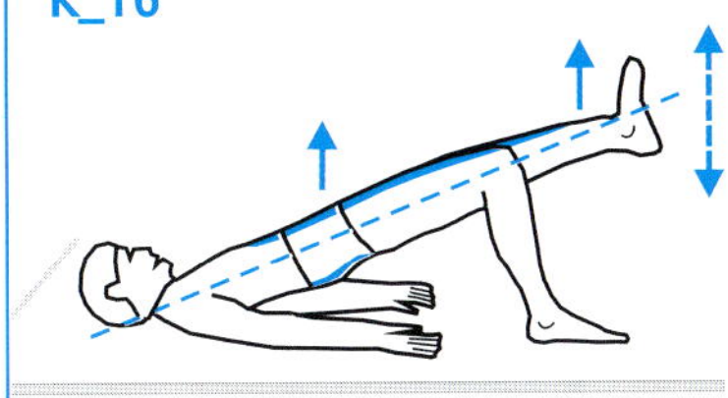

13 WEITERFÜHRENDE LITERATUR

1. AHONEN, J./LATHINEN, T./STANDSTRÖM, M./POGLIANI, G./WIRHED, R.: Sportmedizin und Trainingslehre. Stuttgart (1994).
2. AIGNER, A. (Hrsg.): Sportmedizin in der Praxis. Berlin (1986).
3. AMALING, H.: Aqua-Jogging. In: Betrifft Sport - Lehr- und Lernhilfen für Sportlehrer und Übungsleiter 3/2000, 12-26.
4. APPEL, H.-J./STANG-VOSS, C.: Funktionelle Anatomie. München (1986).
5. ASCHWER, H.: Psychische Aspekte einer ausdauersportlichen Betätigung. In: CONDITION 5/2001, 26-27.
6. BAUM, K.: Krafttraining bei Senioren: Hilfe zum Leben im Alter. In: Dtsch. Z. Sportmed. 4/1995, 214-219.
7. BENNER, K. U.: Atlas der Anatomie. Augsburg (1997).
8. BEYER, H./WALTER, W. (Hrsg.): Lehrbuch der organischen Chemie. 19. Aufl. Stuttgart (1981).
9. BÖNING, D.: Muskelkater – Ursachen, Vorbeugen, Behandlung. In: Dtsch. Z. Sportmed. Sonderheft 1988, 4-7.
10. BÖNING, D.: Muskelkater. In: Dtsch. Z. Sportmed. 2/2000, 63-64.
11. BÖS, K.: Walking Informationsbroschüre, Deutscher Leichtathletik-Verband, Damstadt (1995).
12. BÖS, K.: Handbuch für Walking. Aachen, 3. Aufl. (2000).
13. BÖS, K./SEITER, H.: Walking ideal für Menschen mit Venenschwächen. In: CONDITION 7-8/2001, 36-37.
14. BÖS, K./SAAM, J.: Tips für Walking. Aachen 3. Aufl. (2000).
15. BÖS, K.,/SCHOTT, N.: Belastungsparameter beim Walken. In: Dtsch. Z. Sportmed. 48, 4/1997, 145-153.
16. BROUNS, F.: Sportler Getränke – Wider diese pseudowiss. Irrmeinungen! In: Arzt+Sport Nr. 2 (4/1992) 26-35.
17. BUSKIES, W./BOECKH-BEHRENS, W. U.: Gesundheitsorientiertes Fitnesstraining, Bd. 2, Ausdauertraining, Ernährung, Entspannung. Firmenschrift: Dr. Loges + Co., Winsen. Lüneburg (1996).
18. CAVANAGH, P.: The Biomechanics of Distance Running. Champaign Illinois (1990).
19. CONZELMANN, A.: Zur Entwicklung der Ausdauerleistungsfähigkeit im Alter. In: Sportwissenschaft 2/1988, 160-175.

20. CZIOSKA, F.: Der optimale Laufschuh. Aachen (2000).
21. DIEM, C.: Ozon – oben zu wenig, unten zu viel. In: Triathlon & Duathlon 3/1994, 53-54.
22. DIEM, C. J.: Das intervallisierende Ausdauertraining für den untrainierten Laufanfänger. In: Sportunterricht 3/1984, 104-109.
23. DIEM, C. J.: Umfrageanalyse bei 510 LAUF-TREFF-TeilnehmerInnen. Alle Daten beim Verfasser, nur z.T. veröffentlicht (1993).
24. DIEM, C. J.: Testkriterien für Lauf-(Jogging-)Schuhe: In: Sportverl. Sportschaden 4/1993, 196-199. Stuttgart.
25. DIEM, C. J.: Tips für Laufanfänger. 6. überarbeitete Aufl. Aachen (2000).
26. DIEM, C. J./LANG, D.: Die dritte Dimension. In: SportSpezial-CONDITION 10/1992, 8-14.
27. DIEM, C. J./HESS, H.: Der Laufschuh-Ratgeber. Oberhaching (1986).
28. DIEM, C. J./SCHWEBEL, W.: Gesundheitsförderung durch Lauftherapie – Welche Möglichkeiten bietet der LAUF-TREFF? In: WEBER, A. (Hrsg.): Hilf dir selbst: Laufe, 100-114. Paderborn (1999).
29. EBENEZER, C.: Moderne Venenpflege. Ettlingen (1997).
30. FASSBENDER, H. G.: Osteoarthrose oder Osteoarthritis? In: Colloquia Rheumatologica 21- Aktuelle Rheumaprobleme 20-36. München (1984).
31. FIESER, L. F./FIESER, M.: Lehrbuch der organischen Chemie. 4. Aufl. Weinheim (1960).
32. FREIWALD, J.: Massnahmen und Wirkungen des Auf- und Abwärmens im Sport. In: Neuere Erkenntnisse zum Konditionstraining (Hrsg. SINGER, R.), 2001, 157-171, Institut für Sportwissenschaften TU Damstadt (2001).
33. GABRIEL, H./KINDERMANN, W.: Immunsystem und körperliche Belastung: Was ist gesichert? In: Dtsch. Z. Sportmed. Sonderheft 1/1998, 93-99.
34. GÜLLICH, A./SCHMIDTBLEICHER, D.: Struktur der Kraftfähigkeiten und ihrer Trainingsmethoden. In: Dtsch. Z. Sportmed. 7-8/1999, 223-234.
35. HANAFI, H. et. al.: Ausgewählte Stretchingübungen für Mittel-/Langstreckenläufer. In: Leichtathletik 48/1986, 1535-1538; 49/1986, 1567-1570.
36. HARTMANN, S./BUNG, P./PLATTEN, P./ROST, R.: Sport und Schwangerschaft. In: Dtsch. Z. Sportmed. 7-8/1997, 282-289.
37. HECK, H./MADER, A./MÜLLER, R./HOLLMANN, W.: Laktatschwellen und Trainingsteuerung. In: Dtsch. Z. Sportmed., Sonderheft 1996, 72-78.
38. HECK, H./ROSSKOPF, P.: Die Laktat-Leistungsdiagnostik – valider ohne Schwellenkonzepte. In: TW Sport+Medizin 5/1993, 344-352.

39. HELLWIG, A.: Walking, BKK R+V Broschüre.
40. HESSISCHES MINISTERIUM FÜR JUGEND, FAMILIE UND GESUNDHEIT: Ozon. Referat Presse und Öffentlichkeitsarbeit Wiesbaden (1992).
41. HOF-MUSSLER, S.: Sport und Immunsystem. In: Med. Mo. Pharm. 12/1991, 362-363.
42. HOFFMANN, G.: Eisenstoffwechsel der Frau im Sport. In: Dtsch. Z. Sportmed. 5/1998, 173-174.
43. HOLLMANN, W.: Lebensverlängerung durch sportliche Aktivität. In: Spektrum der Wissenschaft 10/1987, 22-28.
44. HOLLMANN, W.: Definitionen und Grundlagen zur Trainingslehre. In: Dtsch. Z. Sportmed. 9/1993, 83-389.
45. HOLLMANN, W.: Ozon: ein Sportkiller. In: Die Fitmacher 3/1993, 5.
46. HOLLMANN, W./STRÜDER, K. H.: Das menschliche Gehirn als Agitator und Rezeptor von muskulärer Arbeit. In: Dtsch. Z. Sportmed. Sonderheft 1/1998, 154-160.
47. HOLLMANN, W./HETTINGER, T.: Sportmedizin - Arbeits- und Trainingsgrundlagen. 3. Aufl. (Studienausgabe). Stuttgart (1990).
48. ISRAEL, S./FREIWALD, J./ENGELHARDT, M.: Zielgerichteter Alterssport - Kraft an erster Stelle. In: TW Sport+Medizin 6/1995, 367-374.
49. JANSSEN, P. G.: Ausdauertraining – Trainingssteuerung über die HF- und Milchsäurebestimmung. In: Beiträge zur Sportmedizin, Band 34. Erlangen (1989).
50. JESCHKE, D./HEITKAMP, H. Ch.: Sportmedizinischer Untersuchungsbefund an Dauerläufern im mittleren Alter. Manuskript (1987 ?) – Sportmedizin, Uni Tübingen Innere Medizin.
51. KLEINMANN, D.: Koronarsport richtig – Walking/Jogging. Hannover (1989).
52. KLEINMANN, D.: Laufen – Sportmedizinische Grundlagen, Trainingslehre und Risikoprophylaxe. Stuttgart (1996).
53. KNIGHT, Ch. A./CALDWELL, G. R.: Was bringen Wanderstöcke?. In: Med. Sci. Sports Exerc. 2000, 32 / CONDITION 5/2001, 19.
54. KNEBEL, K. P.: Fitnessgymnastik. Reinbeck (1991).
55. KRAMARZ, S.: Leistungssport und Immunsystem. In: Dtsch. Z. Sportmed. 11-12/1997, 449-452.
56. LIPPERT, H.: Anatomie, Text und Atlas. 5. Aufl. München (1989).
57. MADER, A./BARON, D./HOLLMANN, W.: Magnesiumbedarf bei Olympioniken und Freizeitsportlern. In: Ärzte Zeitung (Sonderdruck) Nr. 203, 11/1988, 1-3.

58. MAGARIA, R.: Energiequellen der Muskelarbeit. Sportmedizinische Schriftenreihe der Deutschen Sporthochschule Leipzig Bd. 13. Leipzig (1982).
59. MARÉES, H. de: Sportphysiologie. 8. Aufl. Köln (1996).
60. MARKWORTH, P.: Sportmedizin – Physiologische Grundlagen. Reinbeck (1998).
61. MERCK: Herz-Kreislauf, Walking, Firmenbroschüre Merk, Darmstadt (W821809, 18.10.94).
62. MOELLER, H./ANIESS, A. M.: Getränke im Sport. In: Dtsch. Z. Sportmed. 9/1997, 360-365.
63. MÖRL, H. (Hrsg.): Muskelkrämpfe. Heidelberg (1986).
64. NEUMANN, G.: Marathon, eine Stoffwechsel-Disziplin. In: Spiridon 7/1990, 19-22.
65. NEUMANN, G.: Laktatorientiertes Ausdauertraining – Grenzen erkennen, valide Möglichkeiten nutzen. In: TW Sport+Medizin 6/1993, 417-424.
66. NEUMANN, G.: Regeneration, welchen Wert haben Erholungsphasen für den Sportler? In: Sports Care 3/1997, 2-3.
67. NEUMANN, G.: Welchen Einfluß hat das Klima auf die Ausdauerleistung?–. In: Sports Care 2/2001, 2-6.
68. NIGG, B.: Biomechanics of Running Shoes. Champain/Illinois (1986).
69. NIGG, B./LUETHI, S.: Bewegungsanalysen beim Laufschuh. In: Sportwissenschaft 3/1980, 309-320.
70. NILSSON, L.: Eine Reise in das Innere unseres Körpers. Hamburg (1987).
71. PEIL, J. M./SCHRÖDER, U./WAGNER, P.: Mineralwasser im Vergleich: Welche sind läufergerecht? In: Spiridon 4/1995, 26.
72. PETERS, C./MUCHA, C./MICHNA, H./LÖTZERICH, H.: Vergleichende Untersuchung zum Immunstatus trainierter und untrainierter Junioren und Senioren. In: Dtsch. Z. Sportmed. Sonderheft 1/1998, 111-114.
73. REICHEL, H. S.: Hilfe bei Rückenschmerzen – Ein gezieltes Programm. Oberhaching (1989).
74. REINHARDT, B.: Gesunder Rücken – besser Leben. Erlangen (1989).
75. REINHARDT, L./WUSTER, K. G.: Sportliche Belastung bei einer Schwangerschaft. In: Dtsch. Z. Sportmed. 2/1995, 132-133.
76. ROST, R.: Das Sportherz. In: Z. Allg. Med. 1988, 239-248.
77. ROST, R.: Die Bedeutung körperlicher Aktivität in der Prävention arteriosklerotischer Erkrankungen. In: Dtsch. Z. Sportmed. Sonderheft 1995, 58-72.
78. SCHLEMMER, W./SCHMITT, M.: Sportmedizin und Pharmazie. Stuttgart (1990).

79. SCHLUMBERGER, A./HEMMLING, G./FRICK, U./SCHMIDTBLEICHER, D.: Herzfrequenz- und Laktatverhalten beim freien Laufen und beim Aqua-Jogging. In: Dtsch. Z. Sportmed. 5/1997, 183-189.
80. SCHMIDT, M./KLÜMPER, A.: Basisgymnastik für Jedermann. Darmstadt (1989).
81. SCHMIDTBLEICHER, D.: Konditionstraining in Abhängigkeit vom biologischem Alter. In:, TU-Darmstadt, Seminar SS01.
82. SCHNACK, G.: Intensivstretching und Ausgleichsgymnastik. Köln (1992).
83. SCHNACK, G.: Intensivstretching für Jogger. In: Dtsch. Z. Sportmed. 5/1997, 202-206.
84. SCHWARZ, M./URHAUSEN, A. /SCHWARZ, L.: Walking – Eignung als alternative Ausdauertrainingsform im Gesundheits- und Freizeitsport. In: Dtsch. Z. Sportmed. 49.Jg., Sonderheft 1/1998, 315-317.
85. SEGESSER, B./NIGG, B.: Orthopädische und biomechanische Konzepte im Sportschuhbau. In: Sportverl. Sportschaden 7/1993, 150-162.
86. SHEPHARD, R. J./SHEK, P. N.: Richtig dosiertes Training - auch im Alter eine Hilfe für das Immunsystem. In: Dtsch. Z. Sportmed. 5/1995, 283.
87. SIMON, C./BREMER, D.: Qualität statt Quantität im Ausdauersport. In:, Neuere Erkenntnisse zum Konditionstraining (Hrsg. SINGER, R.), 2001, 83-119, Insitut für Sportwissenschaften TU Damstadt (2001 STRAUSS, R. H. (Hrsg.): Sportmedizin und Leistungsphysiologie. Stuttgart (1983).
88. SÖLVEBORN, S. A.: Das Buch vom Stretching. München (1983).
89. STEFFNY, H.: Walking – Der Ausdauersport für optimale Fitness. München (2001).
90. STRUNZ, T.: Mentales Training – man muß wollen, was man will!. In: Arzt+Sport-Spezial Mineralstoff-Symposium 20.06.92, 32-35.
91. STÜSSI, E./STACOFF, A./LUCCHINETTI, E.: Dämpfung versus Stabilität. In: Sportverl. Sportschaden 7/1993, 167-170.
92. THEWS, G./MUTSCHLER, E./VAUPEL, P.: Anatomie, Physiologie, Pathophysiologie des Menschen. 3. Aufl. Stuttgart (1989).
93. TITTEL, K.: Beschreibende und funktionelle Anatomie des Menschen. 8. Aufl. Jena (1978).
94. WEBER, A.: „Ich fühle mich unglaublich wohl" – Warum Läufer laufen. In: Herz & Gesundheit 4/1981, 17-19.
95. WEBER, A. (Hrsg.): Hilf dir selbst: Laufe!. (Kongress: Gesundheitsförd. durch Lauftherapie, Bad Lippspringe, 18-20.4.97). Paderborn (1999).

96. WEIZT; B.: Atlas der Anatomie. München (1998).
97. WIEMANN, K./KAMPFHÖFNER M.: Verhindert statisches Dehnen das Auftreten von Muskelkater nach exzentrischen Training? In: Dtsch. Z. Sportmed. 9/1995, 411-421.
98. WIEMEYER, J.: Beweglichkeitstraining im Sport. In: Neuere Erkenntnisse zum Konditionstraining (Hrsg. Singer, R.), 200,1 121-155, Insitut für Sportwissenschaften TU Damstadt (2001).
99. WIEMEYER, J.: Der zielgerichtete Einsatz von Auf- und Abwärmen im Sport. In: Neuere Erkenntnisse zum Konditionstraining (Hrsg. SINGER, R.), 2001, S. 157-171, Institut für Sportwissenschaften TU Damstadt (2001).
100. WOLPERT, W./BECKER, G.: Der Einfluß muskulärer Dysbalancen auf die Verletzungsanfälligkeit. In: Krankengymnastik 8/1997, 1311-1316.

14 BILDNACHWEIS

Fotos: Carl-Jürgen Diem
Grafiken: Carl-Jürgen Diem
Umschlagfotos: Carl-Jürgen Diem

Titelgestaltung: Birgit Engelen, Stolberg